口述歷史專刊 4

代書筆、商人風

百歲人瑞孫江淮先生訪問紀錄

林玉茹、王泰升、曾品滄／訪問

吳美慧、吳俊瑩／紀錄

財團法人曹永和文教基金會

中央研究院臺灣史研究所

遠流出版公司

目　錄

圖目錄

所長序

　　百歲人瑞在臺灣並不罕見，但能身體硬朗、記憶超強者百不一見，孫江淮先生卻是其中的佼佼者。初見孫先生就被他的身高、年輕所震撼，再聽他有條不紊敘述世道變遷、家人生平時，我們聽見了一段段重要的時代證言，更從他身上看見了歷史。

　　本書的內容相當豐富，舉凡了解善化地區的典故、代書的業務、經商的種種，及娛樂休閒史方面，都可以由本書得到啓發，就把它當一本地方史來看也有其相當的價值。這本書由本所林玉茹副研究員、王泰升教授等人通力完成，姑不論內容，光是在不到兩年的時間即能完成出版工作，就可知道總其成的林玉茹之效率和魄力，因爲她深深地感受到這是一件在跟時間賽跑的工作。向來中研院並未將口述訪談的成果做爲重要的業績評量，然而一本精釆的口述歷史，我相信其價值當不輸給一本學術論著。

　　我個人自小在臺南縣長大，但是我由小學到高中讀的都是臺南市的學校，深愧從未替臺南縣做過一絲一毫的貢獻，本書的出版，不僅拉近了南港與南瀛的距離，也使我深覺欣慰。謝謝曹永和文教基金會的贊助出版費，也謝謝所有爲這本書付出的人，更謝謝孫江淮先生耐心地接受訪談，並將相關的資料捐贈給臺史所，相信此舉必能有拋磚引玉的效

果。祝福孫江淮先生福壽康寧，謹爲之序。

中央研究院臺灣史研究所所長

2008.08.27

編者序

林玉茹

　　孫江淮先生口述訪問的展開，可以說是一種緣分。2006 年的秋天，善化國中退休的賴哲顯老師曾經幾次跟我提起孫先生，但是我都因爲每次下臺南來去匆匆，而無暇面訪。直至 2006 年冬天臺灣史研究所（以下簡稱本所）尾牙聚會，本所合聘研究員王泰升教授再度跟我提起百餘歲代書孫江淮先生的事情，並希望有機會去訪問他。因此，我即透過賴老師的安排，首度至善化拜會孫先生。

　　第一次與孫先生見面，對於他 100 多歲高齡，口齒卻相當清晰、耳聰目明，且記憶力驚人，印象非常深刻。2007 年 1 月，與本所鍾淑敏副所長再度拜訪，聯繫口述訪問事宜。此後，在口述歷史室經費支持下，王教授與我開始擬定訪問大綱，進行口述訪問工作。

　　在原先的構想中，我們將口述訪談分成兩大部分，一是由我負責訪問孫先生所經營的商業和日治時代的各種經歷，同時邀請國史館協修曾品滄先生（現爲國立成功大學歷史系助理教授）協助日常生活史的訪問；二是由王泰升教授訪問孫先生長年從事的代書和法律事務。事實上，在本所正式進行口述訪問工作之前，2006 年 12 月至 2007 年 1 月，王泰升教授的學生、正就讀政大歷史所碩士班的吳俊瑩先生爲了碩士論文撰寫之需，已經先訪問了 3 次。自 2007 年 2 月至 7 月，我與曾品滄、

吳美慧（口述歷史室助理）、吳俊瑩以及溫勝智（南瀛國際人文社會科學研究中心助理），共進行訪談 20 次。王教授則於 3 月，與劉恆妏、曾文亮及吳俊瑩完成兩次訪談。（表 1）

在訪問進行中，由於需要參考孫先生的相關照片和資料，多次向其借閱。2007 年 3 月，孫先生更本著他一貫的理念，「私藏不如公開，傳家不如傳世」，慷慨地將個人所有的文書全部捐贈本所古文書室收藏，多達近 1,800 件的家族照片也交由本所掃描典藏。5 月 18 日，本所許雪姬所長乃親自到臺南善化拜會孫先生，雙方並簽訂贈送文書同意書。

2007 年 8 月，第 8 屆「全國口述歷史會議」於本所舉行。在為期一週的系列活動中，8 月 28 日特別舉行王泰升教授與孫先生的對談，主題是「與日治時期法律實務家孫江淮先生的對談」。實歲 100 歲的孫先生偕同家人、賴哲顯、謝永田、王世雄以及溫勝智諸位先生，特別風塵僕僕地到臺北與會，並參觀本所古文書室有關其捐贈文書的典藏情形。此次會議，與孫先生同時考上司法書士的簡澄洋的兒子簡文純先生亦與會，分享其父親當年的經歷。這是一次別開生面的盛會，孫先生在會議上親身說法，不但非常吸引人，且促使在場一些來賓也慷慨地捐贈個人私藏文書給本所。2007 年本所私藏文書捐贈量大增，可以說是孫先生口述訪問工作的意外收穫。

此次整稿的方式是每一次訪問完，先由吳美慧小姐整理出逐字初稿，本人校正、並讓孫先生看過後，再修改成定稿。在訪談過程中，即陸續進行整稿工作，但為了口述歷史會議的籌備，整稿進度略微受到影響。2008 年 1 月，商業與日常生活部分終於完成逐字定稿。王泰升教授負責的代書事務部分，早於 2007 年夏天已由吳俊瑩整併先前他和王教授的訪問成果，完成訪談記錄 3 萬餘字。

2008 年 2 月至 4 月，開始進行第二階段的整稿工作。吳美慧小姐全面編排，最後整理成 26 章。4 月底至 6 月，本人重新編排章節。為

了全書的完整、一致性以及篇幅的考量，遂將代書與法律事務分置於第3和14兩章，而沒有按照原先計畫分成商業和法律兩部分，同時將其他相關訪談內容整併於此兩章中。在5、6月整編的過程中，助理陳柏棕先生協助進行人名、地名、專有名詞的註釋及拼音標注工作，出力甚多。每次整編好的章節，則仍傳遞給孫先生過目。自逐字稿開始至6月，孫先生曾先後看過兩次，並做了不少訂正和補充。在初稿完成前，我與吳美慧小姐也多次打電話或是再度造訪，詢問文稿有疑問的地方。

6月中旬，本所許雪姬所長赴俄羅斯訪問之際，特別攜帶本書初稿出國，而給予眾多具體修改意見，且提供不少可以參考的資料。本書有關的閩南語拼音也在其協助下完成。6月中下旬，本書初稿終於交付本所口述歷史委員會，並經兩位匿名審查人審查通過。同時，也開始進行出版的聯繫工作，經曹永和文教基金會曹昌平先生的積極協助，決定由遠流出版公司出版。

本書的編輯，原則上按照時間先後順序分成15章，書後並附上孫先生年譜、2007年8月28日口述歷史會議王泰升教授的對談綱要，以及孫先生捐贈文書的簡介。其次，有幾項編輯原則，必須特別說明如下。

第一，孫先生的出生時間和年齡計算方式。孫先生事實上是1907年出生，然而戰後換發身分證時，誤換算成民國前10年（1902），因此1945年以後，孫先生即以1902年計算年齡。本書為了遵守學術慣例，均改以1907年計算其年齡，有時則附記戰後換算的年齡。

第二，孫先生記憶力真的非常驚人，許多人物、往事點滴，他都記憶如新。在人物訪談部分，他談了相當多善化和臺南地區的人物要聞。不過，孫先生為了不臧否人物、「隱人之惡」，最後刪除了大部分內容。部分活動的相關人物，也姑隱其名。

第三，在訪談過程中，孫先生常使用臺語或日語專有名詞、諺語；

為了存眞,並讓讀者理解,本書已盡量標音說明。

第四,本書的照片和文書,全由孫江淮先生提供,因此不再對每張圖片特別註明出處。

本書得以順利出版,必須感謝以下諸位先生女士的協助:吳美慧小姐負責口述訪談的聯繫、記錄、整稿以及校對;吳俊瑩先生協助訪談、整稿、校對以及第 3、14 章的註釋;許雪姬所長協助一次訪談、提供初稿修改意見及參考資料;兩位匿名審查人提供諸多適切而詳盡的修改意見;陳柏棕先生負責全書的註釋;南瀛國際人文中心提供攝影設備和助理溫勝智先生協助攝影、聯繫及資料的整理、傳遞;賴哲顯老師協助訪談、聯繫;王世雄先生提供相關照片及錄影資料;陳美芬小姐協助逐字稿校對。此外,本所口述歷史委員會召集人詹素娟教授對於訪談計畫的進行和出版,出力甚多;曹昌平先生和曹永和文教基金會大力支持出版,遠流周惠玲副總編、翁淑靜副主編以及陳錦輝執行編輯協助出版業務,謹此致謝。

2008 年 7 月　謹誌

表 1　孫江淮先生訪問紀錄表

次數	訪問時間	訪問地點	主訪人	紀　錄	攝影參與者	收集資料
1	2006.12.23	善化孫宅	吳俊瑩	吳俊瑩		
2	2007.1.6	善化孫宅	吳俊瑩	吳俊瑩		
3	2007.1.19	善化孫宅	吳俊瑩	吳俊瑩		
4	2007.2.8.14:30	善化孫宅	林玉茹	吳美慧	吳俊瑩	照片、案件
5	2007.2.9.14:30	善化孫宅	林玉茹	吳美慧	吳俊瑩、溫勝智	
6	2007.2.10.15:00	善化孫宅	林玉茹	吳美慧	吳俊瑩	
7	2007.2.11.14:30	善化孫宅	林玉茹	吳美慧	吳美慧	
8	2007.3.9.14:30	善化孫宅	王泰升	吳俊瑩	曾文亮 劉恆妏	
9	2007.3.10.15:00	善化孫宅	王泰升	吳俊瑩	曾文亮 劉恆妏	整理資料
10	2007.3.22.14:30	善化孫宅	林玉茹	吳美慧	溫勝智、吳俊瑩	歸還照片
11	2007.3.23.14:30	善化孫宅	林玉茹	吳美慧	溫勝智、吳俊瑩	整理資料贈感謝狀贈送資料
12	2007.3.24.15:00	善化孫宅	林玉茹 曾品滄	吳美慧	吳美慧	贈送私人書信借原照片相簿
13	2007.3.25.15:00	善化孫宅	林玉茹	吳美慧	吳美慧	
14	2007.4.19.14:30	善化孫宅	林玉茹	吳美慧	溫勝智	
15	2007.4.20.14:30	善化孫宅	林玉茹	吳美慧	溫勝智	借公司資料袋參考
16	2007.4.21.14:30	善化孫宅	林玉茹 曾品滄	吳美慧	吳美慧	整理資料還資料袋
17	2007.4.22.14:30	善化孫宅	林玉茹 曾品滄	吳美慧	吳美慧	訪牛墟
18	2007.5.17.15:00	善化孫宅	林玉茹	吳美慧	溫勝智	還部分照片相簿
19	2007.5.18.14:30	善化孫宅	許雪姬 林玉茹	吳美慧	溫勝智	簽同意書贈感謝狀
20	2007.5.19.14:30	善化孫宅	林玉茹	吳美慧	吳美慧	捐贈資料寄至臺史所
21	2007.5.20.14:30	善化孫宅	林玉茹	吳美慧	吳美慧	
22	2007.6.28.15:00	善化孫宅	林玉茹	吳美慧	溫勝智	
23	2007.6.29.15:00	善化孫宅	林玉茹	吳美慧	溫勝智	
24	2007.6.30.15:00	善化孫宅	林玉茹	吳美慧	吳美慧	
25	2007.7.1. 14:30	善化孫宅	林玉茹	吳美慧	吳美慧	

圖1：1928年擔任司法書士的孫江淮。

圖2：中年時期的孫江淮於事務所。

圖3：2007年口述歷史訪談期間的孫江淮。

第一章

家世與成長歲月

家世：唐山過臺灣的第九代

我的祖先在清乾隆年間從福建省泉州府同安縣渡海來臺，到我祖父孫賽（字媽意）已是第 7 代。父親孫湖（字獎卿）是第 8 代，我是第 9 代。

祖父孫賽定居於臺南（臺南市）大林庄桶盤淺（今臺南機場、文化中心附近）。祖父、祖母葉富都沒讀什麼書，在大林社一帶是地主，共有土地 2、30 甲，也有一些糖廍和魚塭。糖廍的情形我比較不清楚，但我知道魚塭大多在臺南塩埕區，祖厝則和竹溪寺（位於今臺南市體育路）相緊鄰。

我的祖父母和叔公孫全（字媽全）很早過世，家裡大小事情由嬸婆杜俗掌理。嬸婆是臺南塩埕人，能力很好，全庄的人都很敬重她，常會到家裡找她喝茶聊天。

父親：憨厚老實的巡查補

父親孫湖生於同治 10 年（1871），❶小時候曾到臺南市讀過漢文，

也考過幼童科，本來接著要考秀才，因日本統治臺灣以後廢掉科舉考試制度，所以沒考成。父親小時候綁著鳶尾。鳶尾是清朝男人的髮型，也就是頭髮長成後，編排成圓形，長垂下來。後來他就讀日本人開設的國語（日語）傳習所時才剪掉。

我的父親排行老大，老二孫便，幼殤，老三孫琴，老四孫通。孫通小時候就過繼給嬸婆。過繼後，嬸婆才生兒子孫慶芳。在那個時代，這是常有的事。父親還有一個最小的弟弟孫堀。因此，實際上祖父共生5個孩子，分祖產時仍分成5份。

我的父親後來因工作關係從臺南大林搬到臺南灣裡街文昌里。灣裡街就是善化，文昌里是今日的文昌路一帶。日本時代稱做師公厝，有一個名道士王必慶住那裡，我生母和道士的太太是姊妹。

一開始，我父親曾向小新營的李維新地主（又叫大憨）承租4、5甲土地耕種，即今建國路活動中心附近。當時雇請兩個長工幫忙，一個叫大舌車，一個叫楊榮勞，都是六分寮（今善化鎮六分里和六德里）人。

父親原本娶一妻許景，生了我的哥哥孫得祿（1895-?）。許景因病過世，父親搬到善化後，才又娶我的母親陳勤。母親過世後，父親繼娶陳香為妻。

我的母親是臺南縣善化人，自小縛小腳，沒讀過書。在和我父親結婚前，她曾嫁到山內三崁（今大內鄉頭社村）黃姓人家，生一個女兒黃就（1898-1932）。之後，我母親因丈夫過世再嫁，黃就也一起過來當孫得祿的童養媳。❷

父親在科舉考試廢除後，知道時代在變，朝代已換，先知先覺的人應該有所改變，所以前去臺南讀國語傳習所，❸是第一期乙組學員。❹當時許多臺南士紳也來就讀，有總督府御用紳士黃欣，❺他是甲組學員。同期的還有林秋月，他後來當醫生，曾寫過書。❻當時分甲乙組，

主要區別是：甲組要半年才畢業，乙組只要四個月就畢業。

父親在讀完國語傳習所後，分派到臺南廳灣裡支廳辦事處當巡查補，在擔任巡查的日本人下面辦事，一做 28 年。他的工作以辦戶口為主，不但要管理戶籍，兼寫謄本，且兼辦司法通譯。當時的戶籍比較單純，一里 100 戶，善化有 7 里，包括東關里、西關里、南關里、北關里、坐駕里、

圖1-1：孫湖。

文昌里、溪美里等里，戰後才又增加光文里，成 8 里。灣裡（善化）行政管轄非常廣闊，包含佳里、海寮，大內、六甲、官田、玉井等地，交通也都通達善化。

父親為人憨厚老實，不貪心，又不會利用職權作威作福、賺外快，擔任巡查補時幾次想要辭職，廳長都挽留不讓他辭。他之前有一個盧姓通譯，很有魄力，說辭就辭。父親想辭職，是因為想去善化糖廠應徵土地課長的缺，卻因無法辭成而放棄，結果這個缺讓莊茂松拿到。聽說他利用職務買低賣高，從中賺了 7、80 甲土地。日本時代的糖廠土地課長大多是由臺灣人擔任，因為這樣比較親近臺灣人，比較知道哪裡在買賣土地，進而參與交易。糖廠買賣的土地相當廣，所以莊茂松擔任課長時

也爲自己賺了不少錢。

直到大正 12 年（1923）臺灣實施民法，父親才得以改任爲代書。在此之前，臺灣總督都是由武官擔任，警察權力很大，後來治臺平和後，警察的職權漸漸沒有以前大了，他才辭職成功。當時巡查補薪俸最高是一個月 16 圓，代書業一個月就高達 380 圓。

父親轉職代書業，也有他的背景。日本時代警察要兼辦司法通譯，所以懂得法律，知道法律實務；加以當時臺灣衛生不好，傳染病多，死亡人口多，所有戶口都是他在辦理，大家也會找他，要請代書牌照當然就很容易。每個地方的代書牌照均有定額，一般都是兩個日本人，一個臺灣人。善化原本的代書是洪頭，他過世後，我的父親才得到頂額的機會。

我父親當巡查補時，月俸 16 圓，要養一大家人，很辛苦。他有個同事洪鴻玉（又名洪金追），沒讀什麼書，改做生意，懂得買賣土地，很賺錢。他曾邀我父親一起做生意，由他去申請鴉片煙膏小賣（こうり，零售商）的牌照，一人出一半資本，還請了一個僱員蘇厝人王然。結果洪鴻玉很壞心，每天分一點錢，一天才分得 3、5 角，貼作零用，共同的花用卻很大。例如，7 月普渡買紅龜粿來拜拜，一買就是幾百斤，吃也吃不完。以後，洪鴻玉以我父親是現職公務人員，法律上不可和第三人經營事業爲由向官方投書，逼我父親退股。當時我年紀小，詳情並不清楚。只知道父親爲了養家，也曾和人合夥做生意，還是沒賺到錢。家裡沒錢時，只好向人借錢，欠了人家 1,000 圓。老家雖然有土地，他也不敢回家向家人要求分田產。之後才改作代書，看收入會不會多一點。

父親最初將代書事務所設在善化火車站附近的丸林運送店裡寄牌，4、5 個月後才轉到善化街上。代書工作很單純，不會有競爭，但是父親一切都靠自己，沒有雇用其他人。晚上自己寫文案，白天遞狀跑文，

相當辛苦，以至於眼睛受損漸衰，只好休息，結束代書工作。昭和9年（1934）因老衰過世，享年64歲。我的母親則在我很小時就過世了，我對她的印象並不深刻。

我的兄弟姊妹

大哥孫得祿在臺南大林出生，大我十幾歲，我並不清楚他小時候的情形，也不知道他讀過什麼書。大哥為人古意（老實），一直在善化庄東勢寮擔任保甲書記十餘年。父親由於擔任巡查補，比較容易補公務缺，而幫他找到保甲書記的工作。父親無法做代書後，怕失去代書牌照，要求大哥回來繼承。可是他能力不夠，做不來，考不上司法代書，依舊回去當保甲書記。1923年民法實施後改稱司法代書人。為了挑選

圖1-2：大正年間的孫湖家族照片。由左到右：前排為孫石橋、孫巧、孫麗；後排為孫江漢、孫灣、黃就、孫江淮、孫湖、孫裡。

優秀人才來擔任，必須送資料審核，再經考試通過後，方可擔任代書。我就是在這樣的背景下成為司法代書。

我的第一個姊姊是同母異父的黃就，許配給大哥當童養媳。她過世後，大哥再娶周儉為繼室。

我同父同母的第一個姊姊孫灣（1902-?）大我很多歲，是我父親搬到灣裡街以後生的，所以取名孫灣。她嫁給臺南士紳陳子鏞（1855-?）的庶出兒子陳百海為妻。❼聽說當時的婚禮非常講究，聘金和大餅很多，女方的嫁妝也不少，是善化的一件大事。

陳子鏞非常有錢，在灣裡街中心至臺南一帶，擁有數千甲土地。他因為反對日本據臺，擔任黑旗將軍劉永福（臺灣民主國主將）下負責財政、籌措軍費的籌防局長，曾捐出 1,000 多甲土地，反抗日軍半年以上。之後因大陸未派援兵，不得不與劉永福將軍接受英國領事安排逃去廈門，所以一直沒有日本國籍，算是外國人。後來日本政府規定外國人

圖1-3：陳子鏞。

的財產要充公，他還請我幫他們家辦過案件。他們全家回大陸後，過了一段時間才再回到臺灣管理產業。

陳百海排行老六，大正9年（1920）入日本籍。其母並不是正房，是從臺南娶來的細姨（妾），❽正房則住在臺南市（公會堂後面），是吳尚書的女兒吳慎。陳百海母親的排場很大，共有3個婢女服侍，都是買來的，一個點煙（水煙）、一個梳頭、一個整理佛堂。她非常專制，婢女有如小姑，即使媳婦也不能使喚他們。我大姐裹小腳，生了7個小孩，每個小孩都要自己帶，還要煮飯，7月15中元普渡，請了十來桌的客人，照樣要煮十來桌的菜，非常辛苦。

我還有一個姊姊孫裡（1905-?）大我兩歲，一樣在灣裡街出生，小時候沒讀什麼書。昭和2年（1927），她嫁到臺南清水寺林家。林家是有錢人家，二姊夫林老柵，在日本的桑田株式會社工作，擔任桑田株式會社臺灣支社（臺北）的社長。桑田會社是大商社，主要賣日本的味素、富士清酒等。林老柵戰爭時曾被派到廣東當支店長，認了很多桑田的股票。臺灣光復後、日產清理時，他也分到股票和等額的房地產，戰後回到臺灣還繼續擔任桑田會社臺南支店支店長。其子即我外甥林勝太，曾任臺南市稅捐稽徵處股長。

我的弟弟孫江漢（1910-?），晚我3年出生，屬雞，小時候先在公學校讀書，讀到高等科，下午也到書房讀漢文。他很聰明，讀的書多，也會馬來西亞語、北京語。我父親認為小孩能讀書，就盡量讓我們讀。不過，我的弟弟比較「貓神」（màu-siⁿ，不乾脆、瑣碎），❾神經細、愛玩耍、愛交朋友，常常喝酒、聊天、到處去玩，曾經到北京玩，一去6個月。他就是不愛工作，所以一輩子只當我的筆生，幫代書事務所寫文件，還不太勝任。孫江漢的太太毛有信，是小新營人。

我的三妹孫端是我母親生病時生的，因自己無法照顧，僱請一個奶媽來帶，後來成為奶媽的養女，帶回奶媽家，也就沒讀書。妹婿胡國珍

是東勢寮（今善化鎮東隆里和東昌里）的做穡人（chò-sit-lâng，農夫），也沒讀過書。他們和我們家一直有往來。

我的四妹是父親第三個太太陳香生的，叫做孫麗（1917-?）。她曾進公學校讀書，也讀到高等科，但是沒進書房讀過漢文。小妹17、18歲就嫁人了，妹婿高連興是善化鎮坐駕人（今善化光文里），也是耕農，土地有幾十甲，是有錢的大地主。

童年生活

我是 1907 年（明治 40 年）❿ 8 月 10 日在善化文昌里 340 番地出生的。當時我家有兩棟古厝，339 番地是土埆（kat，又寫成墼）厝，340 番地是竹籠厝。

當時一般都是產婆（助產士）到家裡接生，我應該也是。我小時候和父親一樣，綁著鳶尾髮辮。那時日本人會到家裡來要求男人剪掉頭髮，可是民間習俗認為只有做壞事的人才會被剪，因此覺得剪髮很丟臉，都不願意剪。為此我在廚房躲了好幾次，不肯出門，也因而很晚才入學讀書。

就學期間，我的身體很孱弱，常常生病，曾經得過瘧疾。瘧疾分一日熱、雙日熱及三日熱，其中三日熱最嚴重。我剛開始是得一日熱，後來轉成三日熱，脾臟腫大，相當危險。那時日本人在各地設有瘧疾防遏所，善化也有，是由曾任今臺南奇美博物館館長潘元石的伯父潘有義負責。他原本是巡查，後來管理善化瘧疾防遏所。日治時期臺灣瘧蚊很多，因為大家衛生習慣不好，沒有自來水，食用水和排泄物常常同源混用，加上每家每戶都養豬，排泄物卻沒好好處理，因此瘧蚊很難撲滅。一直到戰後美援進來，美軍由空中噴灑藥劑消毒，才減少瘧蚊的傳染。

除此之外，我小時候也得過肺結核，肺部浸潤，很不容易好。當時

家中得肺結核的很多，因為病菌都會在家人間互相傳染，只是看發作的輕重，我算是嚴重的。各地雖然設有公醫，但我沒被帶去那裡，而是到郵便局（今郵局）內設的簡易保險看保險醫。這位保險醫是日本人，他幫我注射 AO，因為很嚴重，所以並沒有多大效用。肺結核是一種消磨病、慢性病，臺南設有防遏所（在崁腳）。**❶**一般連醫生也不敢用手碰觸患者，而且看診時一定帶著口罩，用腳挪動診療門扇，幫患者驗痰、驗血。善化很多人得肺結核。一般人感染肺結核後，如果沒有耐心，檢查一兩回後，常常是因神經（精神）深受打擊、心裡不安而崩潰嚇死，所以得肺病一定要心安才有抵抗力，才能長期對抗病菌。我的母親也是得肺癆過世的，當時由我的大姊、二姊照顧她。我們那時還很小，看她躺在床上想要找她，她很怕我們吵，就會拿錢讓我們出去買糖吃，叫我們不要吵她。一直到戰後，臺灣的肺癆防治狀況才比較改善。

　　我還記得小時候看過馬戲團，因為是很小時由父親帶著去看，所以印象深刻，但是並不知道看一次要多少錢，只記得很貴。馬戲團只有在臺南才有，通常設在白金町臺南運河旁的銀座街尾（今中正路尾），那裡有一塊很寬的地可以容納馬戲團的動物。我記得我看的是日本木下馬戲團的表演。馬戲團也是幾年才來臺灣一次，久久才有機會看到。通常是日本來的馬戲團，看的人多不多已經不記得，只記得表演內容有空中飛人、馬匹、老虎以及小丑的表演。現在幾乎已經沒有馬戲團了，要看他們的表演愈來愈不容易。

求學歲月

漢學書房讀一年

　　我年紀還小時，爸爸在家教我唸過漢文，如「上大人，孔乙

己，……」等等，都只是唸著玩的。大正 3 年（1914）1 月起，我每天下午去灣裡街的蘇試書房讀漢文，大正 4 年（1915）3 月結業。

蘇家和王家都是善化的大家族。蘇試的祖父蘇敢是善化唯一的武舉人，共有六房子孫，蘇試是第四房。蘇試本人曾任善化里西堡區長，是慶安宮第一代管理人，⓬也是善化聖人會第一代管理人，這個會是以奉祀孔子爲主。蘇試的事業做得很大，開裕順行，家裡非常有錢。從三民路到中正路的十字路口，廟邊、公學校地都是他家，房子寬闊、庭埕廣大，油車、染房、糖廓就設在家裡，連書房也是。

蘇試是日本政府認定的紳士，還請他掛牌立書房。蘇試請書房牌不是爲了賺錢，而是爲了地方教育，也算是做名聲的，因爲他夠資格，所以日本政府才要給他辦書房。政府支持這種書房的存在，大概是爲了在國際上保有一個名聲，表示並沒有消滅漢文，而是尊重殖民地文化。事實上日本人還是不想讓臺灣人唸漢文的，學校也沒有幫忙招攬學生。

蘇試書房請了一個老師蘇文澤來教書。蘇文澤是澎湖人，本身是個學者，但讀過漢文後卻沒能考上秀才。善化只有一個武舉人，秀才則是一個也沒有。蘇老師不知是幾歲的人，只記得他留鬍鬚，每天穿汗衫、長衫上課。

蘇試書房就設在蘇家，我們都去他家讀書，所以知道蘇家很大，房間很多、油車很大、染房也很大。此外，他家的查某嫺（婢女）很多，婢女都沒有縛腳。蘇試有一個叔叔是婢女被納爲妾後生的兒子。

書房裡掛有一個很大的算盤，是從公學校借來的，形式上是由公學校輔助教算盤（數學和算術），實際上還是只教漢文。此外，書房裡就只有桌椅而已。

我上蘇試書房時共有學生十來個，只有下午去讀漢文。上書房讀書不用花多少錢，都是善化人去讀，也不一定幾歲的小孩才去，通常公學校畢業的學生有三成去讀。當然和我同年的小孩比較多，都是十來歲，

沒有女生。同學中最有名的是蘇東岳，他是級長，年紀比我大，公學校三年級就當爸爸。另外一個是蘇建龍，他是第一名，也擔任過級長，六年級也當爸爸了。

第一次進蘇試書房讀書要行拜師禮，穿正式服裝，如長袍馬褂。平常我們小孩只穿長衫，即一般的臺灣衫，那天則很正式，但我記得還是沒戴帽子，也沒穿鞋，只打赤腳。拜師典禮要跪拜、行大禮，我記得學生跪下後要滾雞蛋，蛋是水煮熟的雞蛋，要把蛋滾到老師那邊，不記得要滾幾顆，總之是一種大禮，表示尊敬老師之意。

在蘇試書房讀漢文，是唸比較嚴肅、正式的書，如《三字經》、《千金譜》一類或是四書：《大學》、《中庸》、《論語》和《離騷》；但我沒讀完四書全部，只讀到《論語》和《中庸》。蘇老師教學很凶、很嚴格，不過還是會先教，再叫我們唸給他聽。我們每天都是暗誦，如果唸不來老師就會打手心，背誦得過才再教新的，所以每天只是死背書，沒有解釋，有些內容我到現在還背得出來。我在書房唸書沒有很久，後來就沒再去了。

公學校與升學考試

日治時期小學教育是普通教育，警察會來做家庭訪問，認真查小孩就學情形、鼓勵小孩上學，通常會到家裡催促好幾次，最後臺灣人才會將小孩送到學校就讀。我上善化公學校是在大正 4 年（1915）4 月，已經 8 歲，大正 10 年（1921）3 月畢業。那時大家都年紀很大了才被催去上學讀書，所以同學中男生有的 15、16 歲，女生有的 13、14 歲，有的甚至在小學三、五年級時就已結婚了。

善化公學校的校址並不是在現今的善化國小，我記得是在三民路上，是原來鄭成功部將的辦公廳舊址（本地人稱巡撫衙）。**⓭**校門有棵大榕樹，建築均是木造的、很簡單的房子。

　　善化公學校的老師以日本人居多，都是正科班出身，有些來自鹿兒島，臺籍教師很少，也有女老師。其中，有些女老師只讀到中學畢業，而不是正式師範生畢業來當教師的。當時很缺老師，有時一個老師要管兩個班級，所以也會任用公學校畢業的臺灣人擔任代用教員。我是善化公學校第十屆畢業的學生，那時有一個校長，五、六個老師。我記得校長叫笠井源作，❶❹訓導是坂本三樹二，❶❺也是我的老師。

　　公學校上課是一年四學期制，每天只上半天課，星期六只有上午兩、三個小時的課，每年有寒暑假。上學期間，我們每天都要朝禮，就是朝會，全校師生均要出來，站在操場上聽校長訓話。那時還沒有麥克風，校長站在講臺上講話，看他矮矮胖胖的，聲音很宏亮。

　　我記得 1、2 年級時都是專門老師教，3 年級以上才有級任老師。我的級任老師坂本三樹二為人很好，一點也不凶，但是很有威嚴，如果我們不乖，他會打手心，偶爾也會打巴掌。老師上學要穿正式服裝，還帶佩刀，不過上課時間佩刀都放在訓導室。學生則隨便穿，沒有制服，很多小孩穿著補過的衣衫、打赤腳來上學。

　　我們這個年級一班一共有 28 人，其中只有兩位女同學，都住善化街上。當時人的觀念還停留在男女授受不親的階段，要讓女生出來學校讀書的很少。我記得其中一位是北門人，父母在善化街上開糶米糧的店，母親很能幹，很會幫她父親做生意。她畢業後當了產婆（助產士）。另外一位是胡水連的小妹，她們家信奉基督教，可惜她神經太小條了，後來讀臺南高女，一年後卻因壓力過大就死了。

　　我們上課的內容有修身、講話、作文、唱歌、體育、算術、理科等。一年級剛開始學時都教很簡單的日文，如花是はな，一頁就教那兩個字，也寫毛筆。書是學校買的，文具、紙張及簿本則要自己買。大家上學帶得很簡單，並沒有書包，都用布巾包一包就上學去了。

　　我還記得當時唱歌課都教一些很簡單的童謠，「鴿子」、「小老

鼠」、「龜兔賽跑」等等，我現在都還會唱。記得 2006 年八田與一的大兒子八田晃夫來臺灣參加祭典，由奇美博物館的許文龍親自接待。已經是 85 歲的老人家坐著輪椅，精神很好。我和他一起參加，大家共唱了約 30 首的日本童謠。可惜現在他已經過世了。至於善化公學校的校歌很晚才有，**⑯**我讀書時還沒出現。

　　我們的體育課程只上些很簡單的，如吊單槓、跑操場等活動，或者是下課 5 分鐘出教室外跑一跑，沒有什麼球類的活動。高年級以後有行軍踏步、喊口令，要求立正、腳步併立等姿勢，或者直走、橫走、回頭走等簡單的基本訓練，訓練走路步伐的整齊。我們並沒有喊太多的口號，只有在戰爭中才出現「天皇萬歲」口號。我還記得當時有所謂「教育勅語」，每個學校都有，在教室外的空地或操場講臺邊蓋個小房子，裡面放個盒子，教育勅語就放在裡面。我到現在還會背：「朕惟フ二我カ皇祖皇宗國ヲ肇ムルコト宏遠二德ヲ樹ツルコト深厚ナリ我カ臣民克ク忠二克ク孝二億兆心ヲ一ニシテ世々厥ノ美ヲ濟セルハ此レ我カ國體ノ精華ニシテ教育ノ淵源亦實二此二存ス ……」。這在修身課都還要上臺背的。

　　除正式的課程以外，我們還有菜園的操作科目，這叫農作，也就是農事勞作課，是由老師教我們種菜，什麼都種，最後收成由老師採收去煮。老師通常都住在學校校舍，不過我的印象只有校長、訓導和幾個資深或職位較高的老師可以住在校舍，其餘的年輕老師只能在校外租房子。

　　我們也有課外活動，學校老師會帶我們去遠足，通常是兩班一起出去，都用走路的。我們曾經走到山上的水源地去遠足，一趟大約走了一個半小時。有一次是坐火車到現在臺南二中後面的練兵場去看飛機表演。這是日本飛機第一次到臺灣來表演，大家都很高興、很興奮，還帶著午餐，不過我只記得看飛機表演，帶什麼東西去吃，一點印象也沒

有。

　　說到玩遊戲，小時候我們男生最喜歡玩滾銅幣，通常是兩人一組，每人拿 1 文錢從斜板滾下去，看誰滾得遠誰就贏。或者在正月春節時玩「擲三笅」的遊戲。也就是每人拿 3 文錢，就像擲骰子一樣，如果三個都正面就通吃，二正一反就吃一通，二反一正沒輸，三個都反面就全輸。

　　在學校裡，我們偶爾也會買零食來吃。這是學校管電燈的校工李某某（兒子叫李走）有時到臺南去批一些零食如壽司、餅乾、滷荣頭等來學校賣，很便宜，量也不多，偶爾解解我們小孩嘴饞罷了。

　　大正 10 年（1921），我在公學校畢業後，因為善化沒有高等科，我們班有十幾個人相約，一起到臺南準備考試。我們還去一個正式的短期學校臺南商業補習學校學英文，時間並不久，大概不到一個月的時間。❶ 我們住在梁厝祠堂，後來改為赤崁旅社，在今日臺南市中山路基督教教堂處。❶ 這是同學梁明德的父親梁國材是祠堂的役員而幫我們找的，管理人是秀才梁瑞圓。梁厝祠堂距離學校很遠，每天一大早就走路上學，要走一小時才到學校，相當辛苦。後來有兩個同學考入高等科，不到一個月後大家就都回家了。考上高等科的同學是胡清浪，他是胡龍寶的堂弟，後來去考師範學校，擔任老師。另一個是蘇建龍，他也考上臺北工業學校甲種土木科。甲種要讀 5 年，乙種讀 3 年。

　　我因為沒考上高等科，所以決定參加 7 月最後一個考試，到臺北參加臺北工業學校電氣科入學考試。❶ 那一年共有 1,800 人報考，只錄取 30 人，競爭相當激烈。我們同學相約，考試前一天從善化火車站搭乘夜車北上。平常白天從善化到臺北坐火車要花十幾個小時，因為是夜間急行車，比較快，只要 7 個小時就到臺北，抵達臺北時剛好天亮。這次考試科目因為是工業學校，算數、理科是一定要考的，也考國語、作文。考試雖然很競爭，但是我考上了，這很不容易，不巧這年我的父親

因眼疾，工作深受影響，因此我就沒有機會就讀臺北工業學校。

我的家庭

二十歲「才」結婚

　　我不能繼續就學之後，只好回家擔任善化東勢寮的保甲書記，之後並做生意。大正 15 年（1926），我 20 歲時，和內人鄭諭（或寫成鄭偷）結婚。當時男子大多 15、16 歲結婚，女子大多 13、14 歲結婚，我們算晚婚的。

　　我太太是東勢寮人，本來跟著母親姓蘇，這是因為生父要娶生母時答應岳家要給她們一個小孩。後來她外婆又將她送給善化街上經營籤仔店的鄭姓生意人當養女，之後改姓鄭。原本把她送給鄭家，是因為鄭家要讓她去上學，但是她讀完茄拔公學校後就沒再繼續讀書了。她讀公學校時，因為還要幫忙做家事，所以也沒有受完整的教育。

　　太太和我同齡，我們是經媒妁之言訂定婚約的，婚前並沒有見過面。聽說我父親因為常常到我丈人開的店喝茶聊天，見過我太太，覺得還不錯，就決定了我的婚姻大事。關於我們那時代男

圖1-4：1926年的結婚照。孫江淮身高180公分，妻鄭諭156公分。

女授受不親這件事，在當時是非常重視的，不只是婚前沒見過面，有的甚至訂完婚後未婚夫因故過世，女方也不得再嫁，都說「要認命，天註定」。記得臺南舉人蔡國琳的女兒蔡碧吟，❷ 人家稱她為蔡姑娘。她因為父親的關係，很有文化素養，也很有才氣，寫得一手好字，扇子拿來，馬上可以在上面寫字畫畫。他父親幫她訂了一門親事，是指腹為婚的，對方是舉人賴文安。賴文安與蔡碧吟文定後不久即過世，後來蔡碧吟嫁羅秀惠為妻，❷ 當時人即以「一父二夫三舉子」來嘲諷她的婚姻，就可以想見一斑。再如我二姊，也沒有相過親，媒人介紹就訂親了，一直到結婚當天才與丈夫見第一次面。未出嫁的姑娘，甚至連姊夫都不能見面。

我的婚禮是在文昌里古厝舉行，全依古禮進行，先有大訂、小訂，聘金花了幾十圓，喜餅很多。結婚習俗是：女婿（新郎）要先坐烏轎到廟裡請佛、謝神，前一天晚上就要拜天公，第二天一大早要將半隻的豬和半隻的羊送到新娘家。新娘坐紅轎娶回家，嫁妝則用人力抬，跟在新娘轎後面到新郎家。不論烏轎或紅轎均是由 4 個人抬。當時善化三民路上有家轎店，一般人都跟轎店租轎。不過，不是每個人結婚都坐轎來，像我的筆生楊石柳，娶一個家住關廟的妻子，就是坐牛車嫁過來的。

新娘到了新郎家後要喝甜茶。新娘端甜茶給夫家親族喝，喝完，親族要送紅包給新娘，一般都是 1 圓或 2 圓的紅包，看家庭狀況而有差別。結婚時男方要請兩次客，第一次是請男性客人，第二次即第二日請女性客人。第三回是新娘于歸（歸寧），由女方宴請新娘家的客人和新郎家的家屬親友等。

新娘進門喝完茶後會一起拍照片，我還留有當年的結婚照。那時我穿西式禮服（即今西裝），這是向西裝店訂製的。我太太穿的新娘禮服，是由我嫂嫂、大姊到私人洋裝店訂製的。結婚那天她穿著旗袍、繡金花鞋，但頭紗是西式的薄紗，服飾兼採中西式。其他家人則穿著臺灣

衫。

燒甘蔗葉，吃番薯籤

　　我和太太結婚後，彼此都很認命。那時當媳婦並不容易，廚房大，燒飯煮菜的灶也很大，引柴火都是使用曬乾的甘蔗葉，才比較容易點著火，但甘蔗葉又很容易就燒完，所以需要量很大，她常常要去糖廠的農場將蔗葉綑綁成擔挑回家。這是他的妹婿（即襟弟）就職的糖廠，而且他管農工，比較有職權可以取得免費的蔗葉，否則一般人沒有機會進糖廠，更不能隨便拿糖廠農場的東西，就連不要的蔗葉也不能進去拿。一般人家沒有易燃的蔗葉可燒，就要到山上砍柴或到田野去割草曬乾來用。由於物資缺乏，一般人很窮，根本不可能燒木炭煮飯，就連請客煮飯時也很少用木炭，會用炭火的一定是家裡很有錢才用得起。

　　我們那時，別說用蔗葉煮飯燒菜，根本連白米飯都很少吃到。我在東勢寮當保甲書記時，保正家必須將稻米中的梗、糠去掉，才吃得到米，就是有米，品質也不太好。不過這已是吃得起飯的，一般家庭均吃番薯籤粥。做稽人（農人）很辛苦，常常是晚上將送回家的番薯刨成籤狀，早上拿到空地上曬，中午再翻面曬，傍晚收起來。晚上繼續刨籤，隔天繼續曬，曬乾後收起來，煮飯時混大量番薯和白米一起煮，這樣的番薯籤飯就比較好吃。沒米的人只能煮大塊番薯吃。那時只有老人和小孩有米可吃。每次都是男人先吃飯，還吃得到一些米飯；男人吃完後，換女人吃時，根本只剩下番薯籤，有時候還只能拌著煮番薯葉的水吃。物資缺乏時，連菜餚也沒有，一般人家都會醃番仔豆。這是一種做豆籤的豆子，先用水煮熟，再乾炒，之後用鹽漬在甕裡，吃飯的時候夾一些出來吃。小孩不懂事想要多夾點來拌飯，就會遭到大人瞪眼。那個時代真的很貧乏，又很節省。

　　善化一帶因為近海，所以無法種稻，只種一些麥類植物。一直要到

1930 年 3 月嘉南大圳完工以後才有水稻的栽種，不過這已是很後來的事。

除了沒什麼吃的之外，連自來水也沒有。當時善化以西約 7 公里的港口因為近海邊，不可能挖井，縱使挖到，也是滲有海水的鹹水，不能飲用。全庄頭只有一堀池塘水，大家一起用，男人必須挑水回家煮飯洗菜。這堀池塘的水不只是飲用，連洗屎桶、洗衣服都用這堀水，甚至牛隻都下去洗泥身及拉撒，所以很不衛生。一直到民國 58 年（1969）善化才有自來水，才真正改善衛生用水。

除了水資源缺乏外，一般普通家庭全家共用一個木製臉盆、一條毛巾的情形相當普遍。有時請客後也是舀一盆水，主人和客人共用一條毛巾擦嘴。由於沒有衛生紙，大家都習慣這樣使用，所以很容易傳染砂眼。很多家庭甚至連牙刷都是共用一把。我家環境好一點，毛巾、牙刷多一點，也有一個大大的洗澡浴桶。那時只有都市有公共澡堂，洗一次 3 錢，鄉下地方則沒有，連日本警察也是共用一個澡堂。很多人，連我住在家鄉的嬸婆也不例外，一生沒洗過一次澡，平常只是全身擦一擦而已，所以蝨子、跳蚤一身都是。

當時的衛生觀念很落後，有說小孩罹水痘用蟑螂屎擦嘴邊，以毒攻毒即可。不過官方規定每個小孩都要在一定的時間內去種牛痘，以防天花。種牛痘是由公醫來注射，我也打過，注射在手臂上。

貧窮、衛生觀念差，也是不得已的。一般人的住家不只人住，養的牛或豬也都一起住在屋內。人睡的竹床鋪一鋪稻草就睡，牛則睡在地上，人糞牛便全在屋內解決，連保正的家庭也是如此，畢竟不是每個保正家都是有錢人家。很多人上廁所大便完，因那時沒有衛生紙，一般是用黃麻桿擦屁股，有些比較頑皮的小孩還會叫自己的狗來幫忙舐屁股。另外，有的農家有儲存收成物的家櫥（古亭畚），用牛糞黏土搭建而成，圓圓鼓鼓，上面蓋稻草，或者疊柴堆。裡面常常有老鼠，非常不衛

生。

家事一肩挑的賢內助

我太太嫁過來後，除了一般煮飯挑柴，也養 3、4 頭豬。養豬除了自己食用，主要是為了謝神，多出來的還可以賣錢。因為養豬，所以她有空時要撿豬屎，曬乾以後可以做魚的飼料。當時什麼都缺乏，人們都很會利用資源，像一般廁所自然肥會有專門的人來收。我們家大多是種菜的人固定來收。他們收肥去種菜以後，也沒什麼可以回饋，所以過年過節就會送菜來給我們，算是一種回報。

我太太除了養豬以外，也養雞、鴨。那時候她很辛苦，要做很耗體力、勞力的工作。一直到我成立代書事務所後，太太才比較常到事務所來幫忙。她主要是幫我刻鋼板、複寫、製印，常常弄到手長繭，很辛苦。

太太也曾經去上過裁縫班。這是因為賣機器的人來推銷，也請人來教裁縫，所以她也去上了裁縫講習班，不過這已經是比較後來的事了。

我太太很少參加外面的活動，直到年紀大以後才比較參與一些事情，但次數不多。她一直到 88 歲時，因一次跌倒而骨折，身體逐漸變差，也就在那一年過世。

繼養的兒女

我和太太一生沒生小孩。我的兒子孫及梯（1921-）其實是我大哥孫得祿的二兒子，在他 8、9 個月大的時候送到我家。㉒ 我的女兒孫鶯則是朋友的小孩，也是 8、9 個月大的時候送到我家來。

當時人的觀念：「不孝有三，無後為大」。我的太太因為沒生，曾經很痛苦，一直叫我再娶。日本時代可以合法再娶，很多人會再娶，我太太的哥哥就娶了 3 個老婆。但是我的想法是：「凡事莫強求，強求更

添憂」，並沒有想要再娶，加上母親過世、父親不曾說過什麼，因此我也就不曾再娶。算來我們夫妻感情還不錯。

兒子及梯公學校畢業後就讀長榮中學。那時公學校有位老師人很好，想為一些有志升學的學生補習，讓他們畢業後可以考上學校再進修。可是這十幾個小孩都不認真，只是去玩玩，所以都沒考上，因此才讓及梯去讀長榮中學。

長榮中學是教會學校，那時由海軍大佐加藤長太郎當校長，㉓不唱國歌也不插國旗，所以政府並不承認該校學歷。學生畢業後沒有考試資格，我只好決定讓及梯到日本東京荏原中學再進修，之後考入岩手醫專。

我兒子是自己去日本考試、讀書，我並沒有送他去。我還記得當時幫他買由臺南到基隆的火車票加上基隆到日本的船票，因為是學生票，全部才 16 圓。到日本讀書的學費很貴，加上我每個月給他的生活費就要 35 圓，相當當時公務員一個月的薪俸。他是昭和 14 年（1939）9 月去日本的，剛好碰上第二次世界大戰戰事開始。戰爭中久久才聯絡一次，有時用電報，比較常用寫信聯絡，我們父子通信上千封。戰爭結束前一週，曾出過一種甘蔗製成紙的明信片，只出一週，幾十年後，明信片一張賣到 15 萬元新臺幣。我也有一張和兒子通信的這種明信片，不過後來贈給郵局的人。

記得我年輕上臺北考試時，因

圖1-5：岩手醫專時代的孫及梯。

爲日本較先進，曾經想過要努力賺錢，老來退休後到日本養老。但是送兒子到日本讀書前，我都沒機會去。

賣兩間店面讓兒子讀書

讀醫科非常花錢，要栽培一個醫生並不容易。當年我是賣掉善化中山路兩間店面的房子，得了 5 兩金子，才讓兒子到日本讀書。兒子讀 4 年大學後，剛好戰爭結束。讀書期間，我因爲是皇民奉公會的參與（顧問），學校想要徵求兒子參加聖戰，說是「爲眾生謀福利，要代天伐不義」等等，寄了通知來徵詢家長意見。如果家長同意，就把同意書寄回學校，小孩就會被派到戰場。看著戰爭的氣氛，很多人心裡縱使不願意，都不敢說不，可是我並沒有答應，因此他並沒有被徵調上前線。那時家長對於兒子參加聖戰的態度不同，如日本人到西伯利亞的農業開拓團，其中有三人逃回來，有兩個家長有通報官方，一個的家長則掩飾不報。

孫及梯是戰後第一批搭船回臺的人員之一，聽說和李登輝同一批，但我沒查過，也不清楚。他回到善化後，先在臺南醫院外科部任職。❷ 日本時代臺灣醫生是由總督府任命的，地位很崇高，曾經有個笑話：善化庄庄長生病去看醫生，他自以爲很大，要先看病，不想排隊。醫生回答他：我是臺灣總督府醫官，想看病要排隊，沒有特權。

孫及梯在臺南醫院擔任外科醫師外，他又受法院任命爲法醫、鐵道部囑託醫生（特約醫生）、生命保險公司囑託醫生、公學校和中學校校醫、公會役員（職員）。

到了戰後，國民政府接收臺灣以後，也承認日本醫生的資格。民國 37 年（1948）變字第 37 號法令發佈，其中有申請醫生執照新法，該法令實施一年後就廢除。當時規定只要有在藥局工作或行醫 3 年經驗的人，可以不必受過醫科訓練就可以申請醫生牌照當醫生，所以很多人都

去申請。臺南就有 200 人申請到醫生牌照，當起醫生。但是有些真正有資格的人，反而沒去申請。我知道有個人曾去日本讀一年政府沒認定的學校，就沒去申請。另外，像糖廠有個很會幫人看病的醫生陳福頭，就不敢去申請。當時糖廠都雇請一些沒有能力開業的人來糖廠幫人看病，他雖然沒到日本讀醫科，可是醫術不錯，卻不敢去申請醫生執照。這樣的變通辦法一年後就廢止了。

後來我告訴兒子，醫生是大家都很敬重的事業，在臺南醫院很受患者尊敬相待，久而慣之，就會養成職業病，驕傲，以致不能適應，所以要他自行開業，直接為人服務；而且他生於善化，長於善化，善化地方又沒有專科（外科）診所，很不方便，地方人士也希望他回來開業，回饋地方。此外，家裡有地，可以自行蓋診所。因此兒子考慮之後，決定回善化開診所。

圖1-6：孫鶯與陳瑞雲結婚于歸家族合照。

　　我以前在善化中山路就有一塊地，是善化段 286 番號建地，遂重整、蓋樓房給兒子開業，名為「孫外科診所」。這棟樓房完全按照蓋房子應有的施工步驟來蓋，蓋得很認真、很紮實。從混凝土灌漿後要水濕 45 天，沙要洗、磚要浸水多久，完全照建築功夫來做，所以蓋了 3 年才蓋好，是善化第一間樓房。通常一般房屋都是 15 尺寬，這棟樓房則有 24 尺寬，在當時相當具有規模。

　　及梯在善化開設孫外科診所，一做幾十年，設有入院病房、開刀手術室、X 光診療室，設備完善，在善化頗受重視。在他退休前，有一次到日本玩，在廣島縣碰到一個組織，提到日本有些地方還是無醫村，需要醫生，想請他到日本去行醫。所以他退休後就長住日本行醫。我偶爾

圖1-7：1997年孫江淮全家搭豪華遊輪環遊數國合照。左起長孫女孫淑真、次孫女孫淑芬、媳婦陳秋月、子孫及梯。

也會到日本和他一起生活，眞正享受到我的退休生活。

兒子是讀完醫專、回來善化後相親結婚的。媳婦叫陳秋月，也是善化人，畢業於長榮女中，和余陳月瑛（曾當高雄縣長）是同學。媳婦家開澱粉工廠，她父親陳瑞鐘是我的好朋友。

至於女兒孫鶯，原是附近鄰居的小孩，因爲她親生父母生太多小孩，所以送一個給我們。她的親生二兄後來做到高雄縣建設局長退休，也是好家庭出身，我們一直都有聯絡往來。

孫鶯讀書讀到臺南女中畢業，20多歲時和日本藥科大學博士畢業的陳瑞雲結婚。陳瑞雲是嘉南醫藥學院的老師，退休後現在是國立成功大學客座教授。他是現任總統陳水扁（2007）伯父的兒子，所以我們家和總統算是親戚，但太遠親了，沒有什麼來往。俗話說：「做官沒相庇蔭，滅九族有份」，我是看得很淡，一切隨緣就好。

---

❶ 「戶籍資料簿」作：明治4年12月1日。

❷ 根據家族照片記載，兩人1915年結婚。

❸ 現臺南大學附屬小學，臺南市中西區樹林街2段31號。

❹ 名單參見許佩賢，〈臺灣近代學校的誕生：日本時代初等教育體系的成立（1895-1911）〉（臺北：臺灣大學歷史研究所博士論文，2001），頁305。

❺ 臺灣首位文官總督田健治郎，上任後設置總督府評議會，以作爲總督府的諮詢機關，臺籍入選者統稱爲御用紳士，被視爲統治協力者。黃欣（1885-1947），字茂笙，後改南鳴，號固園主人，世居臺南府城，父黃江經營錦祥記糖間。小學畢業後任職臺南醫院，同時從胡南溟習漢詩。1908年首赴東京，1914年自明治大學法律學士畢業。返臺後經營農場魚塭，獲利頗豐，轉投資各項工商事業。1914年與弟黃溪泉將宅第闢爲庭園，稱固園，爲日治時期臺南文人雅士聚會之主要場所。1918年任臺南市西區區長，1920年任臺南州協議會會員，1921年任總督府評議會會員。1927年創共勵會，後改共勵義塾，爲失學民眾夜間授課，兼收失學之華僑子弟。另組共勵會演劇部，巡迴公演話劇，以啟迪民智爲尚。1928年發起創設臺陽中學，因總督府之阻而未果。1936年繼趙鍾麒之後任南社社長，執臺南騷壇牛耳。參考許雪姬總策畫，《臺灣歷史辭典》（臺北：行政院文化建設委員會、中研院近史所、遠流出版公司，2004），頁918。其事蹟，詳見：何鳳嬌、陳美蓉，《黃天橫先生訪談錄》，臺北：國史館，2008。

❻ 即林清月，臺南市人。生父鍾國棟，後過繼給姑丈林汝聘。1897年入國語傳習所，畢業後受雇於臺南醫院當翻譯，1901年入臺灣總督府醫學校，1906年畢業。後在

赤十字社臺灣支部病院、臺北醫院服務，由於研究鴉片戒治著有成績，被任命為總督府地方病調查委員會囑託，1923 年出版《地球上阿片之運命》。1910 年在臺北大稻埕設宏濟醫院，1933 年創設私立綜合醫院。戰後任臺北市醫師公會第一任理事長（1945）。林氏行醫之餘，喜好歌唱及採集、創作歌謠，曾出任臺灣歌協會理事，出版《仿詞體之流行歌》、《歌謠集粹》兩書。許雪姬總策畫，《臺灣歷史辭典》，頁 484。

❼ 大正 4 年（1915），孫灣出嫁。

❽ 根據戶籍資料，陳子鏞母親洪滅，父親陳光晨，住於善化北仔店。

❾ 貓神的意義，有很多不同的說法，臺語字典作：不乾脆、小氣、瑣碎、娘娘腔；但一般又有好色、認真等意義。

❿ 孫江淮「履歷書」記載：明治 40 年（1907）。但是戰後重新登記身分證時，誤登記為民國前 10 年，1902 年。

⓫ 臺南防過所位於今臺南市東邊裕農路與臺南縣仁德鄉交界處。

⓬ 《臺灣日日新報》1919 年 5 月 11 日，4 版，記載蘇試為慶安宮董事，率莊民千餘人到臺南大天后宮進香。

⓭ 鄭氏王國並無巡撫之設置，巡撫銜應為當地所稱。

⓮ 笠井源作，富山縣人，1865 年生，富山縣師範學校畢業。1897 年渡臺，任臺灣總督府國語傳習所教諭。歷任嘉義公學校教諭、臺灣公學校教員、嘉義公學校校長、彰化尋常小學校教員、臺灣公學校教諭兼公學校校長。1914 年任灣裡公學校校長。〈臺灣總督府公文類纂〉，第 2305 冊之 9，1914。

⓯ 坂本三樹二，高知縣人，1890 年生。1911 年渡臺，任臺灣小學校教諭。歷任彰化、臺南竹圍尋常小學校教諭、臺灣公學校教員，1921 年至善化公學校任職。〈臺灣總督府公文類纂〉，第 1007 冊之 2，1918。

⓰ 善化公學校校歌，由上野三善作詞、曲，歌詞如下：旭日に輝く　新高のすがしき峰を仰ぎつつ　良き日の本の民なれと　忙しみつまん教え草　遙けきの廟をつらぬける　曾文の流れ汲みとりて　良き日の本の民なれと　忙しみつまん教えくさ。

⓱ 「孫江淮履歷書」，記載，大正 10 年 3 月 27 日進入臺南商業補習學校，11 年 3 月 23 日結業。

⓲ 梁氏宗祠，遺址在大正町一丁目 45 番地，即今中山路、民權路口西南側約 40 公尺處。這個宗祠的土地在大正 9 年（1920）時由祠地更正為建地，昭和 20 年（1945）空襲時遭燬，今已不存。許淑娟等撰述，《臺灣地名辭書，卷二十一，臺南市》（南投：省文獻會，1999），頁 155。

⓳ 根據「孫江淮履歷書」，大正 11 年 4 月先當保甲書記，之後才去臺北考臺北工業學校。

⓴ 蔡碧吟，臺南市人，1874 年生。舉人蔡國琳之女，少從父讀經史，詩文俱有造詣，適賴文安孝廉，未嫁而寡，後改嫁羅秀惠。其是才貌雙全奇女子，精通琴棋書畫，遺作墨寶後世人評為國家級，價值連城，有「不櫛秀士」之譽。邱奕松，〈府城先賢錄〉，《臺南文化》21 期（1986 年 6 月），頁 134-135。

㉑ 羅秀惠，字蔚，號蕉麓，別署花花世界生，臺南市人。其為蔡國琳名下高材生，清光緒末葉舉鄉試，1895 年赴北京，後返臺定居安平，吟詩詠句，才名大著，曾任《臺澎日報》漢文部主筆，並協助臺南縣纂縣志。後任臺南師範學校教諭、臺南工商會會長。嗣後內渡，於廈門創辦《廈門日報》，因經費不足，未幾告停刊。又返臺受任《臺灣日日新報》漢文筆政，與伊藤政重、李漢如、謝汝銓等，設立新學研究會，發行新學叢論，普及新學。1915 年娶蔡碧吟為妻，以本性素愛揮霍，放浪花

酒，名以浪籍，乃以賣字為業維持生活，尤長於草書，字體龍飛鳳舞，頗為士紳所喜悅收藏。晚年患惡疾，腕瘓，以左腕作書，筆力沉雄，為時人所珍視。其詩作係豔體詩，不主一格，且字裡行間充滿脂粉和綺麗。邱奕松，〈府城先賢錄〉，頁136-137。孫先生則指出羅秀惠是日治時期臺南新報社（現中華日報前身）總編輯長，也是大書法家。

㉒ 由孫江淮結婚時間和孫及梯出生年來推算，及梯最快應是 4、5 歲時才被收養。

㉓ 張厚基總編輯，《長榮中學百年史：西元一八八五年-一九八五年》，臺南市：臺南市私立長榮高級中學，1991。

㉔ 根據吳銅編，《臺灣醫師名鑑》（臺中：臺灣醫藥新聞社，1954），頁 247 記載：孫及梯是日本岩手醫專專門學校畢業，曾任省立臺南醫院外科主治醫師，1953 年於善化東關里 200 號開業。

第二章

由保甲書記到商業經營

塡父親保甲書記的缺

大正 11 年（1922）4 月，我到新化郡東勢寮聯合保甲事務所擔任保甲書記，月俸 6 圓，役場的書記平均 15 至 25 圓，學校的教員 20 至 30 圓。當時做保甲書記沒有資格限制，沒有關於採用的制度，也沒有考試制度，都是靠人際關係進去，但也不是一般人可以做的。我父親在地方當了 20 多年的巡查補（警察），因爲這個原因我才去當保甲書記。

沒有人像我父親在同一個地方勤務（きんむ，服務）那麼久。一般來說，巡查補大概一兩年就要換地方，怕巡查補跟百姓勾結，發生私情。我父親因辦安定、善化庄管內（かんない，管轄區域）的戶口並當司法通譯，原簿（原始的戶口登記簿）❶ 都是他在整理的。當時主管很重用他，捨不得他轉職，因此他得以連續 28 年在善化任職。我大哥孫得祿先在東勢寮當保甲書記，後來父親叫大哥回家幫忙代書業務，叫我去塡保甲書記的缺。

保甲就是後來的村里，保甲聯合事務所好比是今日的鄰里聯合辦公處。那時保甲聯合事務所設在善化東勢寮，是 7 個保的聯合辦公處，派

出所才只有一位警員而已，且跟保甲書記的辦公廳相連。保甲書記需要配合警察，當通譯，巡邏時也要陪同。

保甲書記的工作包羅萬象，平常除了要代表去開各種會議外，就是要巡邏、巡戶口、看地方建設，如路燈是否要更新、道路是否整理好、水溝是否通暢、下雨後更要注意有沒有清理溝渠等等。上面規定我們保甲書記到各地方巡邏時都要蓋章，如果沒蓋章，下一個來巡時看你沒蓋就會被記錄。此外，還得辦戶籍、牛籍、馬車籍。日本時代規定牲畜必須在屠宰場宰殺，殺豬、殺牛、殺羊均要課稅。牛一頭 7 圓、豬 3 圓 5 角、羊 1 圓 7 角，連自己養、自己屠宰也要課稅，而且不可宰殺死豬，警察抓得非常緊。豬被宰殺後，保甲書記要代替警察去屠宰場檢印，蓋豬印做爲完稅證明，每頭豬的豬皮上蓋滿紫色的印章。保甲書記的權力很大，人們要殺豬時，就會切一小塊肉掛在保甲書記宿舍上。若是比較貪財的書記，就會利用職務貪別人的小便宜，出去被人請客，人們來辦正事，也會順便帶一包香煙來給保甲書記，算起來保甲書記的「外路仔」（gōa-lō͘-á，外快）很多。

保內人民若是違規，如衛生不好、賭博等事情，就要依照保甲聯合事務所內所放的「保甲規約」來處理，裡頭都有相關規定。人民一旦違反保甲規約，保甲書記即向郡守請求過怠（かたい）處分，罰繳過怠金，❷申請 100 件，100 件都准，過程中沒有審查，被處分者也不能抗議。過怠金就做爲保甲經費使用。雖然說保甲自成系統，但是警察派出所的宿舍整理、修繕、用水以及倩（chhiàⁿ，雇用）公役的費用，也是用過怠金支出。平常警察若是出勤，午餐是由地方仕紳、保正請客。

形式上警察、保正、保甲書記各自獨立，但實際上是日本人警察在主意（chú-ì，作主），保正、保甲書記只是形式上掛名而已。警察是什麼都通的、都管的，但是警察會將很多事交給保甲書記處理，像「說諭」。說諭不是調解，而是先做說明，如果說不聽，才會決定要不要處

分，但是保甲書記沒有獨立職權，只聽警察交代、差遣。

　　保甲書記的薪水由保甲內的費用來支出。過怠金和保甲民所繳納的保甲費負擔書記薪水、壯丁團服裝、公共設施修理等費用，保甲費則照戶稅的比例收取。

　　當時有保甲民會議，一個月舉行一次。雖然說是會議，但大多是在傳達政令，看上頭有什麼交代，巡查部長會蒞臨監督訓話，大多由保甲書記兼通譯。有一些保正年紀很大了，有一回我通譯有誤，老保正就當面嗆我，給我漏氣，說我若不會翻譯就下來啦！又有一次提到清潔的事情，警察是在說のみ（跳蚤）之類的，我聽成のうみん（農民），鬧了一個笑話。另外，保甲會議是保正、甲長臨會的會議，開會時官廳會宣布政令消息，雖要保正、甲長向民眾傳達，但他們只是形式上多少宣傳一下而已。

　　保正、甲長的公印、私印大多放在保甲書記那邊，以備有需要時可以處理事情。他們跟ロボット（robot，機器人）一樣，沒有什麼決定權，甚至都是警察大人在提醒衛生之類的事情。保正若有違反保甲規約，被警察大人巡邏告發，要處以過怠處分時，就會拜託書記向大人說情，希望不要被罰，說被罰很難看。我說印章是保正你的，這是你的職權，你就不要蓋章就好。但是保正說這樣不就奴欺主（lô.-khi-chú）嗎！所以保甲長只是形式上的職務，印章放在保甲書記那裡，也沒有在做什麼打算，都是保甲書記在替他們做。

　　當時人家說：「第一憨是做保正」，有些人還誤以爲做保正很大。我做保甲書記是沒辦法的事，因爲不被尊敬，是保正選出來的。反正保正也只是做名譽而已，事情均由保甲書記執行。

　　總之，保甲書記工作單純，沒什麼好學，工作量又重，文書以外的工作很多。我年輕時怕染到貪人小便宜的壞習慣，以後對社會難交代，做 8 個月之後就離職。

棄書記從零售商

大正 12 年（1923）7 月，我離開保甲書記的工作之後，回家開了玉記商行。同時去跟司法代書人廣瀨秀臣學習，當他的筆生和通譯。

起「賴母子講」頂下池田商行

1923 年有個日本人池田在新化和善化各開一家大的商行叫池田商行，雇了 3 個臺灣人幫忙做生意。其中一家開在善化中山路 250 番地的籤仔店，因生意不好，無法賺錢，想要盤（頂下）給別人接手，我聽說後就去找他商量。我因為保甲書記工作太單純，也賺不了錢，所以決定盤家店來做生意。

但是我沒有太多資本買這家店。我父親有房子租人，每月有租金可以利用，因此想到利用賴母子講（たのもしこう，互助會）的方式來籌募資金開店。賴母子講屬於私人、小規模的互助會。起會必須有官廳許可，不是隨便就可組成。除了要登記外，每個月要繳交報告書，由官廳監督。如果每個人每個月都按期繳交會錢，會頭在各會期能如期收到會款的話，要提 7 圓為獎勵金，最後並將獎勵金分給大家。

大正年間，善化一共只有兩組賴母子講，由新化郡守監督。一組是我，一組是洪金發當會頭。洪金發也是善化人，是善化第四保保正，開了家彈珠汽水（ラムネ）工廠。我因為父親和官廳有往來，所以比較容易申請通過起賴母子講。我的會是內標，標金是 20 圓一期，一共 36 人參加，每個月一人標得，剛好 3 年滿期。首會由會頭全收，但是會腳繳不出會錢時要幫忙繳。我因賴母子講共籌得 720 圓，剛好是盤池田商行的總金額。參加這會的人大多是有錢的人家，否則一個月 20 圓的會錢也是一大筆錢，不是普通人可以負擔得起的。

原來的池田商行雇有 3 個臺灣人幫忙。一個是主任劉主容，新化

圖2-1：1927年歲末大賣出於加盟店。店主孫江淮，玉記商店

人，地位有如大公司的支配人（總經理），其他兩人負責買賣貨物、收帳、記帳工作。這兩人也是新化來的外地人，我把店盤下來後，就沒有雇請他們了。聽說他們後來到臺南大林開店做生意。

　　我將池田商行盤來以後，改名為玉記商行，找我小弟孫江漢來幫忙。另外，臺南大林的一位親戚孫石定，當時才十來歲，公學校畢業，也過來幫忙，還僱請一位安業人（今安定鄉安業）王本當囝仔工。他們3人分別跑外務或到外面注文貨品（訂貨），我就在店裡看店。

玉記商行開張

　　玉記商行的店名是我自己取的，通常店面比較大間的叫商行，但和「郊」又不一樣。郊是批發商，很早以前臺南有三郊組合，是大賣（批

發商）團體。我開玉記商行時，臺南有家醬油大賣商叫松田，叫他的貨都要注文（預訂）。商行則是一般賣店，比簐仔店大一點。不管店面大小，通常所有的店名均是自己取的，要叫什麼就叫什麼，不過一般臺灣人的店不會叫商行，而叫某號。商店又分文市、武市，所謂文市就是小賣，武市就是大賣。

玉記商行經營的時間是早上 5、6 點起來開門開始，一直到晚上 12 點才關。做生意，只要有人上門買，時間愈長愈好。那時的店舖都是用木板當門，整片門板是由柱子和木板並排組成，一邊有十來片木板，每天都這樣一片一片搬，久了也就習慣了。

玉記商行是純小賣，賣東西的對象大多是日本人。到玉記商行來消費的日本人有糖廠的職員、學校的教師、派出所的警察等等。糖廠也有福利社，很大，招待比旅社還好，但是只賣給糖廠職員，一般人不能進去買。大致上糖廠福利社賣的和我差不多，但我們那時很單純，不會有競爭現象，也有不少糖廠職員會來玉記商行買東西。

日本時代日本人薪水很不錯，不太需要賒欠，我也盡量不讓人賒帳。日本人到臺灣來，除了薪水，有的因為離開內地來臺灣，還可以加百分之六十的加給。來臺灣 6 年後，還有恩給（退休金）。我知道善化煙草專賣局的賣捌人（うりさばきにん，相當於公賣局指定配銷商）首藤章，本來做公職 10 年才可以取得賣捌人的資格，他做 3 年就取得，而且銷售品可抽 7、8 分，賣鴉片可抽 5 分。❸光抽鴉片的 5 分，一年就可以得 7、8 千圓，獲利非常優厚。日本不只煙草專賣，鹽、酒、樟腦也專賣，可見日本人待遇多好。

日本人來玉記商行買東西也不一定買什麼，酒大概是一瓶 7 角、8 角，最便宜的是豆醬，一大包才 7 分錢，最常買的就是豆醬和醬油。罐頭比較高級，賺得比較多，買的人不少，一個月下來也賺不少錢。除了來店裡買外，交情好一點的，也有用注文的，有些日本人則因為市場太

髒，不喜歡去，又不會殺價，而直接向商店預訂。也就是前一天或早上向店員訂貨，像酒、罐頭、豬肉、日本麵，甚至醬油、豆醬均可以注文，中午我們就會將所訂的貨送到他們家。訂多少看客戶需求，有的人賺比較多就買得多，像有個郵便局長夫人，她一個月都來買個50餘圓。善化郵便局是第三等級的鄉村郵局，由局長請負（うけおい，承包）包辦，有各種福利，所以她先生賺很多錢，一個月約有4、5百圓，她也比較捨得花錢買好的。有的人則省省的花、省省的買，像有個老師，他們家一個月花不到2圓，我也是幫忙送貨到家。

　　我開的玉記商行只是小賣店，來消費的雖然大多是在地的日本人，但偶爾有錢的臺灣人也會來買，不過還是少數，鄉下人就更少會來買。除了臺灣人消費能力弱以外，當時的人節儉慣了，有錢也不一定會買。大部分人家是番豆炒鹽巴配飯吃，吃肉更是過年過節才有的事。東勢寮

圖2-2：1931年的玉記商行。坐者為孫湖。

4 個保，每兩天殺一頭豬都還賣不掉，消費不起。一保 100 戶，4 保 400 戶，大戶一點的 20、30 人，一保也都好幾百人，仍然是兩天吃不完一頭豬，可見當時的窮困和節儉，有錢也捨不得吃好一點。

開商店賣東西，很多人來買，也會有人喜歡出價。像國大代表王鼎勳（後來也是縣議會議長）幼兒時代，每次來買都會出價，當然我是不肯讓的。

除了棺材什麼都賣

玉記是一間普通的商店，因爲是小賣店，不是大商會，所以不需要商業登記。不過雖是小賣店，可以賣的東西很多。一般什雜店有分吃料和用料，我的玉記商行吃料、用料均賣。我常說：玉記商行除了棺材以外，什麼都賣。從文具、食品、罐頭、米醋、豆醬、日本麵、筆、藥品、衣服、棉紗、布料都有，刀具、碗盤、煙酒都賣，並幫人家代理購買魚、肉。有時候也會到鄉下批一些虱目魚回來賣。

日本時代灣裡街很熱鬧，是山海交會的集中地，玉井、大內、山上、安定、麻豆，均會挑各地生產品到灣裡街上販賣，如麻豆的芥菜醃酸菜、小新營的鹹瓜、內庄的芒果，都是整擔挑來賣。當時的人大多是吃這些醃漬物爲主，沒有炒菜，也不太吃肉的。

玉記商行賣很多種麵。日本麵叫素麵，細細的，不是蕎麥麵，和麵線不一樣，有專門會社製造。日本麵的做法不太一樣，要先發酵，發酵後不加鹽，煮起來很好吃。臺南錦町（今民生路、忠義路附近）有一家更科サラシナ賣的蕎麥麵最有名，一碗 2 角、3 角，只賣麵，有冷、有熱，其他什麼也沒有。那時候連賣東西都很單純。

玉記商行也賣文具，我還記得物品的價格，如文具有學生用的紙張，1 分錢 7 張；花生糖 1 角錢 2 塊。我也賣日本煙、洋煙，煙管（pipe）一支本錢 5 分賣 5 角。萬年筆（鋼筆）牌子很多（當時沒有原子筆），

一支 5 圓。因為批發價太貴，後來我找出比較便宜的品牌，依住址找到部分材料工廠，自己批各部分如筆管、筆芯、筆蓋等回來加工組合。自己批貨成本才 1.5 圓，貴一點的才 2 圓，卻可以賣 5 圓，利潤很高，很好賺。

玉記商行也賣藥品，藥品算很重要的商品。賣的是現在藥局賣的成藥，不是醫院用藥。那時大多向日本一家「成」製藥進貨，所以也有與他們往來的明信片。

玉記商行因為是頂自池田商行，很多貨源就向原有的大盤商訂貨，但大多要自己去買貨。像米、日本麵等就要到臺南向大盤商買，東西多就要請牛車隊幫忙去載。

牛車隊很早就有，但多早就不清楚了，大概清朝時都是販客，後來才慢慢有牛車隊。牛車隊主要是用來載粗重的如罐頭、醬油等物品。一般牛車均是木造、四輪，輪子是木頭加上鐵箍，不像現在都用橡膠做

圖2-3：善化牛墟廢棄的牛車。

的。早期運糖的牛車，則是兩輪。

善化往臺南的牛車隊大約一隊十幾車，都是一輛車、一頭牛、一人管理，通常均是個人的牛車。大家集體於晚上 12 點出發，牛車主人在車上睡，讓牛自己走，因為每天都要來回，牛都走熟了路，不會走丟。早上抵達臺南小北門後就分開去收集貨品，買完後集合，牛車隊再一起回善化，這樣不但有伴，也比較安全。

通常一牛車可以載一千多斤貨，我們都是寫單請牛車主人去買，必須指定商店，指定貨品。有些大賣店肯看單認帳就可以讓人賒帳，有些則要現金買貨。用現金買貨就等牛車回來再和牛車主人結算。一般僱請牛車隊是依所購貨品抽分（抽成），大多是按照一百斤抽多少錢來算。

除了牛車隊幫忙買貨、載貨，當時也有用扁擔挑擔代理辦貨的，叫賣什細仔。那時善化賣什細仔的人叫林益，30、40 歲，他都用走的到臺南大賣店，批的是輕便、沒重量的貨，像繡線、針黹等。

一般訂貨都是到臺南，比較特殊的貨品會向別的地方訂。我就曾向嘉義訂瓷器、蘭花。這種就要自己親自去看貨、訂貨，再想辦法運回來，如果沒有牛車隊，就用火車運到善化。由於那時沒有貨運行，最普遍的還是牛車隊，所以大部分還是到臺南訂貨，嘉義、高雄則很少。補貨時間則不一定多久補一次，只要有缺貨就去補。要購新貨就靠自己親自去找，還要比較哪裡便宜再決定下訂。

昭和年間，罐頭已經漸漸多了，包括蘆筍、螺肉、蟹肉、洋菇，什麼都有。這些罐頭均在日本製造，再進口到臺南的商行，或日本商行來臺灣開店，我再從商行批回善化來賣。像蘆筍罐頭，是用整支的蘆筍經水煮後製成，自北海道運來，一罐 3 圓。

除了罐頭，還有碗等磁器、陶器，也都是從日本裝貨載運來臺。我看他們包裝、裝箱均很有技術，裝得實在很好。木屐、足袋（たび），也是從日本進口來的，木屐只有一部分在臺灣做。足袋有分像襪子般在

室內穿的白襪、白色足袋,以及當鞋穿、可以走在地上的黑色足袋。臺南大賣店大多有賣,這些都要自己去找。

訂貨大部分是向固定的大賣店訂比較多。我還記得臺南一些大賣店,像賣成藥的有臺南的角谷愛堂、養生堂、三輪養元堂等3家名店。這些店都是日本人開的,大賣、小賣訂價均有分,也都寫得清清楚楚。角谷愛堂的規模很大,本身有保險15萬圓。一般說來,賣成藥比較好賺。

臺南的大賣店還有桑田株式會社等,另外有:宅商會、西陶器屋、西提燈紙傘、崇文印刷店、橋本文具店、橋本紙問屋(とんや,批發商)等等,這些也都是日本人開的店。有一家米醋工廠、一家烏龍麵店,及一些精米所是臺灣人開的。

我開玉記商行,除了到臺南批貨回來賣以外,還會到處找商機,看看有沒有可以批來賣的。我還留有一些這時候寫到日本等地問貨源的通信,這些舊明信片有些就是當時商業往來的書信。生意人做生意就是什麼可以賣就想辦法要賣,因此只要有機會,我都會找看看有什麼可以賣的。例如日本人不吃豬頭、豬腳、豬內臟,這些部分臺灣人認為最有營養,也很喜歡吃。那時物資缺乏,我也想向日本買這些部位運來臺灣賣,後來因為戰爭爆發,沒辦法進口物資才作罷。

還有一封明信片,是我向日本護謨(ゴム,橡膠)株式會社請教舊橡膠原料的製作,就是做輪胎的原料。這是我先寫信問他們要怎麼製作,如果想要賣他們的產品要不要先買他們的專利,以及問他們有沒有特許等。

玉記雖然是一間普通的商店,可以賣的東西很多,我因為想要做大賣,開發新事業,所以會到處找找有沒有可能可以做的。製造業也可以,只要不違反法規、不侵占別人的特許權、不影響別人的專利權、也不用別人的店名,而且沒有人檢舉,什麼都可以開發。我常常有這種找

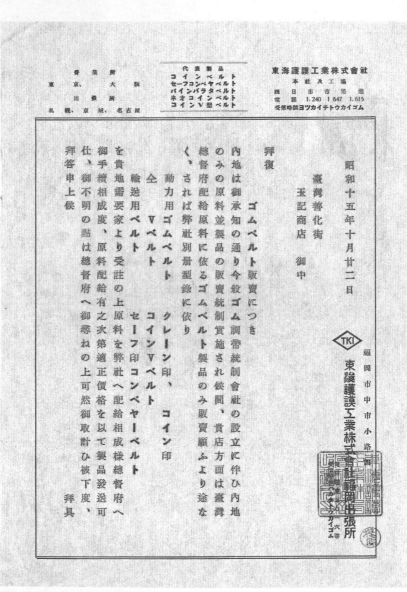

東海護謨工業株式會社
本社及工場
四日市市築港
電話 1.240 1.647 1.615
受信略號ヨツカイチトウカイゴム

代表製品
コインベルト
セーフコンベヤベルト
バインバラタベルト
ネオコインベルト
コインV型ベルト

新大阪　營業所
東京　出張所
札幌、京城、名古屋

昭和十五年十月廿二日

臺灣善化街
玉記商店　御中

拝復

ゴムベルト販賣につき
内地は御承知の通り今般ゴム調帶統制會社の設立に伴ひ内地
のみの原料並製品の販賣統制實施され候間、貴店方面は臺灣
總督府配給原料に依るゴムベルト製品のみ販賣願ふより途な
く、されば弊社別冊型録に依り
動力用ゴムベルト　クレーン印、コイン印
全Vベルト　コインV印
輸送用ベルト　セーフ印コンベヤーベルト
を貴地需要家より受註の上原料を弊社へ配給相成樣總督府へ
御手續相成度、原料配給有之次第適正價格を以て製品發送可
仕、御不明の點は總督府へ御尋ねの上可然御取計ひ被下度、
拝答申上候
拝具

福岡市中市小路畑
TKI
東海護謨工業株式會社福岡出張所

圖2-4：1940年日本東海護謨會社給玉記商行的書信。

新的 idea 的想法，所以會寫信去日本問問，看有什麼技術、特許，也常常想買新的專利。

在「貓尾」的小弟手中結束營業

玉記商行的生意還不錯，一天大概可以賺個 7、8 圓，一個月就超過 200 圓，算很好賺。當時我記帳大多用阿拉伯數字，也用碼子（蘇州碼）記帳，自己摸索，邊做邊學，從簡單的記帳開始，只要是做生意的人，都很快學會。牛墟還有口白、暗語、密碼，甚至用手比暗號的方式進行交易，但我認為做生意方便最重要，簡單、易辨認就好，也不固定只用哪一種方式記帳。

帳簿也分很多種：總簿、原簿、分類簿、日清簿，以及之後的通帳等。我有記帳的習慣，一直到後來做代書，我都會將每一筆支出費用記錄下來，如交通費、交際費、工人薪資，做分類，不然不知道錢花到哪裡去。我還每天寫日記，至少寫了三十幾年，每天寫，今天天氣好不好、去哪裡，都會寫。這是從公學校以來養成的習慣。

玉記商行畢竟是小盤商，賺得還是不夠多，後來我想做大盤、賺更多錢，所以將玉記給我小弟經營照顧。我則全心全意做醬油生意。

我小弟比較愛玩、愛交朋友、不愛看店、不認真經營事業。玉記商行讓他經營 3、4 後，因為沒賺錢、營業狀況不佳，小弟做事又貓尾（niau-boé，草率），不到戰後就收起來了。

煙草小賣人組合長

我在開玉記商行時因為做生意的關係，也是煙草小賣人（香煙零售商）。煙草小賣人要加入煙草小賣人組合。所謂煙草小賣人組合，有如現今煙酒公賣局配銷所的組織，下有主任、組合長、役員、幹事。當時

申請煙草小賣人資格時是用我爸爸孫湖的名字去申請的，但所有的事情都是我在做。後來我還當煙草小賣人組合的組合長，這說來有一段故事。

　　善化煙草賣捌人是首藤章。他本是桃園郡郡守，退休後以高等官身分可以領一個月 160 圓恩給，但他還來善化地區擔任煙草賣捌人，一年還可以領到 8,000 圓，可以看出他多會賺錢。當時煙草是由專賣局賣出，他代理分配，所以叫賣捌人。因為他的賣捌所就在玉記商行的對面隔兩間店面，和我熟識後，常來找我聊天，所以兩個人很熟。後來他請我出來幫他忙，擔任善化煙草小賣人組合的組合長。

　　煙草小賣人組合的範圍很廣，包括善化、安定、官田、大內一帶都在同一個賣捌人區域內，要到這裡來配銷煙草。做為組合長的我就常要到各地去巡視，之後每年還要辦一次銷售表揚大會。表揚大會的經費是由專賣局出資，煙草小賣人組合的職員來籌辦。我是組合長，當然要負

圖2-5：1931年臺南管內煙草小賣人表揚會。

責大部分的工作。

昭和6年（1931），我當煙草小賣人組合的組合長時，當年的煙草小賣人要表揚，就選上我。結果變成我要幫忙籌辦表揚大會、買獎品，最後頒給自己的情形。我還記得我去買的獎品是個時鐘，很貴，一個要價18圓。

剛開始我用我爸爸的名義申請煙草小賣人的牌照，後來也辦了變更，以我的名字申請。申請煙草小賣人的資格，其實並沒有太多限制。只要有店，又與前一間小賣人的店有適當距離，就可以申請。為了讓消費者方便購買，所以不會限制太多，和現今申請煙酒牌照差不多。賣捌人是3、4年一換，組合長隨賣捌人變更。只要是煙草小賣人，就都要加入煙草小賣人組合。至於組合長則沒有什麼特別的權利，也沒有薪水，屬於無給職、名義職，只是形式上的義務。組合長的工作也不多，管理組合費用，主要是一年在善化公共場所辦一次表揚大會，找師傅來煮料理感謝大家。

我記得我找來辦料理的總舖師傅（廚師）是張萬枝。他是善化人，很會做菜，從小開始學辦桌。辦桌一次花多少錢已經不記得了，但我還記得因為是戰爭時期，物資缺乏，肉類是配給品，無法隨意自行購買，所以要先去申請，才可以買到東西來煮，否則就是有錢也沒得買。當時經濟統制，肉攤都有警察監督，巡務所的警察負責看雇（監督）肉砧。只有特別的活動，像祭祖、嫁娶、組合會議等才可以申請肉類特配，一次申請幾十斤回來，再交給師傅去料理。

辦桌一桌也要十來樣菜色，有五柳枝（紅燒魚）、大焢肉、小焢肉、雞肉、鴨肉、扁魚白菜或魚翅羹、紅蟳米糕，還有咖哩蝦，但沒有牛肉，那時的紅蟳也很貴。日本時代不論結婚喜慶或開會辦桌都是這些菜為主，喪事較簡單，通常是自己家族一起幫忙。從我小時候就這樣，無論婚喪喜慶，都找親戚一起來幫忙，或是向鄰居借餐盤、借桌椅。

因緣際會轉行醬油業

大正 12、13 年（1923、1924）時，我轉行做醬油生意，除了想要賺更多錢，主要是因緣際會，有個機會轉行。那時新化的康大山經營合同昌醬油合資會社，專門製造醬油、醬料、竹筍、蔭瓜、罐頭，並且經營醬油買賣。會社的位置在新化老街，大約是在今天的中正路上，店面在前面，後面是工廠。

合同昌的醬油是日本醬油，做得不錯，但是他會製造，卻不大會銷售，就批貨給別人賣，我也曾去批來賣。剛開始他也做小賣，因小販拖欠他錢，他不想繼續做，想要賣掉日本式的醬油工廠。正好我想要做大批發的生意，知道他無法經營，又願意教製造方法，所以就找 3、4 個朋友合資將他的合同昌醬油工廠頂過來，自己製造兼販賣。我將合同昌做成的醬油成品、原料醬汁及機器都買下來，並且租用他的工廠，繼續在那裡製造。

頂下工廠成立東亞醬油商會

我頂下合同昌醬油合資會社後，改名為東亞醬油商會。資本額約 7、8 百圓，股東有臺中市中醫師陳茂己的弟弟陳茂發及其叔父陳水。

東亞醬油商會共請四個人幫忙，一個師傅、兩個記帳及一個童工。師傅是原來合同昌的師傅繼續做，年約 40 歲，是澎湖人。親戚介紹一個安定人王景川來幫忙記帳。王景川年紀比我大一點，但是比我還沒有人生歷練，送貨去菜店（酒家），看菜店有女人陪酒，還嚇得腳直發抖。光復後我再碰到他，沒想到他居然開起菜店。另外一個記帳是善化人蘇鍾，他是蘇哲夫家的人。記帳的薪水一個月是 15 圓，師傅多一點。他們都住在工廠，上下班時間不分，也一起工作。

製作日式醬油要先將黃豆醃漬，之後像絞麻油一樣壓榨，讓醬油汁

液流到大池堀。東亞醬油商會所製造的醬油分兩種，一是由醬油原料初次搾出來的原油，叫做「龜甲一」。由於原汁原味，最純、最香，也是最貴的醬油，一桶100公斤賣16圓。另一種是將第一次壓搾出來的原粕再加糖烏、甘草，一起煮熟，再加工壓搾，所得的油是黑醬油，叫「龜甲亞」，一桶100公斤，賣8圓。生產時分年份，共分放3年、2年，最後一年再混合，清貨底去賣。這些醬油賣到大正14年（1925）。

我買合同昌的成品，除了豆子，連放醬油的大木桶都買。這種木桶很大，約有2米高，都是檜木，一桶容量可裝原料モドミ數千公斤，或是裝入成品醬油達100公斤，且可以放3年。這種木桶很好用，但只能向日本買，因為很貴，所以只好買二手的。由日本裝原油來臺以後，剩下的空桶賣給我們，一桶也要8角，我共買了20多個。我們用過兩三遍後，怕影響醬油品質，才放棄。後來沒錢再增加資本，連桶子也買不起。

我還向合同昌批鹽。當時鹽的賣價分成兩種，賣給一般消費者的價格是一斤2.5錢；賣給工廠做原料的鹽，因屬大批發，所以一斤是1.5錢。日本時代煙、酒、鹽等都是專賣。當時鹽有鹽館，也分大賣和小賣。善化鹽館在善化灣裡街（今三民路上），是總批發，由第三保保正洪坤山經營。他因為是地方有名望的人，比較容易向專賣局請牌，所以做大賣。合同昌因為是做醬料的製作工廠，需要量很大，一次都要買很多，比較便宜，一斤才1.5錢，少了消費稅的稅金。後來也漲價，漲到一斤要2.5錢。小賣店則有善化市場邊的鄭科在賣鹽。除了鹽以外，製作醬油需要的甘草，是向臺南大賣店啓南藥行購買。

平常買我的醬油的都是日本人。一罐日本醬油3角，是一個粗工做一天的工資。臺灣人窮、不富裕、經濟力不夠、也捨不得花這樣的錢，所以不會買日本醬油，平常只是醃瓜配飯，或番仔豆炒鹽，更別說學做日本醬油了。

臺灣人製造的蔭油和日本醬油很不一樣，主要是因為酵素不同。縱使是日本醬油，各家品牌口味不一樣，也是因為各用不同的酵素的緣故。一種菌會產生一種口味。一般來講，臺灣人製酒用酒粕發酵，做醬油則是放在陰濕地方取天然發酵的酵母菌來發酵。

我只是生意人，負責買賣，其實也不太懂醬油製造技術，一般人也不會做。我的醬油會社製造的醬油，都是由專門技術的師傅來處理。這是一門很深的功夫。製造醬油的步驟是：先將豆子洗乾淨，再去煮，煮完後，放到大木桶裡，讓它自然發酵。發酵後用袋子裝，然後去壓搾，壓搾機很小，搾出來的原油不加糖烏就是無色不加味的白醬油，甘甜自然，一般都賣得很貴。豆子經蒸過加酵母或自然發酵，要到什麼狀態就完全看師傅的工夫，不可以太熱，太熱菌種會死掉，也不可太冷，太冷要加布袋蓋上去加溫。所以師傅的工夫很重要，一般人不會懂太多，我就不會。可是客家人在這方面很有天份，一般家庭都很會做醃漬醬料。

上面說的方法製造出來的醬油叫壺底油，另外加了糖烏的叫蔭油。其他，豆醬、豆腐乳的製造方法和做醬油一樣。日本人做味噌也是這樣，味噌還分幾十種，只是菌種不同而已。

日本人做醬油只做原味的日式醬油，就是白醬油，不會加糖烏，臺灣人製作的醬油則會加，變成蔭油。所謂「糖烏」（キャラメル），是製作時先將糖炒一炒，炒到燒焦，有時候會有臭燒焦味，再加水進去，就成糖烏。如果繼續加溫，會形成糖膏狀的就是糖蜜，至於結成糖塊狀的就成糖菁。製糖廠用高速度分離機分離出固體和液體，液體主要是糖蜜，至於固體部分要重新再分離，才會成為赤糖、粗砂糖、二砂糖、白砂糖、特白砂糖及冰砂糖。

二次大戰時，糖的產量減少，臺灣又遭受轟炸，農地破壞很多，農作損失很大，糖的產量不到戰前一個月的量，很多糖產改為糖菁。戰前戰後就常以糖菁為主要生產品。

現今許多食品都加糖蜜，如焦糖布丁、粉粿、蜜餞及烏龍茶，均是加糖蜜或糖烏。麻豆的開喜烏龍茶工廠很大，所製成有甜味的烏龍茶，加的就是糖烏。其實這些產品的成本很低。

從合資到獨資：孤身打天下

我原先購買合同昌時是 3、4 人合資，大家出一樣的錢。後來因為生產費、各種花費很多，原料又缺乏，也沒賺錢，大家既不願再出資增資，還慢慢一個一個撤資退股，最後只剩我一人獨資。我將既有原料製造販賣後，因沒原料來源，又缺乏資金，無法再繼續製造，所以只有銷售手邊剩下的貨品，也就是自產自銷。

東亞醬油商會的醬油都是我自己去推銷，所有的生意網路都靠我自己一人去開拓。我一個月往北去，一個月往南去推銷，大多到草地（鄉下）推銷。每到一個地方就找兩三間店推銷。因為都市人水準高，都用內地做的日本醬油，只有草地的料理店才會買臺製的日本式醬油。

我每到一地，只要是料理店，都會進去推銷，因為日本人比較喜歡日式醬油，臺灣人則經濟能力不足，沒有消費能力。另外像在糖廠，或擔任警察的日本人都會消費。

醬油在日治時代算是特殊品，一般菜館、旅社普遍都用日本大正製油的醬油。雖然大正醬油也是在臺灣製造，但因為牌子老、品質好，大家用慣了，所以很競爭。很多店面都說他們已經用慣大正醬油，不願意換牌子。我常常去看看、套套交情，一次、兩次以後，他就會不好意思，改買我的醬油了。我大多到日本人會光顧的菜店、食品店、日本料理店賣，但只是一桶、兩桶的銷出，量並不大，所以要賣得廣。通常毛利愈好的生意，愈多人搶著做，只是小賣並不容易賺錢，一定要大賣；另一方面，每個地方都只有一兩家料理店，會買醬油的商家很有限，賣的地區必須要廣，才會銷得多，因此我常常要出門去推銷醬油。醬油生

意其實並不好做，很辛苦。

我在這段時間到過很多地方，就是因爲從事醬油的製造和販賣。我去的地方有屏東、東港、西螺、二林、埔里、田中、二水，凡是縱貫線上的偏遠地方，我幾乎都到過。我那時到處去推銷，再遠都去。爲此，我買了一臺富士霸王腳踏車代步，一輛要 18 圓。當時的教員一個月俸給才 15、16 圓，我當保甲書記也不過才 6 圓一個月。買那輛腳踏車就花掉我 3 個月的薪水，可見我下了多重的本錢。那時善化總共只有兩輛腳踏車而已。不過因爲腳踏車比較自由、到處可去、不用浪費等車時間、要到遠地也可以託火車一起運到，眞是便利，所以我才下決心買。後來騎腳踏車的人就多起來了。

那時善化的交通已經很發達了，有火車和巴士，開巴士的司機還是我的同學。記得從我家坐到善化火車站的巴士票價是 5 錢，很快就到了，走路卻要花 1、20 分鐘。除此之外，輕便車、牛車也都有，牛車只有兩輪車，而且爲鐵圓輪子。通常賣什貨都是挑擔來賣，沒有用車載著賣的。我因爲常常要到遠地去，所以曾幫人家代理採貨。由

圖2-6：1926年行商到關仔嶺。

於善化牛墟很出名，也有幫人代理牽牛到高雄鳳山的專業人員，一人竟然同時能牽 4 頭牛。

記憶裡最讓我難忘的幾次銷售經驗，是到東港、林邊。我第一次是跟著人家去，才知道路要怎麼走，第二遍以後就自己去。過了鳳山新高製糖會社，再過大寮，要過林邊溪，溪很大，石頭大大小小，已經很難走，沒想到內海的溪水暴漲，很多車子的引擎都浸在水裡，無法發動。我牽著腳踏車也過不去，好驚險。後來也曾從潮州騎腳踏車到恆春。

我記得有一次由車城到四重溪，途中經過一個山頭，必須騎著腳踏車踩上山去，剛好碰到落山風，根本踩不動。平常騎腳踏車要 20 分鐘，後來花了 45 分鐘，而且落山風一起時，天一下子暗了起來，看不到太陽。

之後，賣醬油生意也曾到過牡丹番社。我騎著腳踏車，碰到番人（原住民）。他們讓日本人教育得很好，雖然有刺青，但白天看他們都很有教養，也會跟你立正敬禮，只是到了晚上，一喝了酒，男女老幼，有的躺在地上發酒瘋、亂吐、亂叫，讓人害怕。

還有一次是去日月潭。我先從嘉義搭清晨 4 點 20 分的頭班車乘本線到二水驛，再轉集集線七分車到外車埕，再坐臺車到埔里。集集線的七分車是臺電為建日月潭水利工程工事而鋪設的火車線。到達埔里已經傍晚 5 點多了，溫度也一下子降了 5 度。那時候要做生意，沒辦法，偏遠地方都要靠腳踏車行走。

錢好賺，帳難收

我不但要到處去推銷醬油，每隔一段時間，還要再去收帳。人家說：「做水的生意最好賺。」但做生意並不容易，有時雖然好賺，可是由於民間習慣賒帳，收帳時卻不容易收到，也等於沒賺到錢。結果成本一直壓一直壓，生意也做不下去。所以很多工廠後來為了求現金只好請

求差押（さしおさえ，查封），最後以 7 折的價格將貨底清出，將工廠拍賣。

東亞醬油商會因原料缺乏無法製造醬油以後，大約有一兩年的時間我都忙著收帳。可是我常常收不到帳，因為有的商家說天黑以後不能支出，所以不願付款，我就收不到帳。尤其是田中、二林、恆春、苗栗等地方，因為距離善化很遠，我早上出發，到達目的地都天黑了，要收到帳真的很難。

收帳的問題很多，最嚴重的一次是到屏東。屏東茂盛商行一口氣向我訂了 2、30 桶醬油。隔月份，我第一次去向他收帳，他不付錢，還說是我的貨品質不好，要退貨；我說退貨要扣掉運費，他就不願意退。最後我要求要代現保管，請他寫保管書。第二次我到屏東，是陪一位日本人到當地的臺灣製糖會社去交涉土地的事情，他是我姊夫工作的糖廠的職員。我想說既然來了就順道去茂盛商行收錢，或討回前次所寫的保管書，如果保管書沒有討回，被追訴就構成橫領（おうりよう，侵占）罪，要去坐監獄。結果那老闆不肯給，說他倒店了。我看店明明還在，只是想賴帳、不肯給錢。我說那你只好去關（坐監獄）囉。老闆居然拿刀出來恐嚇相逼。同行的日本人是柔道八段高手，本想要教訓那老闆一番。我說算了，我們人在屏東，真把他打死也很麻煩，反正他逃不掉，我們不如到派出所找管區來處理。沒想到他隨後追到，就一同到警察派出所。警員一看，認為這是民事案件，買賣的事他不想插手。我想錢再賺即可，生命還是比較重要，要知進退，也就看破，自認倒楣。

做醬油生意最怕的就是被人欠帳。收帳這件事後來一直無法解決，曾經有人欠我帳，幾次去都收不到帳，結果欠債的還告我，我就找律師打官司。我陸陸續續提出告訴，從大正 13 年（1924）尾到大正 14 年（1925）初，大約提告了草地（鄉下）幾百人。剛開始是找代書寫狀，後來請律師，最後自己也學到了，就自己寫狀。不過雖然告贏了，也有

差押，還是無法將錢完全討回來，只多少收回一些，也就認了。

　　我在訴訟告贏以後，有些錢就以郵便振替（ふりかえ，轉帳）集金方式匯款或劃撥到我帳戶。後來東亞醬油商會就收起來，結束營業了。

---

❶ 原簿是指在法律上記載一定權利關係之簿冊；或是指相對於抄本之簿冊，即原本之意。

❷ 過息金指公共團體或其他團體對於構成員違反義務，所科以一種具有制裁意味之罰金。

❸ 首藤章可能不是 3 年取得賣捌人資格。其於 1896 年 3 月渡臺，1898 年 7 月被採用為臺南縣辨務署主記，1901 年 8 月被任命為臺南縣辨務署印紙類會計官吏，接著歷任臺南廳、鹽水港廳、新竹廳、臺北廳屬、阿猴廳事務官財務課長、臺灣總督府理事官、高雄州稅務課長、豐原郡守、桃園郡守、臺灣總督府囑託。1931 年，成為煙草賣捌人。參考「臺灣人物誌資料庫」。

第三章

由筆生到代書

收起生意學代書

我還沒做代書前都在做生意，曾向料理店請求貨款，有時沒辦法收回應得貨款，就會請代書來處理，但代書有時也沒辦法處理，還請過辯護士（べんごし，律師）。這中間，漸漸讓我對法律產生趣味，才把生意收起來，去學做代書。

當時大部分日本人代書都會雇用一位筆生來協助業務；筆生則可邊做邊學代書。大正 12 年（1923），我在日本人代書廣瀨秀臣事務所做助理，❶ 助理以前叫做筆生。在廣瀨的事務所除當通譯之外，掃地等工作也通通要做。

通過十中取一的司法代書人考試

代書以前叫做「代書業」，日本民法實施之後，才改叫做司法代書人。❷ 做代書雖然無學歷限制，但需要考試，及格才發證書。司法代書人由法院管理，牌照也由法院發。我當時參加的考試，是由臺南地方法院舉辦，雲林、高雄、澎湖都是臺南地方法院管轄區域。我參加的是臺

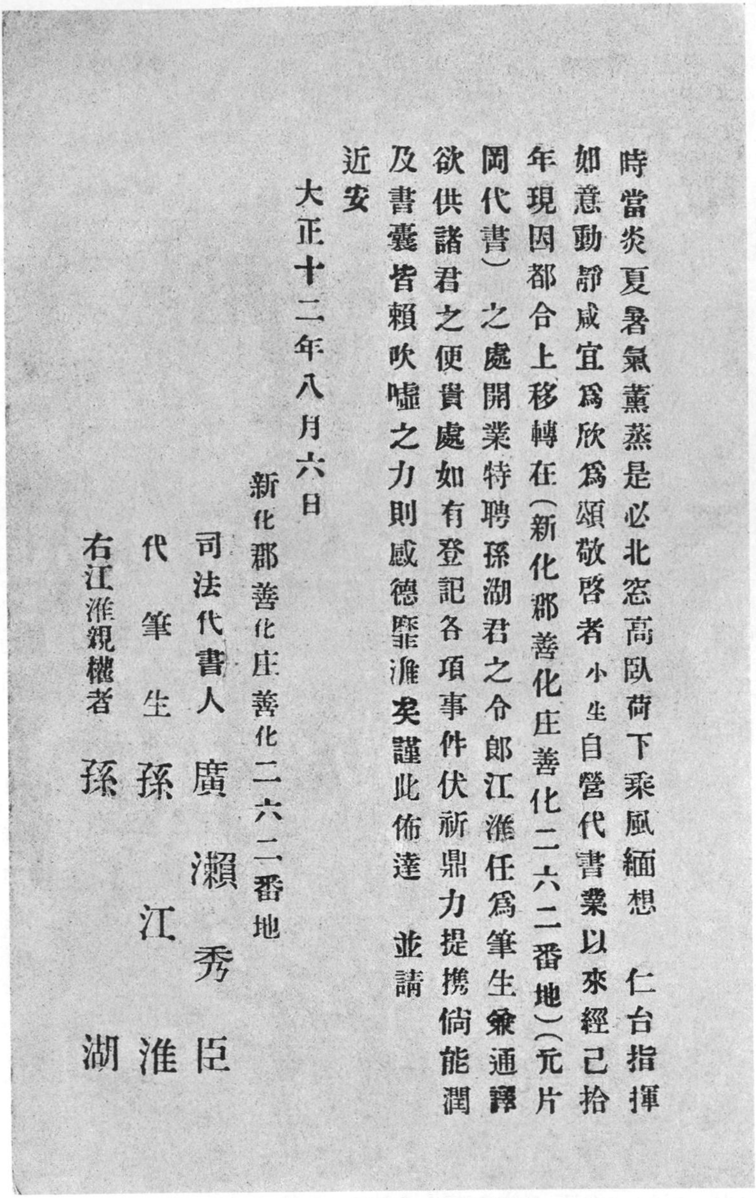

時當炎夏暑氣薰蒸是必北窗高臥荷下乘風緬想　仁台指揮

如意勳節咸宜為欣為頌敬啟者 小生自營代書業以來經已拾

年現因都合上移轉在（新化郡善化庄善化二六二番地）（元片

岡代書）之處開業特聘孫湖君之令郎江淮任為筆生兼通譯

欲供諸君之便貴處如有登記各項事件伏祈鼎力提攜倘能潤

及書囊皆賴吹噓之力則感德靡涯矣謹此佈達　並請

近安

大正十二年八月六日　新化郡善化庄善化二六二番地

司法代書人　廣瀨秀臣

代筆生　孫江淮

右江淮親權者　孫湖

圖3-1：1923年廣瀨秀臣聘孫江淮擔任筆生兼通譯的文件。

南地方法院第一屆司法代書人考試，考試地點在臺南公會堂，有不少人
參加考試，沒有 100 也有 8、90 人，連大學畢業的法學士也來考試。昭
和 7 年（1932），我得到臺南地方法院院長的認可，在善化開設司法代
書人事務所。

　　司法代書人考試分筆試和口試。筆試時發白紙用毛筆作答，考題有
三。其中一題是登記，假設一個買賣登記實例，當中有未成年、成年及
親族等等關係，要求你寫出需要準備哪些登記書類（しょるい，文
件），譬如說戶口抄本、系統證明、親族協議書、親族同意書等都需要
寫出來。登記之外，還要考寫刑事告訴、民事訴狀、論文。口試由臺南
地方法院院長主持，什麼都會問，包括法律方面的學理、學說，考試的
內容都是業務上會遇到的，所以從日本（內地）讀法律回來考試的法學
士，雖然讀過法律，因為沒做過代書，對實務外行，加上用「白紙」寫

圖3-2：1927年孫江淮的代書館。

登記申請書，登記目的、登記原因等要件都要自己寫，法學士懂學理但沒做過實務，落榜的人很多。做代書筆生的人，已經習慣寫定式的紙，雖然如此，但考試是發白紙，登記要件就寫不出來。當筆生常是知其然不知其所以然，不知道業務中的法理，只會添入文字而已。因此，自己若不進修，是寫不出答案的。

司法書士考試錄取率很低，我通過的這次考試，才錄取 7 人，扣除當中一位是法院書記退休，實際通過考試者只有 6 人。我和高雄前老縣長余登發同期考上，❸ 另外還有三個法學士，其中兩位是簡澄洋 ❹、吳鏡澄。❺ 我所屬的臺南地方法院，司法代書人中沒有女性，但其他地方法院好像有女性。

當時法院要發牌照給我時，法院監督還警告我說：你之前愛跟人相告（互控），紀錄很多，以後做司法代書，不可以再做當事人告人或被告。要我謹慎一些，若被吊牌，就沒飯吃。

買幾百本書自修法律知識

日本時代，市面上的法律書籍很少，我都是看《臺法月報》、朝鮮《法律新報》，以及從日本郵購法律評論社整套現代法律的書，從中瞭解法理，也從做代書筆生時瞭解實務，累積經驗，兩個湊合起來，稍微成個體統。舊慣調查會出版的記錄也有買來讀，其中《臺灣私法》是非常必要的參考書。這些法律書籍當時加起來買了幾百本。

《臺法月報》一個月出刊一次，會刊載法院判決，新的判例也在裡面。《臺法月報》中有「質疑」欄位，我如果有疑問，就寫公文去請教。我提出的質疑，不少是有關祭祀公業管理人的問題，主要是為了處理麻豆林家和善化陳子鏞這兩處祭祀公業的問題。麻豆林家的案件公業土地牽涉幾千甲，當中有 7 房設 7 個權利，由管理人代理出租，我問說7 個人中可否個別出贌？因為質疑的回答好比是判例，我會連同質疑的

回答一併附上去給登記所，讓登記所主任參考，處理棘手的登記問題。

　　當時在編判例的人是高等法院的書記官長伊藤正介，❻我會去買伊藤所編的判例集來參考。其中一本是明治28年到大正9年（1895-1920）的判例集，後來一年或兩年出一本，我全部都買。若是看這些判例，遇到疑問，我會到臺北大正町（今中山區正守里、正得里、正義里）的官舍拜訪伊藤本人。那時伊藤已經退休，去拜訪時看到他家裡面養了一兩百個小盆栽。我不是去找他討論案件的內容，拜託他處理，而是討論判例主旨等問題，當時討論學術是非常公開的事情。若是對內容、事實有疑問，則跟他要整卷的卷宗出來看。但並不是所有的代書都會去參考判例，大部分的代書都是一知半解，可以過日子就好了，何苦花頭腦還來弄懂這些判例。

　　司法代書對所有的法律都要瞭解，民法、商法、登記法是最基本的，且連一些小的法律也要熟悉。另外，臺灣沒施行日本民法親族編（親屬編）與相續編（繼承編），親族和相續部分要照舊慣，❼所以也要查舊慣是什麼，判決以外就是要參考舊慣調查會的調查，有關舊慣的判例也不能一知半解，要很清楚深入才行。姊齒松平有一本叫做《臺灣特殊法律之研究》，❽專門在說臺灣特殊法律的事情，這本書主要整理條文，綜合出結論。因為他是第三審的裁判長，❾也是法院現職的人，所以這本書最實在、最有參考性。

司法代書執業情形與業務內容

　　當時善化連我應該有3、4位司法代書，不管是司法代書或是行政代書，政府皆依各地大小，限制名額，不能夠太氾濫。如果是法院出張所所在地，名額會比較多一些，其他鄉村地區就很少了。善化這邊的日本人司法代書，好像有兩三位，臺灣人一兩位，❿但鄰近玉井、大內、官田連一位也沒有。有些地方司法代書遷出後，當地就沒有司法代書

了。

　　善化當時有一位臺灣人司法代書叫林土割，讀師範畢業去當老師。以前當老師，要穿制服，帽上有鑲金邊又配劍，在地方上很神氣，大家都搶著要把女兒嫁給讀師範的畢業生。林土割退休後也來做司法代書。由於不少臺灣人的代書是退休之後才做，大多是讀師範做文官或老師退休的人在做，因為都已經是老伙仔（lāu-hoé-á，老人），不願深入研究，那時我在善化算是最年輕的。因為做代書需要的知識跟以前讀書的內容不同，又要研究法律，因此退休老師做代書的人也不多。

　　以前代書都是日本人在做，做司法代書的臺灣人較少。這些日本人均是書記官、檢察官退休之後在做，當官時有加俸六成，退休時恩給一個月領百餘圓，公務人員一個月也才 20 餘圓，日子很好過，退休金就吃不完了。因此，日本人做司法代書有賺沒賺也無所謂，當作是消遣時間，度時間（tō.-sî-kan，度日）用的。

　　由於日本人代書有些是法院職員退休，在法院當官當習慣了，若當事人來找，說話不合他的意，或有時話說不清楚，意思不明，就會大聲嚷（jiáng，斥責），兇依賴（いらい，委託）者。日本人代書都有優越感，對臺灣人不夠親切，加上經濟情況本來就不錯，對業務上所需的法律知識也就沒有太在意，不願動腦筋研究。

　　比起辯護士（べんごし，律師），草地人跟代書較為密切。辯護士的事務所都開在大城內，沒開在像善化這種草地所在，因為沒那麼多案件。當時一般人如果對法律規定不太瞭解時，都需要去問代書、辯護士，草地因為沒有辯護士，就會就近詢問代書，瞭解法律規定。若不信代書所說，再跑去問辯護士，畢竟辯護士講話比較有權威。

撰狀、公證、會社登記

　　當時在法院構內（こうない，法院之內）也有司法代書人常駐，一

般構內代書都是日本人在做，但在臺南地方法院曾有一位臺灣人蘇煥堂做過法院構內代書。❶司法代書人在司法方面的業務是在法院進行，能做的事情幾乎跟辯護士一樣，只差不能當訴訟上的代理人而已，被比擬為「小律師」。現在日本也還存在這種司法制度，還叫做司法書士。以前有關地政、法院的訴訟或沒開庭的非訟事件，都是司法代書在辦，因此也要會寫訴狀。跟當時辯護士比起來，除了不能做訴訟代理人之外，其他的工作攏總（lóng-chóng）全包，答辯書、起訴書，什麼都要寫。

司法代書有時對法律比辯護士還要清楚。辯護士對大部頭的「六法」（六法全書）很清楚，但對於千千萬萬的小條法律，沒必要也沒時間去研究，不是說不懂，而是沒有研究，因為也用不到。

日本時代法院有辦理公證的業務，到法院用口說，即可辦理。那時也有法院院長、最高法院（即臺灣總督府高等法院）檢察官長等高層退休的人，❷在民間設置「某某人公證事務所」。只不過民間公證人很少，一個法院轄下至多一兩位，臺南一開始也只有一位公證人，後來才有了兩間公證事務所。這兩位民間公證人，一位是余繩章，是庭長退休；❸另外一位是菅元生，檢察官長退休。❹兩位都是日本人，層級都很高。那時規定民間公證人替人公證時，要跟當事人有面識（めんしき，認識）才能辦，所以一般人早上就先去投名刺（めいし，名片），打個照面，這樣就算彼此認識，下午就可以來辦公證。

雖然有遺囑、買賣等等公證或認證，但會去辦公證的人很少，只有代書或辯護士這些知道公證制度的人比較會去使用。不過，代書會告訴當事人有公證這條門路，替他寫稿，帶著各種條件去公證，因為公證人對舊慣也不是很清楚。公證內容要符合法律，公證人才會幫你公證，有時代書不懂，會把一些不合法的寫入公證書內。譬如在遺言中要把全部財產都給一個比較疼愛的兒子，這不合法，所以公證人不會幫你公證。公證書跟判決一樣有執行力。遺言若是沒有公證就很麻煩，若是照舊

慣，戶主的財產只有男的才能分，由家中男孩子均分，戶主若是去做遺言公證，說要多分一些給某個兒子或分給女兒，這樣的話，遺言就有效力，也有用贈與這種特別贈送的方式，有的人現送，也有死後才送，成爲有附條件的贈與。

以前法人登記如商法上的登記都歸法院辦理，現在（指戰後，依中華民國法制）則不是如此。商法上的法人分作株式會社、合資會社、合名會社、株式合資會社四種。我自己也成立一間孫獎卿土地合資會社。選合資會社的原因是成立這類會社最簡單，屬於家族會社，2 人以上就可以，❶其中一位是有限責任，其他都是無限責任。若是要登記爲株式會社，需要 7 人以上。❶登記設置會社時，必須先寫明業務範圍。我這間土地會社目的是在從事買賣土地、賃貸和其他相關事業，當然也可以先把目前沒經營的項目先寫進去，寫多一點無妨。另外船舶登記部分，因爲善化不靠海，比較沒有在辦船舶登記。

土地登記

在日本人還沒來之前，臺灣人買賣土地是「契賣」。當時沒登記制度，契字就是憑據，頭一張的契字到二手、三手等等的契字。買賣當時，上契要連下契一起交給對方。日本人來改朝換代之後，進行清丈、土地申報調查，完成之後公告。這時私人所有的土地，要有國家認定才有效力，若沒去申報，就被收爲國有。有了登記制度後，土地權利就以登記簿爲準，當中有設順位。

土地登記工作，在民法尚未實施之前，一般代書都可以從事。但民法實施（亦即司法代書人法施行於臺灣後）之後，區分出做行政與做司法的代書，日後土地登記就是由司法代書負責。司法代書執業處理土地登記時，有使用印妥文字的「登記式」，這是印好登記要件，只要再添

入文字即可。當時所辦理的土地登記不只是所有權而已，且所有權可能是屬於共有的；還有地上權、地役權、先取特權、胎權、典權等7、8項土地權利。❼一般代書大部分只做與買賣和借錢這兩項有關的業務，只會辦所有權和胎權，其他的登記不願意也不會辦，不願用頭腦。

譬如「保存登記」就是建物許可使用後去辦理登記，或是需要借錢做為擔保就要去辦保存登記，因此若是沒有要借錢，一般人不願意花錢去辦保存登記。若是債權人行使債權，進行差押（さしおさえ，查封）之時，就可以代位保存登記。日本時代在這個時候是採用登記對抗主義，❽雖然很少人會為了省錢而不去辦登記，但一些有錢人如果土地很多，沒有要利用或去擔保，就會放著不去辦理登記。

戰前戰後都一樣，都有人不願意辦理登記，像是房子蓋好已經是不動產，但只是自己要住的話，不一定會去登記。土地方面，在州廳稅務係備有土地臺帳和地圖，上頭有登錄業主名字，就是自己的私有地，若是未保存，就可以到州廳領土地臺帳去登記所辦理保存登記。照理來說法院的登記簿，才算是登記，州廳保管的土地臺帳是稅務機關課稅用的資料，但法律界把土地臺帳看作是所有權的依據，所以一般人也有可能不辦登記。

所謂「胎權」，就是今日所稱的「抵押權」。土地登記中除了所有權以外，就以抵押權（日本民法上稱抵當權）最多，但當時臺灣人要跟銀行借錢非常困難，如果是日本人，借再多都肯。抵當權跟典權不同，抵當權是把土地做為借錢的擔保，使用權並無交給債權人；典是連納稅義務都過給債權人，田地收成在約定的時間內都由債權人收取，使用收益之權都歸債權人。一般人來找我時，都說要典，但是我替他們辦理登記時，就要辦成「質權」。❾因為大家也不太知道什麼是抵押權，會說要來要辦胎權，我就要替他們辦作抵押權。

再來是贌耕，贌耕權20年以下就是「賃借權」，20年以上50年以

下就是「永小作權」❷當時瞨耕時間長短視個人情況，從2、3年到4、5年都有，但20年以上的永小作權很少。一般臺灣人都是辦賃借權比較多。瞨耕也是一樣，一般人來找我時都只說要瞨耕，我在替他們辦時，就要看年限長短，自動幫他辦成賃借權或永小作權。

「地役權」就是有需役地和供役地的問題。如甲、乙兩地相連，需要通路時，就需要辦理地役權，比較複雜，還需要製圖。但這類登記非常稀罕，我才辦過一兩件而已。在新化地政事務所只有我辦過的一件地役權。一般代書甚至連有地役權都不知道，一輩子都沒辦過。

日本時代還有一種「限額不定期」的胎權，叫做根抵當（ねていとう，今稱最高限額抵押）。這是跟銀行借了一筆錢之後，有錢時可以拿來還，沒錢時再借出來用，由於債權並無抹消，在一定期間內可以再向銀行借錢，錢可以出出入入。根抵當跟普通抵押權不一樣。一般的抵押權在錢還清的同時，即便沒有去抹消，抵押權也已經消滅。但曾有不知情的人，以為抵押權還在，不必重新再辦抵押權，直接把錢借出去，但抵押權早已經不在了，連銀行也曾踩進這個陷阱裡。銀行大部分都是辦根抵當比較多，民間大多辦普通抵押而已。民間用根抵當的人很少，除非是借錢給別人的大資本家才會「根擔保」。跟民間資本家比較起來，銀行偏愛辦根擔保，利用範圍很廣。同樣也有沒辦過根擔保的代書。

當時借錢利息很高，一年利息到1割5分，也就是15パ（パーセント，百分比），民間差不多15-20%，也有借到25%，真夭壽（iáu-siū）；銀行差不多11、12%。但是超過20%的超額利息是無效的，❷去法院拍賣時，超過的部分不算。不過，在借錢時於契約書中寫成違約金就可以，譬如約定超過一年未還，滯納時就要付違約金，因為寫成違約金就不是高利貸，不算利息，換個名稱但意思差不多。今天銀行也都是這樣做，違約金算起來也很驚人。

中日戰爭之後，日本政府對買賣土地有所限制，買賣需要州知事許

可。戰爭期間私權行使買賣，要得到州知事的許可才有效，若無許可，不能登記。戰爭期間法院也不太辦登記，還一度怕登記簿受到砲擊，把登記簿搬到山上去。停了一陣子沒辦登記，連帶代書的生意都黯淡下來。

寫契約

一般種田人、做生意的人多少都會來找代書，代書不能隨便亂收錢，都有規定價格。收費標準有起案和不用起案的案件之分。不用起案用定式的紙，一面二篇3角，❷半面才1角半而已；需要起案就不是用定式的紙，則需6角；翻譯比較貴一點，需要3圓，是起案的6倍價格。如做為證據的古文書，就需要翻譯成日文。像是買賣契約因為條件不同，沒有定式算是起案，但也有用過「印便的」（制式的）契約書，有需要的條件再另外寫。簽契約時用日文，但漢文也可以，不過漢文契約書於辦登記時，需要有日文譯本。

一般人分家時，多是找地方老大（頭人）來主持，代書則是在旁寫書類。一般人要買賣土地時，會去找代書幫忙，畢竟自己會寫、會辦的人非常少。簽約前總是經過討價還價，所以最後會以書面作成契約書。通常買賣雙方會想要辦登記，大多在我的事務所內簽約，但簽約時代書很少扮演見證角色，都是當事者的朋友做「立會人」（たちあいにん，證人）。立會人則會找庄裡面較有勢力，先覺、先知的老大當見證。日後契約條件有不清楚時，立會人一定要出來說話。日本時代隨著登記制度的出現，立會人的角色漸漸沒那麼吃重。

我曾寫過隔壁庄安定港口那邊一張很特別「共妻」的契約。約定一起「公家某」（kong-ke-bó，共有老婆），否則有夫之婦、有婦之夫在一起，就是犯通姦罪。但是這種敗壞善良風俗的契約在法律上無效，只

是讓對方沒有辦法告通姦，因爲這是丈夫同意的。另外有關錢項借據之類的文書，不識字的金主怕對方沒信用發生非議，會來找我寫，我是照法律規定來寫，也較有公信力。若是契約中沒有立字人，有一些比較沒天良的人，要對方寫好借據，錢卻沒給對方。

業務繁瑣的行政代書

日本時代我還做行政代書業務。行政代書是郡守許可，由警察大人來管，不用考試，靠人緣去請牌，司法代書則是由法院來管。行政代書的業務包羅萬象，最多的就是請牌。日本時代做什麼事情都要牌照，刻印、照相、當舖、獸肉業（買賣豬肉）都需要牌照，小如賣豆花、圓仔湯也要牌照，大間米商設置原動機（げんどうき，機臺）仍要得到許可。因爲這些行業都是警察在管，由郡署長許可，零零碎碎的事務都交行政代書去辦，代寫交給警察、行政官廳的文件。

請牌照時需要製圖，要會畫簡單的圖，像是米絞（ká，碾米商）的碾米機器，連賣豆花、豆漿、圓仔湯的攤子也要畫出來。申請牌照需要等一個禮拜才能領到，一件 1 角銀，得跑兩趟。

行政代書這部分的業務繁瑣，行政方面的工作日本人代書不願意做，感到很麻煩，雖然多少可以賺一點，但是日本人生活不錯，也不需要多賺這些錢。我是爲人方便，多少幫忙別人一下。

辦土地登記和幫人請牌之外，我什麼工作都做。當時戶政是警察在管，支廳管轄安定、善化二處，範圍很廣。申請一張戶口謄本賺 1 角，得要跑兩次，但積少成多。申請印鑑證明要跑到新化郡役所申請，定式一張 3 角，兩張半才賺 7 角半，但是要跑兩次，大約一禮拜或十天才會下來。登記時就需要印鑑證明，我大部分叫筆生去跑腿。

現在到地政事務所登記土地，每次都要討印鑑證明。日本時代的登記所或是金融機關，頭一次去時，印鑑證明是一張便籤，銀行或登記所

會將這張蓋印章的小便籤裝訂成冊，只要申請一次即可，以後受付（う
けつけ，受理）就可以直接對照這本裝訂成冊的印鑑簿。申請過後可以
用一輩子，不像現在每次都要重新申請一次印鑑證明，勞民傷財，浪費
國家資源。我自己的事務所內也備有一本印鑑簿，只要是我辦過的案
件，我也會把當事人的印鑑蓋在簿冊上。

　　我也曾幫人辦過商標權登錄，❷其中有分意匠（いしょう，設計）
和發明。準備登錄文件非常繁瑣，需要畫圖、附說明等。所需文件整理
妥當後，寄去日本內地，需要公告半年以上很長一段時間，確定沒有先
例，才可以看做是原始開創的發明，但商標權這部分很少人在辦。以前
製作枝仔冰（ki-á-peng，冰棒）的冰櫃也登錄為意匠，不是發明。設計
的人不願賣給別人，用稅（sòe，出租）的方式，抽權利金賺了不少
錢。

業務範圍北到桃園南到屏東

　　日本時代司法書士執業沒有區域限制，可以跨區，跟辯護士不一
樣。❷我的業務範圍北部曾到今桃園中正機場附近，桃園街管內五保的
神明會的50多甲土地，是我去辦登記的；南部有到屏東，範圍算很大。
客戶的來源都是口耳相傳，像是一些比較複雜的繼承案件，需要申請書
類、證明，有的代書辦不好，只好雇用新的代書；還有替人辦了比較有
疑難的案件後，當事人也會吃好鬥相報（chiah-hó-tàu-sio-pò，互相告
知）。

　　整體來說，我的代書館業務量最大的還是來自善化附近。當時在善
化街胎權最多是農會，以前叫做信用組合。信用組合集資時，一股50
圓，我跟我兒子入60股3,000圓做組合員，但不曾當過代表。別人都
說當代表可以當理事，做理事時，組合的胎權登記都可以由我們做，怎
麼你不做？我則是都沒有去做，只有出資而已。光復後，股份全部被撤

消，政府說農會不是營利事業，說我沒有做農事，不是農人，就不是會員，喪失了會員資格，以致投資的錢完全消失。

找代書和找辯護士價格差很多，代書是算紙張計價，辯護士是算案件。通常案件如果請辯護士來做，前謝一般行情是 20 圓；後謝是勝訴才有，金額依訴訟契約，照訴訟利益抽成，行情差不多是一到兩成，也有的抽到兩三成。做代書一件才幾塊錢而已，不是以目的物價值來算，便宜很多，代書是算「紙帳」，賺「筆錄工」。收費價格由法院規定，我從未跟別人多拿錢，多收錢或做出違法之事就會被吊牌，曾聽過有人被吊牌。處理案件完時，照規定要登記在事件簿，編號碼、發三聯式收據給當事人。

日本時代做司法代書連同行政代書的收入，一個月有 4、500 圓，行政代書的收入也占不少部分。以這樣的收入水準在當時算是最好的了。一般代書並沒有這麼多，這是因為我有在辦理外地以及比較大件的案子，加上新聞（報紙）有報導，外地不認識的人也找上門來。一般代書普通一個月只有 100 多圓。當時我的事務所最多請四位筆生，月薪 25 圓。司法代書的收入，在那時算是上流水準，只有郵便局局長、製糖會社社長有這般的收入。

司法書士不課營業稅，只課業務所得，跟今天的律師、會計師相同。因為這類工作負有一定義務，跟醫生一樣，沒有理由不可拒絕病人，所以代書工作具有義務性，不是在做生意。當時課稅是用累進稅率來計算，稅賦不算太重，年終 3 月底要報告去年所得，以便課稅。

隨時代演變的代書觀感

以前沒有人把代書店面開在街面上，而是跟當鋪一樣都在巷子裡。出入代書館的人，常被認為是在賣土地或跟別人借錢，或拿土地去抵押的「了尾仔子」（liaú-boé-á-kiaⁿ，敗家子）。一般人認為代書只在替人

處理借錢、買賣和贌耕，出入代書館就被認為是在賣土地，不然就是借錢。到我執業的時候，社會風氣比較開放，我的店開在街面大路上，一些朋友和地方的老人一開始都說我起猾（khí-siáu，發瘋），哪有人把代書館開在大馬路那麼明顯的地方，誰敢出入啊？但後來司法代書兼辦行政，做大、小生意都需要申請牌照，代書需要替人請牌，行政方面的案件也很多。來代書館不只是在賣土地而已，也有替人請營業牌做服務，算是很光明的事情，加上時勢漸漸在變遷，社會有進展，觀念稍微有改。

代書以前也被叫訟棍，是壞人，專門教人相告。社會對做訟棍的人，都會敬而遠之，不願跟他作伙（一起）。跟人相告「犯官符」，不是什麼好事情，古早說：「一字入公門，九牛拖不出。」與人相告是攻擊別人，是不道德的事情，也是社會不歡迎的人，當時對辯護士、代書多少都有這點想法。日本時代在臺南有一位很出名的辯護士沈榮，他就不接辦刑事告訴。他認為辯護士是在保護別人，不是告人入罪，告人入罪不是他的工作。

日本時代當代書競爭沒現在這麼大，收入即便比較差，生活也還過得去，一般人也蠻尊重代書。代書雖然幫人寫訴狀，但比較沒有用訟棍的態度看待代書，也不認為做代書就是敗壞道德。儘管沒有這麼強烈的感覺，但是當事人的對手，心情難免會不太好，因為訴狀都有代書簽名，別人都看得到訴狀是誰寫的，這是免不了的事情。當然其他像是辦登記、申請印鑑證明就不會有這樣問題。因此對職業的印象是跟職業內容有關，辦刑事案件就比較惹對方討厭。我自己也較少寫刑事的訴狀。

代書人組合與司法代書人會

當代書一定要參加組合。行政代書人的組合一年開兩次總會，開會目的只是大家互相見面、吃個飯而已。司法代書人方面，臺南地方法院

司法代書人會的會則是法院所訂，因爲司法代書是法院在管，法院說了就算數。司法代書人會會長都是日本人擔任，臺灣人沒有當過會長，當會長也沒有什麼權力，有義務而已。以前辯護士若是沒有加入公會不能執業，司法書士也得加入公會，這樣政府才管得到，方便政府管理，同業之間比較不會亂來。

開會時，常常決議要求法院取締無牌代書。無牌照的代書所辦理的案件，法院不能收，法院常會看文件尾部有無蓋上職印表示負責，事務所裡的筆生可代遞蓋過職印的案件。公會當時也出版雜誌，我印象好像看過《臺灣司法代書人會報》。

司法代書一年要在臺南開一次總會，地點是在臺南地方法院，會請法院院長蒞席訓話，法院很看重司法代書。我還記得當時在臺南地方法院當庭長，光復後當院長的臺灣人判官洪壽南非常廉潔清白。㉕有一次開總會他蒞席，午餐爲他準備一個 5 角的便當，他放著不吃。聽說洪壽南家裡非常有錢，有幾百甲土地，但是非常勤儉，一套衣服都穿 7、8年。

照舊慣的法律實務

臺灣因爲沒施行日本民法親族編與相續編，所以這部分要照舊慣。但是舊慣好比是無字天書，臺灣有福建人（福佬人）、廣東人（客家人），還有原住民、平埔族，風俗習慣各不同，範圍很大，非常深，沒有統一，需要買書、翻判例。雖然日本人來以後有舊慣調查會，調查過大概情形，當中總是會有相爭嘴（衝突、矛盾）的情形，風俗習慣都不同，見解該怎麼統一？結果只好由在臺北的高等法院上告部判例來統一。判例說舊慣是這樣就是這樣，用法院判例的說法爲準，判例第一優先。由於臺灣南北太遼闊，高等法院才一個，必須用高等法院的判決來

統一，否則舊慣該如何認定？但是法院所判的臺灣人舊慣，並沒有百分之百正確，只是在法制上不這麼統一不行。

法律與社會習慣時有不合

譬如在婚姻方面，臺灣有設戶口制度，照日本的民法，欲成立婚姻關係，非得要登錄戶籍不可；但若照舊慣，吃圓仔就有效力，結婚即便沒登錄也算成立。遺產相續中也有家產與私產之分。戶主的財產叫做家產，家產是戶主所遺留，只有男的才能分；私產屬於家族人所有，相續時男女有份，連妻子也有份。但如果照舊慣，女兒不敢要求相續，只能得到嫁妝，不能分財產。雖然法院說依臺灣人的舊慣，女兒可以分私產，但是沒有人敢去實行。在臺南有一間很有名的萬川餅店，㉖他們的女兒就比較大膽，照法院的判例爭取私產相續權，不願拋棄該權利，但被人說不少閒話。一般來說，很少有女兒敢大膽去分財產，到現在還是有這樣的情形。像我媳婦的父親過世，她就不敢去相續，是兄弟們覺得不好意思，說要分一些，當做一點小意思。到現在法律跟社會習慣不合之處還很多。

舊慣中有父債子還，沒有拋棄相續權利（拋棄繼承）或是限定相續（限定繼承）的做法。以前如果有人過世，就會在家門口，掛兩個用麻做的燈，臺灣話叫做「麻燈債」，㉗表示會負擔長輩的債務。父債子還是舊慣中基本原則，若是要違背這種習慣，說要拋棄相續，大家便會說這個孩子不孝，無人倫、無道德。這是因為舊慣中並沒有拋棄相續、限定相續的制度，加上臺灣沒有施行日本民法的親族篇與相續篇，臺灣人得照舊慣，不能享受這種特權，這部分法律臺灣人和日本人不相同。㉘我曾聽說有家中長輩事業出了差錯，欠別人錢，做兒子的就要負責償還長輩的債務到底，一輩子揹麻燈債，甚至因為無法負擔龐大債務，而走上絕路的事情也有。長輩實在不能隨便亂做，會連累子孫。日本時代擔

任第三審上告部判官的姊齒松平在自己寫的《臺灣特殊法律的研究》書中說，臺灣人可以依照法理拋棄繼承，這是他的見解。

善化有一位名人蘇東岳（又名太虛），兒子蘇銀河（1921-1985）是善化第一個博士，❷ 他們家族非常慷慨，施捨地方甚多。蘇東岳的父親蘇雨由臺南市搬來，開設晉昌號布行。以前的人娶細姨的很多。蘇東岳的母親則是轉了七手賣到蘇家當女婢，最後成為蘇雨的妾。查某嫺在家裡地位很低，如果被主人愛上了，也會服從。那時候蘇雨已有三妻四妾，多一個婢嫺為妾，並沒太大差別。以前臺灣人有娶細姨（sè-î，妾）的舊慣，有錢人說細姨娶越多越好命，證明自己愈有錢。法院也公認可以娶妾，但妾所生之子是庶子，不是嫡出子，繼承時，庶子只得一半，嫡子則得全額。當時人有三妻四妾是很平常的事，我 10 個朋友中，7、8 個都娶細姨，我大舅子娶了 3 個；六分寮的楊水松也娶了 8 個太太。但不論娶幾個，都叫細姨，不會分「大房、二房、三房」，細姨就是細姨，且妻妾全部住在一起。

當時招夫、招婿也有別，若老公死了再找來一個，就叫招夫；若是初婚，叫做招婿。照日本說法是叫做婿養子，但若給日本人當女婿或當養子，就要改姓女方的姓，❸ 臺灣則是保留原姓。招夫、招婿時需要寫契約，約定第幾胎要算女方或男方的姓，夾在出生屆（しゅっしょうとどけ，出生證明）一起附上去。保甲書記不替人寫這種私約，一般人都找代書寫契約。若是招夫、招婿生的孩子，第一順位的法定代理人和親權人是母親，但母親需要經過親族會議才能代理；母親若死了，親權歸招夫或招婿，處分孩子的財產時，就不需要經過親族會議。

辦案辦到被拘留

我曾辦過一個案子令我印象深刻。有個人姓林，他太太姓黃，林姓男子給黃家招贅當贅夫，生了個女兒。後來一家人有閒隙，對財產處分

有不同看法。女兒認爲她繼承母親爲第一順位繼承人，老爸是沒有財產繼承權的，如果老爸硬要財產的話是侵權；老爸則認爲他也有財產繼承權。兩人爭持不下，女兒反控我教唆指使她爸爸侵權，告我共同正犯。

在還沒有起訴前，我被拘留兩晚，關在分駐所辦公廳邊，而不是關在牢裡。當時拘留最高只能 29 天，在拘留室裡，沒事做，也沒刑求，拘留時家人並不緊張害怕。拘留所一個警員，叫陳壽南，臺南人，是甲種巡查。當時臺灣人要當到甲種巡查很少。他每天來往臺南善化間勤務（工作），頗有學問，又會做詩，因爲是文人當警察，爲人比較溫和，對我很好，晚上還會幫我點蚊香，怕我被蚊子叮。

當初會被拘留算是小冤枉，最後檢察官是做成起訴猶豫（きそゆうよ，不起訴），免了牢獄之災，過後也就忘了。不過還記得那時有家日本料理店叫泰三料理店，會依三餐送便當去給犯人吃。在拘留所吃得並不太好，有時只有糙米飯，不過還算好，大鍋飯、大鍋菜，大多是空心菜隨便洗一洗水煮一下，沒餓到。反正吃公家免錢飯，就是這樣。

大正 11 年（1922）發布勅令 407 號，叫做臺灣特殊法律，將祭祀公業和登記後的寺廟看做是準法人。❸ 但派下權可否買賣的問題，牽涉到舊慣。雖然有人在買賣派下權，但派下權應該是以祭祀祖公（祖先）爲目的，剩下的錢才歸派下人。派下權中有祭拜祖先的義務，義務是不能買賣的，這不是所有權，如果把權利賣掉，義務誰要承擔？除了祭祀公業和登記過的寺廟被看做準法人之外，剩下如神明會、轎班會和沒有登記的角頭小佛仔，以及父母會這類，都只被看作共有團體。父母會是因爲以前沒有葬儀社，怕父母死後沒有人扛棺材，大家才一起出資；一旦日後父母去世，便使用這筆錢，請人幫忙扛棺材。

這類共有團體的土地財產不少都被地方上鴨霸（霸道）的人士霸佔著，用很低的價格贌納公租，贌永遠的。由於沒簿冊、沒系統，成立之時大家互相認識出資，到後來誰有入股都不清不楚，也無證據。這類團

體的登記是當時比較疑難的案件，不但沒簿冊，加上街庄長不敢證明權利主體是誰，導致主體不明，申請不到證明，便不能登記。共有團體因為沒有被認定為法人，也就是沒有所有權的權利主體，這類土地街庄長不願出證明，導致無法變更，只好到法院「假相告」，以提起確認之訴的方法，稍微舉證一下，說明我們這個會包括哪些人，再以這張法院所做的確認判決書，代替街庄長所出具的證明。因為法院判決有拘束力，利用法院判決來證明權利主體為何人，就能辦妥登記了。我曾經介紹這類共有團體土地變更的案子，給善化的辯護士王清風，❸ 讓他賺了不少土地。他抽變更土地的 3 成做謝禮，賺了幾百甲。

日本時代登記所對於法院的判決或是民事爭訟調停官署調解過的案件，並沒有實質審查權，只能據此予以登記。這是非常簡單的做法，也一定會成功。辯護士就鑽這個縫隙，替這些共有團體處理土地變更登記，事成後，10 甲土地分 3 甲，甚至分 4 甲的也有。有一位嘉義人是辯護士的牽猴仔（khan-kâu-á，捐客），非常會鑽、非常會牽線，在看到報紙的報導後，跑來找我，要我教他怎麼處理，我開玩笑說謝金要分我一半，他說好沒問題。一週後，順利辦妥登記，真的還拿著 2,000 圓登門。當時 2,000 圓價值 4 甲土地，但我沒有收下這筆錢。

在登記程序中，遇到登記官不予登記時，登記官都是將書類直接丟還給代書，還會罵說：你辦這什麼東西！代書就只能摸著鼻子回去，也不敢頂撞登記所。我則是會要求登記官正式把案件「卻下」（きゃっか，駁回），❸ 好讓我據以向法院提出抗告，由判官審理。登記官若是抗告打輸，也會很沒有面子。

與年輕所長「合作」做出判例

我做司法代書時還很年輕，也算好運，執業時臺南地方法院新化出張所剛好換了一位年輕的新所長。❸ 所長藤田種三人很開朗，對登記也

非常有研究。當時藤田來找我，說我們兩個人比較年輕，把一些疑難雜症無法登記的，一起解決。以前代書如果發生問題，案件被駁回時，連問都不敢問，這新來的所長不但要我不必介意，有問題的登記案件盡量抗告，一起解決這些疑難雜症，順便做出一些判例，讓人可以遵循。藤田說如果不能登記，他會寫理由駁回，我就去抗告。登記所駁回的案件，如同第一審的判決叫做「決定」，屬於非訟案件，抗告會交由第二審法院來審查。如果法院判說要登記，登記所就不得不登記。當時我就提出不少抗告的案件，新聞也有報出來，所以也有別的地方人跑來找我辦登記。

我曾經辦過一件在岡山登記所的案件，土地原本是麻豆林家的公業有 50 甲，當時跟我同期考上代書、法院退休的書記官林書館，幫人牽線買這筆土地，差一甲沒買到，是麻豆街街長林欽不願意賣，❸❺沒辦法解散，也沒辦法登記。他準備很多書類，包括委託書、會議決議代理等等都還是不行。後來林書館帶這位姓李的當事者來找我，林書館說這件已經買了很久，但沒辦法登記，要我看看有沒有辦法。他說如果能夠辦好登記，有 3,000 圓做謝禮。3,000 圓差不多可以買 6 甲土地。我幫他看過書類後，發現派下差一個人同意，這也沒有辦法，就想用換管理人的方式來辦理，但換管理人要開派下會議，派下人又多，當中也有人出國。後來想到判例說可以用もちまわり（持迴り，輪流徵求）處理也可以，便將書類用輪流傳的方式代替開會。我又仔細看過書類後，發現過去他們曾經辦過管理人變更，舊的派下證明還留在登記所，尚在保存期間。就連同這些相關資料、抄本整理好，用書類傳送給各派下說要選任管理人，結果選出一個姓李的當管理人，再連同一些具體案件的判例送去登記所。當時岡山登記所所長叫做齋藤鶴吉，❸❻我向齋藤說這件案子算是比較複雜，請登記官仔細看，這裡附有一些判例，你如果認定不能登記，不可以直接把書類還給我，要正式把案件卻下（駁回）。十天之

後我再去登記所時，登記順利完成。最後那個人真的拿 3,000 圓來答謝，但我沒有收，後來在戰時中，他每個禮拜都從魚塭抓幾尾魚拿來給我。

另外，昭和 16 年（1941）大東亞戰爭爆發時，一個很會養魚的下營人陳界曾經來找我登記土地。但是戰爭時期土地買賣要經過州知事准許、登記後才可以進行買賣，不是那麼容易就可以。他說他向王鵠朱買他向新市鄉大社張永昌祭祀公業轉買的 6 甲土地，王某鴨霸（霸道），害得這些土地無法登記。他到處找人幫忙都無法解決這件事。因為他很相信大道公（保生大帝），有天到臺南火車站前的大道公拜拜，擲筊，說他會碰到貴人，貴人在東北方。他是做穡人（農人），就赤腳到處尋找，找到我，希望我幫他辦好登記手續。我不想幫他忙，推說很忙、戰爭末期了登記簿都不在、登記所都搬到山裡等等理由，最後還是幫他辦好這件事，也沒收他額外的錢。他很高興，常來找我，後來子孫輩也都有往來，交往幾代，算世交了。他家土地很多，後來財產土地分割也是找我幫忙。

我也曾幫別人告過一件有關抵押權的土地地目變更的案件。照理土地變更是在州裡的稅務係辦理，完成後向稅務機關領取土地臺帳，再去登記所變更地目。若當中有利害關係人，依照登記法第 81 條規定，**㊲**地目變更登記需要抵押權人同意書才能辦理。當時這位債權人（抵押權人）有一點狡怪（káu-kòai，很難搞定），他說要變更地目，你自己去弄就可以，跟我有什麼關係？後來提起訴訟，王清風擔任債權人的辯護士，竟然向庭上田尻判官說我為了賺錢就亂寫訴狀，田尻老判官對登記施行細則這種小法律並沒有什麼瞭解，竟向原告說：你告這個無理啦，這明明不能告，你告這個幹什麼，找法院麻煩啊！判官和被告辯護士都說這不能告，逼原告自願「取下」（とりさげ，撤回），不得已只好取下。取下後，原告跑來找我抱怨說：「你真糊塗，你幫我寫這個，判官

卻要我取下。你爲了賺錢，竟然幫我亂寫！」我回答說：「這冤枉啦！明明就有這個條文啊。說一句比較失禮的話，判官不懂。你若不信，重新再告一次，分案給別人辦看看。」後來案子分給另外一個年輕判官，比較有研究，果眞就有判決。

日本時代的法律生活回憶

對登記所與法院的印象

　　日本時代法院跟登記所對日本人以及臺灣人的司法代書態度一致，都很公平，一切照規矩來，不會有明顯歧視。以前登記所的主任每一年都要到地方調查一次地價，巡視地方土地價值變動起落，看有無據實申報，這是因爲登記稅是照實際土地價格來課稅，需要調查土地的行情。登記所主任巡視時，會找一兩位司法書士幫他案內（あんない，陪同），但便當、茶水各自準備，不會互相請客。過幾日後，所長還會寫禮狀來道謝。年尾時，日本人有送お歳暮（おせいぼ，年末餽贈之禮）的習慣，當時司法書士公會新化區的會長也會到登記所送お歳暮，登記所內三個人才包6圓，[38] 送登記所主任3圓半，另外兩位雇員各1圓半。但過年時所長還會回禮，送半打毛巾當做年玉（としだま，新年所贈送之物）賀年，回禮比我們送的還多。

　　當時一般人對法院有信任感，法院的表現讓人們感覺蠻乾淨、清白的，當然這是因爲他們的日子很好過，來臺灣做官還加俸六成。不過曾有法院通譯替人送錢給檢察官疏通，暗中當黃牛。臺南地方法院就有一位檢察官叫瀧口，因爲與通譯勾結被抓去關。[39] 通譯有些是由日本人擔任，臺灣人靠緣分當通譯的也有，但沒有一定的資格限制。

　　法院看起來有威嚴的一面，但也有另外一面。我就看過檢察官中村

八十一，❹在開偵查庭問案時，腳翹起來，手一直在嘴巴裡面玩假牙，看到我都想笑。他後來當上高等法院檢察官長。

那時警察多少會刑求，但檢察局和檢察官都公開表示禁止刑求，若是利用職權刑求，會加重罪刑。曾經有人去檢察官那邊告警察刑求。一些刑警由於沒有讀法律，找來問說有沒有刑求時，刑警竟然說有。檢察官筆錄不敢寫進去，罵他「馬鹿野郎」（ばかやろう，混蛋呆瓜），說這個要否認才可以。表面上官方都說不能刑求，但官官相護，也是免不了的事情。若不刑求，也有一些狡怪的人不肯說；刑求對不對，很難說，被冤枉的當然也有不少。

我在昭和9年（1934）時，因為鹽水港製糖株式會社非法在私人土地蓋東西，當時處理程序形式上要經過警察，所以向警察提出說諭願，說諭不成，就到法院告會社。法院雖然受理這個案子，但一延再延，開庭問沒幾句話，就說下次續審。就這樣，案子放了3、4年，遲遲沒有判決。法院是用「拖」的方式來處理。當時和我很要好的警察課長跟我說：這是國家的國策，你反對不了的，後來我看破，也就不了了之。

那時民事案件，法院很會拖，一年內結案的很少，但遇到一些比較會拖延的判官，開十幾次庭，一再續延，一件民案甚至拖過4、5年之久。刑事案件也差不多，都會拖。上訴的比率也很高，大部分是當事人不服，提起上訴，辯護士也會看案件情形建議要不要上訴，不一定是僅為了賺錢就鼓動當事人提起上訴。

法院設有差押官，一般人對差押並沒什麼瞭解，差押還有分差押與假差押。臺南地方法院一位臺灣人書記官黃德，去人家家裡貼封條，向當事人說今天是「假」差押；當事人聽了，以為差押是假的，竟然把差押官綁去派出所。聽起來像是笑話，但確有其事。日本時代臺灣人很怕差押官來，我以前的東亞商會在做醬油時，在二水市場內有一家商店欠錢，我忘記是支付命令確定後，還是判決下來，差押官去他家差押，結

果聽說他父親看到差押官來後嚇死。他兒子告我殺人，還害我變成有殺人嫌疑的被告。

辯護士的牽猴仔

　　辯護士的牽猴仔（掮客）在日本時代的社會上非常活躍，會主動去找案件，替辯護士做「牽中人」。❹牽猴仔沒有月俸，而是算案件計酬的。雖然後來臺灣人做辯護士越來越多，但是辯護士與當事者直接來往的很少，大部分還是由牽猴仔在牽線。牽猴仔對辯護士的業務來往影響很大，佣金將近 3 成；若是生意比較差的辯護士，佣金甚至有 4 成、5 成之多，牽猴仔賺對半。接下案子後，辯護士要出庭十幾次，牽猴仔出一張嘴就賺一半，這也沒辦法，因為有些辯護士實在沒生意。代書業不需要牽猴仔，賺的是紙帳。因為我辦過一些比較困難的登記案件，甚至辯護士的牽猴仔也曾找上門來要我協助。

　　人們會找上辯護士，都是牽猴仔牽線，甚至有完全不懂法律的人在做牽猴仔。牽猴仔非常厲害，很會鑽，很會講話，死人說成活人，向當事人說你的案件穩贏。如果遇到土地界址糾紛，從事界址鑑定的測量師，為了賺錢，也會保證經他鑑定過的，一定沒問題，穩贏，但提起告訴之後，會輸會贏都還是未知數。

　　日本時代我跟辯護士如王清風、永山章次郎等人均有來往。❷王清風是我們厝邊（鄰居），我也曾介紹許多案件給他。我介紹案件給他從未收過謝禮，因為我的本業賺的錢也不比他少，不需要收他的禮。永山是在臺北，專門在辦第三審的案件。第三審沒有出庭，都是寫文書，提出上訴理由，檢討原判決的缺點。我自己的業務跟辯護士無牽涉（關連），與辯護士的來往算是私交。若是將案件介紹給辯護士，這就是牽猴仔在做的事情，我在做司法代書時，不曾替人牽過案件來賺錢。

民間紛爭：警察與民事調停

　　日本時代一般人有糾紛通常是到派出所找警察處理，連保正家裡老婆、細姨吵架，也都到警察那裡投訴、調解，由行政代書寫說諭願，請警察向相關人等說諭、訓示。若不肯聽警察說諭，得罪了他，就會把你送「違警」，報到支廳警察分室辦司法的警部，警部可以處29天拘留。

　　警察會把比較輕的犯罪送到司法係的警部。當時的場面是警部高高坐在上面，當事者在下面站著被問話，巡查配刀甚至配槍站在旁邊守衛。司法警察很有官威，比較有強制的權力。日本時代對於刑事案件，分駐所警部司法主任有權裁決一個月以下的拘留。雖然受裁決的一般人可以請求法院為正式裁判，不過警察會先把你關起來。當家屬知情而擬請求正式裁判時，若把正式文書送去法院的時間再加上去，於法院開庭問話之前，很可能人早就已經被關完、釋放出來了，所以很少人會請求法院為正式裁判，當時對此也沒有什麼賠償法。

　　若是被檢察官起訴，一般人當然也會害怕，會趕快去找辯護士。一旦被起訴，代書其實已經沒有什麼可以發揮的空間。某些比較「敢」的代書，敢冒險、敢走後門去塞錢的人，就當起司法黃牛，直接去檢察局找通譯。此外，當時的人很怕預審，預審的判官只有一位，但預審的案件很多。也有利用預審來對付思想犯的情形。那時規定每三個月重審一次，但預審判官問沒幾句話又關起來，不結案，一再重審，連續被關好幾年。思想犯、政治犯都很怕預審。

　　民事調停是兩邊當事人願意一起出席，並沒有使用辯護士。申請書大部分是行政代書代寫，但也可以直接到調停課口述調停內容，寫成筆錄。調停的結果和法院判決同效力。我記得臺南州調停課有三個人，分別是調停官、通譯及書記。調停官是日本人，書記和通譯是臺灣人。臺灣人通譯叫做薛懷古，體型很胖。他們三個人曾一起到外頭出張（出

差），人們看到胖通譯來了，以爲他才是調停官，就要安排最大間房間的給他睡。

在臺南州廳調停時，大家都很平和，沒有強逼。調停官沒有理由要逼當事人一定要和解，他又沒有拿紅包。當調停官、通譯及書記的日子也都很好過，待遇不錯。臺灣人如果能夠當通譯、書記的話，算是很了不起的人，不需要貪這些紅包。所以調停時，一片和氣，大家都是坐著，不會要當事人站著問話。

調停時除了當事者之外，還有相關者會出席，譬如會找地方的老大（頭人）去幫忙。我自己雖然常接觸，但比較起來，一般人很少利用民事調停，通常有糾紛時，還是會先去找警察，不一定會使用民事調停。不知道有民事調停制度的人也很多，甚至到現在，一般人也不知道鄉鎮公所有調解委員會，也不清楚調停效力。對法院訴訟的態度也是一樣，代書不太會主動建議當事人提出訴訟。就我所知，當時人心裡想的是日子能過就好，不必太過於鑽錢目。過分追求金錢的人，別人也會敬而遠之。

戶口、稅務及地則

日本時代的戶口是警察在管理，不管是妻、妾、查某嫺（奴婢）都要寫入戶口中的「續柄」（ぞくがら，親屬關係）欄，表明跟戶長的關係。後來戶口上不能登記查某嫺時，也有把查某嫺登記爲養女。戶口上如註明「隱居」，表示退戶主的意思，也就是原戶主覺得自己老了，不能辦事情了，也不想管事情，家裡交由晚輩去處理。戶主若是退隱，戶主的財產相續便開始，但私產的部分還沒開始。隱居同樣需要去辦戶口，一切要以戶口登記爲準。這不用找代書，自己去辦就可以，因爲這是法定程序。以前還有一個孩子當兩戶戶長，就是一子雙祧，繼承二房；也有親族協議再選，又成立一戶，叫做絕戶再興。❸

收養螟蛉子時要找保甲書記登入戶籍，不需要找代書寫契約。保甲書記寫好後，經派出所主管複查，再報到本廳，由本廳記載於本簿上。螟蛉子就此斷絕與生父、生母的關係，但不管是來當兒子，或是買來做勞役，多少會給生父、生母一些錢，沒有白白把孩子給別人的。當年在善化媳婦仔（童養媳）相當多，又如男、女都再婚時，女方如果已經有女兒的話，也會連女兒一起帶去當媳婦仔。

日本時代的稅務，有分直接稅和間接稅。直接稅就是戶稅，還有土地稅、屋敷稅（やしき，房屋稅）；間接稅是像糖、鹽、酒及樟腦一類的稅。地稅是役場來收。有些鹽戶很可憐，一般 6、7 天才可以收鹽，下雨時什麼也無法收，可是政府還要收鹽稅，而且收的鹽是收時 1.5 錢（尖），卻以 2.5 錢賣出，賺很多。

一般人最主要繳交的是戶稅，還有土地稅。日本時代納稅分兩季，戶稅一年收 5 圓即很多，依財產多寡來交稅。土地稅的界定，則全由土地等則決定。一般土地是九等則，這是旱田，越往中北部去，越多是水田，水田的等則是二則或三則，比較好，公圳是三等則。等則越低，地價越值錢（高價）。

當時有官派人員每兩年就要去各地看看土地耕種狀況，是否有變更等等，並決定土地等則。地則有變更的話，收稅也要改變。負責這種職務的人叫土地整理員或地押。不過每個地方的稱呼會有不同，有時連隔庄的叫法也會有不一樣，糖廠本身也有土地整理員。實施等則會以保正為代表，並派人做說明。

有些人家很辛苦，尤其是客家庄的做田人，戶長只出一張嘴，做事的都是女人，尤其是媳婦。每個妯娌都很能幹，要會張羅全家族的事：煮飯做菜、下田耕種，種菜種豆，有的連田埂也種，無非是想儉省一點，青菜、豆莢都拿來曬乾醃漬，以便配菜。一般稻田則種稻，田租是三等則，稻穀收成時有的收不到 1,000 斤，繳稅時很艱困。

　　善化郡算是都市計畫最早實施的地方，三民路牛墟最先發展，所以那邊的土地等則比中正路高。現在那一帶漸漸衰落，改成慶安宮廟前一帶最熱鬧。地價早和以前不一樣了。

---

❶ 廣瀨秀臣，曾任鹽水港廳警部補、警務課勤務；在一份 1938 年的司法書士名簿上還可見到廣瀨擔任司法書士，於善化執業。見《南部臺灣紳士錄》（臺南：臺南新報社，1907），頁 122；〈本島辯護士・公證人・司法書士名簿〉，《臺法月報》32卷第 1 號（1938 年 1 月），頁 20。

❷ 由於 1922 年勒令 406 號的指定，1923 年 1 月 1 日起，日本民法、商法及相關法律，直接施行於臺灣。同年 4 月 1 日，亦以 1923 年勒令第 41 號將內地「司法代書人法」施行於臺灣。1935 年司法代書人改稱司法書士。王泰升，《臺灣法律史概論》（臺北：元照出版公司，2004），頁 289；萬年宜重，《臺灣民事法規輯覽》（臺北：臺法月報發行所，1933），頁 536-537。

❸ 但根據彭瑞金為余登發所寫的傳記，余登發在 1929 年考上司法代書人，而依孫江淮先生向臺南地方法院提司法代書人執業申請書中所附履歷書，其通過司法代書人認可的時間為 1932 年，當中略有出入。余登發 1926 年畢業於臺南商業學校，後通過普通文官考試，曾任職岡山郡役所工商課、高雄州勸業係，考取司法代書人後於家鄉岡山郡楠梓庄橋子頭 159 番地開業。彭瑞金，《臺灣野生的政治家：余登發》（臺北：時報出版公司，1995），頁 256；〈本島辯護士・公證人・司法書士名簿〉，頁 22。

❹ 簡澄洋，嘉義南門人，1918 年考入總督府國語學校，1922 年畢業後分發至嘉義麻鹿產公學校任職，1927 年辭教員一職，赴日本東京就讀日本大學專門部法律科。1930 年畢業後，報考辯護士，未上榜；再進入日本大學商學部經濟學科就讀，後考慮將來出路，休學返台。1932 年獲得臺南地方法院司法代書人認可，於新營街執業。許雪姬訪問，黃子寧、林丁國記錄，〈簡澄純先生訪問記錄〉，頁 2-3。

❺ 吳鏡澄的事務所開設於臺南州曾文郡麻豆街麻豆 1097 番地。〈本島辯護士・公證人・司法書士名簿〉，頁 22。

❻ 伊藤正介早在 1914 年任覆審法院書記長時，臺灣判例研究會就委其編纂《覆審法院判例全集》。該書刊載明治 29 年至大正 2 年（1896-1913）覆審法院 18 年間近 1,600 餘件的重要判決例，依臺灣民事、刑事、舊慣、行政諸法規等百餘種法規，費時十餘載，苦心編輯而成。〈覆審法院判例集〉，《臺灣日日新報》，1914 年 12 月 18 日，第 6 版。不過，日本法上所稱「判例」，只是判決之例，不同於今之中華民國法上所稱的「判例」。

❼ 大正 11 年（1922）勒令 407 號第 5 條：「只關本島人之親屬及繼承事項不適用民法第四編及第五編規定，除別有規定外依習慣。」條文原文是「依習慣」，而非「舊慣」，但原則上確實是沿襲自清治時期以來的舊有習慣。戴炎輝、蔡章麟纂修，《臺灣省通志稿 卷三 政事志司法篇（第一冊）》（臺北：臺灣省文獻會，1955），頁 220。

❽ 該書為姉齒松平，《祭祀公業並臺灣ニ於ケル特殊法律ノ研究》（東京：東都書籍，改訂版，1937）。按本書之初版，係 1934 年。

⑨ 姊齒松平於 1929 年升任高等法院上告部（相當於今日的最高法院）判官，關於此人的介紹，參見王泰升，〈以臺灣法制研究為志業的姊齒松平〉，《臺灣本土法學》第 89 期（2006 年 12 月），頁 1-18。

⑩ 在善化街開業的內地人司法代書人有廣瀨秀臣、池上與三松，本島人則有孫江淮和林土割二位。臺南司法書士會編，《司法書士名簿》（臺南：編者，1936），頁 17。以下所見司法書士名簿等資料由孫江淮提供，目前正由中央研究院臺灣史研究所古文書室整理中。

⑪ 蘇煥堂，家住臺南大宮町 3 丁目 30 番地。臺南司法書士會編，《司法書士名簿》（臺南：編者，1942）。

⑫ 日治初期並未設置專業的公證人，1898 年臺灣總督府規定，日本民商法中屬於公證人之職務，暫由辦務署署長執行之；1903 年依律令「公證規則」，公證事務改由地方法院判官辦理，但判官得使書記代行之；日本公證人法，於 1927 年正式施行於臺灣，依該法公證人乃法院以外的法律專業人員，自設事務所執行公證業務。就當時全臺來看，不過六、七位公證人，均為內地人，全為判官或檢察官退休者出任，臺灣總督府另依公證人第 10 條第 2 項規定各地方法院公證人數。其中，臺南地方法院兩人、臺中地方法院一人、臺北地方法院三人。司法院司法行政廳編，《百年司法：司法·歷史的人文對話》（臺北：司法院，2006），頁 52；臺灣總督府昭和 2 年（1927）府令第 40 號「公證人定員」，長谷里教編，《改訂增補臺灣六法》（臺北：臺灣日日新報社，1934），頁 114；「臺灣人物誌資料庫」。

⑬ 日治時期法院並無「庭長」之稱呼，依《大眾人士錄》之記載，其係臺北地方法院宜蘭支部「上席判官退休」，或許即孫先生稱之為庭長的原因。惟「上席」之意思究竟為何，仍有待考察。余繩章，1875 年生，長崎人，1902 年東京帝國大學法獨法科畢業，同年高等文官考試合格任長崎縣裁判所司法官試補；1903 年以後進入陸軍服務，1905 年日俄戰爭結束後轉任鹿兒島裁判所判事；1915 年來臺任臺中法院判官，1919 年轉任臺南地方法院，1931 年以勅任官待遇退休，於臺南市明治町二丁目開設公證役場。谷元二編，《大眾人士錄 外地·滿支·海外篇》（東京：帝國秘密探偵社，1940），頁 22；大園市藏編，《現代臺灣史》（臺北：日本植民地批判社，1933），頁 306。

⑭ 菅元生，1885 年生，熊本縣人，1914 年東京帝國大學英法科畢業，後於東京、平壤任職。1919 年來臺後，歷任臺南、臺中、嘉義、臺北法院新竹支部上席（首席）檢察官，1935 年辭職，於臺南市花園町任執業公證人。興南新聞社編，《臺灣人士鑑》（臺北：興南新聞社，1943），頁 102。

⑮ 日本商法關於合資會社（104-118 條），並無規定最低人數，但當中要有包括有限責任和無限責任社員，故兩位以上發起人即可設立。長谷里教編，《改訂增補臺灣六法》，臺北：臺灣日日新報社，1934。

⑯ 商法第 190 條規定：株式會社之設立需七人以上發起人。長谷里教編，《改訂增補臺灣六法》。

⑰ 在此包括了日本民法在臺灣施行前和施行後可登記的權利，按地上權、地役權、先取特權乃日本民法上權利，非舊慣上權利，所以民法施行前不能登記，而胎權、典權在民法施行後也不能再以此名稱登記，須依日本民法上的抵當權、質權辦理登記，這一點孫江淮先生其後已有所說明。就「所有權」一詞，也是日本民法施行後才在登記上加以使用，之前係用「業主權」。

⑱ 日治前期（1905-1922）依據臺灣土地登記規則之規定，土地臺帳已登錄地有關業主權、典權、胎權、贌耕權的得喪（取得喪失）變更，需登記於以載明土地私法上法律關係為主旨的土地登記簿上始生效力，即登記生效主義；但 1923 年以後因日本

民法直接在臺灣生效，對於包括所有權在內的不動產物權得喪變更，以意思合致為生效要件。未登記僅不得對抗第三人，即「登記對抗主義」。孫先生在此所言的是1923年以後的規定。王泰升，《臺灣法律史概論》，頁307-308。

⑲ 在日本民法施行前，依臺灣土地登記規則，日本競賣法（拍賣法）中關於質權之規定準用於典權，故舊慣中的典權已某程度被當作是日本民法上的質權。待日本民法施行後，既有的典權即適用質權之規定，新設權利時更是只能設質權，不得設典權。王泰升，《臺灣法律史概論》，頁313。

⑳ 大正11年（1922）勅令407號第6條規定：一、業主權，適用所有權之規定；二、地基權與為擁有工作物或竹木之存續期間20年以上的贌耕權及其他永佃權，適用地上權之規定；三、為耕作或畜牧之存續時間20年以上的贌耕權及其他永佃權，適用永小作權（今稱永佃權）之規定；四、典權及起耕胎權，適用質權之規定；五、胎權（除起耕胎權），適用抵當權之規定；六、不該當於第2款或第3款的耕權、永佃權及佃權，適用賃借權（今稱租賃權）之規定。換言之為配合日本民法上屬於物權的地上權和永小作權具有不同用益目的，以及屬於債權的賃借權的20年以下期限，分別轉化為日本民法上的權利。王泰升，《臺灣法律史概論》，頁311-313。

㉑ 臺灣在1923年以後雖施行日本民商法及其他附屬法律，但日本內地於明治10年（1877）所通過的「利息制限法」（利息限制法）並未在臺施行，臺灣仍舊沿用明治37年（1905）臺灣總督府所發布律令第2號「利息制限規則」，其法定最高利息比內地為高。利息制限規則第1條規定：有關金錢借貸契約之利息依以下之限制如下：一、母金未滿百圓，年利百分之三十。但當舖營業人之質當物母金五十圓以下利息除外。二、母金百圓以上未滿千圓，年利百分之二十五。三、母金千圓以上，年利百分之二十以下。若利息超過此限制時，其超過部分無效。參見姊齒松平，《祭祀公業並臺灣ニ於ケル特殊法律ノ研究》，頁565-568。

㉒ 此處「一面」即是日文中的「丁」，一丁即是對折後的一張紙，因此可以分成前後頁，故為「二篇」。

㉓ 孫江淮所指的專業人士應是所謂「辨理士」（べんりし），是依據辨理士法向特許局從事關於特許、意匠、發明、商標代理為業者。長谷里教編，《改訂增補臺灣六法》。

㉔ 此處孫江淮所說不可跨區之意，可能係指辯護士法第18條：「辯護士之事務所，應設於辯護士會之地域內。辯護士不論以何種名義，均不得設置兩個以上之事務所。但不妨於其他辯護士事務所中執行其業務。」亦即辯護士不能開設兩處事務所，同條但書顯示辯護士亦有可能在所屬辯護士會以外區域執業。王泰升、曾文亮，《二十世紀臺北律師公會史》（臺北：臺北律師公會，2005），頁39。

㉕ 洪壽南（1912.2.3-1997.1.15），南投草屯人。1929年臺中一中畢業。1932年臺北高等學校畢業後，入學京都帝國大學法學部，1937年畢業，同年日本高等文官考試司法科及格。1943年任京都地方裁判所判事，翌年調任臺南地方法院判官，為該院唯一臺灣人法官。戰後，歷任臺南地院推事兼庭長，臺北地院推事兼庭長，高雄、臺南地院推事兼院長，高等法院臺南分院首席檢察長、院長、高等法院首席檢察官。1979年出任司法院副院長，卸任後為總統府資政。許雪姬總策畫，《臺灣歷史辭典》（臺北：行政院文化建設委員會、中研院近史所、遠流出版公司，2004），頁589。

㉖ 萬川餅店位於今臺南市民權路，1871年由陳源開設，至今是第四代，以肉包、水晶餃以及中式喜餅聞名。

㉗ 「麻燈債」是指父母死後分到遺產時才能償還的債務。富有人家子弟有所謂借麻燈債者，其利息一倍或數倍，須待尊長過世，門懸麻燈而後索還。連橫，《雅言》（臺

言》（臺北：臺灣文獻叢刊第 166 種，1963），頁 116。

㉘ 但 1936 年法院判官會議認為限定與拋棄繼承可當做「法理」適用於臺灣人。姉齒松平，《本島人ノミニ關スル親族法竝相續法ノ大要》，頁 424-425。

㉙ 蘇銀河，字吉叟，京都帝大醫科學醫學博士畢業，曾任京大附屬醫院外科、整型外科醫局員。回臺後先後任澎湖醫院外科主任、院長，之後在馬公開平民外科醫院，曾任澎湖縣醫師公會和臺南市醫師公會理事長、臺灣省醫師公會常務監事、常務理事、亞洲、大洋洲醫師聯盟理事、臺南扶輪社社長、著有《吉叟爪痕集》。許雪姬，《續修澎湖縣志》人物志（澎湖：澎湖縣政府，2005），頁 193-195。

㉚ 婿養子（むこようし）是既是女婿又是養子之人，在日本女婿很容易變成養子，女婿只要改姓，就成了婿養子，可以繼承女方的家系和財產。但在漢人社會中，女婿是女婿，養子是養子，兩者絕不混淆。陳其南，〈富過三代的秘方：婿養子與日本經濟〉，收於《文化的軌跡（下冊）》（臺北：允晨實業股份有限公司，1987），頁 93。

㉛ 大正 11 年勅令 407 號第 15 條：「本令施行之際現存之祭祀公業依習慣而存續，但得準用民法施行法第 19 條之規定視之為法人」。在學說上，祭祀公業被認為是「習慣法上法人」。該令第 16 條又規定：「本令施行前現有獨立財產之團體而不具民法第三十四條所定目的之財產者，視為團體員之共有。」此處「具有獨立財產之團體」乃是指民法施行後，所續存之祭祀公業以外的公業及神明會而言。在法院實際案例處理上，民法施行後，處理寺廟或祠廟事宜時，概認為是習慣上可存續之法人。姉齒松平，《祭祀公業並臺灣ニ於ケル特殊法律ノ研究》，頁 90-91、441-442。

㉜ 王清風，1907 年生，新化郡善化街人。1925 年臺中商業學校畢業後，赴東京中央大學法學部就讀，1930 年在學中通過高等文官考試司法科，同年畢業後歸臺，於臺南市白金町執業辯護士。1939 年當選第 2 次市議會民選議員。

㉝ 見杉之原舜一，《不動產登記法》（東京：日本評論社，1938），頁 179。

㉞ 今日新化地政事務所的前身即是 1905 年 7 月 1 日成立的臺南地方法院大目降登記所，1920 年因行政區域調整，改稱臺南地方法院新化出張所，辦理不動產及財團法人等登記業務。見臺灣總督府法務部編，《臺灣司法制度沿革誌》（臺北：編者，1917），頁 24-25。

㉟ 林欽，1878 年生，麻豆人，為地方望族，少好修漢學。1878 年曾經營舊式糖廍兼雜貨商，1900 年任麻豆壯丁團團長，1908 年任保正，1909 年獲准經營阿片煙膏買賣等，1914 任麻豆信用組合理事等。1920 年任安業區長兼麻豆街長並會計役，1928 年因家庭事務上需要辭退街長公職，1930 年任為麻豆街協議員，歷任地方各要職，對於公益事業，頗為熱心。柯萬榮編，《臺南州名士錄》（臺南市：臺南州名士錄編纂局，1931），頁 103。

㊱ 齋藤鶴吉，1870 年生，岡山縣人，1920 年任臺灣總督府法院書記，1940 年退休，被指定為岡山專賣品中盤商。興南新聞社編，《臺灣人士鑑》（臺北：興南新聞社，1943），頁 172。

㊲ 不動產登記法第 81 條規定：「申請土地分合、滅失、段別或是地目變更時，其土地登記用紙上登記有所有權以外的其他權利時，申請書需添附登記名義人的承諾書或是得以對抗之裁判謄本。此外，在發行抵押證券的情形下，亦須添附其所有人或背書人的承諾書或得對抗之裁判謄本。」萬年宜重編，《臺灣民事法規輯覽》，頁 344。

㊳ 1934 年時臺南地方法院新化出張所合計有三位職員，分別是書記藤田種三（佐賀人，月俸 65 圓）、「雇」林登祿（臺南人，月俸 40 圓）、與世山昇（沖繩人，月俸 37 圓）。見臺灣總督府編，《臺灣總督府所屬官署職員錄》（臺北：編者，1934），

頁 162。

㊴ 臺南地方法院檢察官瀧口民三與通譯吳阿禎共謀收賄贈賄事件被起訴時，為轟動一時的「全國創聞」大案。瀧口最後被判有期徒刑 2 年 6 個月，吳阿禎則被判 3 年。〈檢察官及通譯受賄事件公判 廿五日在臺南訟廷似將禁止一部傍聽〉，《臺灣日日新報》，1931 年 5 月 19 日，第 4 版；〈瀧口元檢察官に懲役二年半の判決吳阿禎に對しても懲役三年瀆職事件判決言渡〉，《臺灣日日新報》，1932 年 3 月 13 日，第 2 版。

㊵ 中村八十一，1898 年生，和歌山縣人，1919 年關西大學專門部法學科畢業，辯護士考試及格。1930 年來台，任臺北地方法院檢察官，1936 年臺灣總督府官房法務課長。1942 年任高等法院檢察官。「臺灣人物誌資料庫」。

㊶ 他們可能是牽線給辯護士的事務員，而非直接與辯護士接觸。當時法院稱此為「訴訟介紹人」，且認為應予以禁止，但辯護士為爭取案源，事實上仍需要此類人物。參見陳鋕雄，〈日治時期的臺灣法曹：以國家為中心之歷史考察〉（臺北：臺灣大學法律學研究所碩士論文，1996），頁 185-188。

㊷ 永山章次郎，1890 年生，長崎縣人。1917 年東京帝大英法科畢業，1919 年司法官試補，東京地方裁判所預備判事，歷任鹿兒島、福岡各地地方裁判所判事。1921 年轉任臺灣總督府法院判官，1923 年登記為辯護士。興南新聞社編，《臺灣人士鑑》（臺北：興南新聞社，1943），頁 68；唐澤信夫，《臺灣紳士名鑑》（臺北：新高新報社，1937），頁 159。

㊸ 「絕戶」係指世帶主（戶長）死亡後，無人繼承該戶，致使廢滅者。洪汝茂編輯，《日治時期戶籍登記法律及用語編譯（增修版）》（臺中：臺中縣政府，2005），頁 31。

第四章

創立善化商工協會

以團體的力量向糖廠抗議

　　善化商工協會在昭和 3 年（1928）4 月 23 日正式成立，❶ 是我 21 歲時因爲做生意需要而成立的。我會出來擔任會長，是因爲「初生之犢不畏虎」的關係。那時我開玉記商行，都做日本人的生意，大家說我和日本人有接觸，就慫恿我出來擔任會長。

　　善化商工協會成立的目的，主要是想要以團體的力量向糖廠抗議。向糖廠抗議的事項有兩部分，一是黑煙造成的污染，一是蔗渣造成的阻塞。昭和年間善化栽種最多的作物是甘蔗和番薯，所以善化有一間善化糖廠，和 30 幾家的粉間（澱粉工廠），號稱是臺灣第一、甚至亞洲第一的澱粉製造廠。澱粉在製作過程中需要日曬乾燥，在陽光下曝曬的澱粉沒有遮蓋。糖廠燒甘蔗的煙灰隨風飄颺，卻常常會落到乾燥曝曬的澱粉中，造成污染與煙害，白粉曬成黑粉，損害澱粉品質。

　　至於蔗渣造成的問題是因爲糖廠榨糖後，大部分的蔗渣都拿去做燃料，可是很多細碎的蔗渣並未完全燃燒、處理乾淨，甚至常常沖到水溝，隨水流散。整塊整塊的蔗渣，變成街上店家最頭痛的水道阻塞、積

圖4-1：1928年4月23日善化商工協會創立。右起洪仁、孫江淮、張壽、陳瑞鐘。

圖4-2：1928年4月23日善化商工協會成立大會合影。前排坐者由左至右為：中島製糖所長、大石郵便局長、潘錢、孫江淮、豬口郡守、彰銀會長、商銀支會長。

水問題。

這兩個問題不但影響到工廠，也影響到店家。雖然零星有人去抗議，卻沒得到任何回應，因此大家才會團結起來爭取權益。參與善化商工協會的店家、工廠共有幾百家，大家同仇敵愾。一般我們都在自家店裡討論事情，有需要開會則借用街役場（公所）的公共場所開會，不需要繳錢，也沒花什麼錢，運作則靠大家自動自發。

不過抗議歸抗議，因為糖廠是受日本政府保護的單位，商工協會抗議後糖廠也曾派人來瞭解，但是並沒有得到善意的回應，只說他們也沒辦法。這是因為會社的權勢比政府還大，財產大，用人多，都靠會社吃穿，百分之8、90做穡人（農人）靠農場在賺錢。當時土地大多種植甘蔗，採收、配肥、借貸都跟會社有關，會社勢力在地方可說非常之大，社長權勢有時比郡守還要大。

昭和3年（1928），善化商工協會除了向糖廠抗議以外，也曾向街長抗議。當時善化街長在善化市場開一家糶市（セリイチ），這是臺南州知事片山三郎核定發牌照的合法行業。❷ 善化街長有權有勢，卻沒能力。本來他應向生產者糶物產來販賣，可是他卻要求魚塭的生產者只能將魚糶給他代兌，但價格壓得很低，根本無法符合成本。如果不糶給他賣，自己挑擔賣，他就不讓生產者做買賣。即使由善化市場內小賣人向生產者買來的魚，每斤也需再扣1分至2分金額。這些行為極不合理，引起大家的不滿。

街長和我父親是好朋友，我和街長的兒子又是公學校的同學，大家交情都不錯。可是由於我是善化商工會的會長，公事歸公事，沒辦法，一樣要抗議。我們先是到街長店裡抗議，後來還想去臺南州新化郡役所警察課抗議，街長先請善化分駐所長加地先生和警部郡警察課長佐野厚先生來找我去談。❸ 我帶著4、5個人一起去，他們先說我們這樣做是擾亂社會的現行犯，等於反抗政府，大家談不攏，大小聲抗議。佐野厚

課長說我是個還在流鼻水的小孩，怎麼說起大人話來，眞是不知天地幾斤重。佐野厚還勸我要溫和一點，不然就要把我抓去關。

雖然如此，最後還是將街長的糶市牌照撤銷了，算是做成一件事。不過他們說我還太單純，不懂事，小孩子聽聽就好，不要太臭屁。我的父親對我當會長這件事也很有意見，所以從此以後我就不曾再做頭，領著大家衝鋒陷陣，甚至自己的會社、有關係的公司，我都不曾把我的名字放在領頭，均改爲我弟弟的名字，掛名當頭。

我那時眞的很笨，愛出風頭，不懂得去賺錢。後來我還做了一件衝動而沒法解決的事。當時有認識的人說，糖廠在三塊厝段 33 番有一塊地原被製糖會社使用，問我要不要買。我買了以後發現這塊土地上被明治製糖會社佔地舖設軌道，雖然已是既成事實，我不甘損失，也深覺這又不是共產國家，土地又是有國家登記的，有權有勢豈可以如此霸道、霸占土地做爲自用？縱使政府有權但也不可以這樣隨意佔領私人土地、舖軌道，因此就寫狀去告糖廠。不過這件事也是不了了之，一直拖著沒有判決。好久以後沒辦法了，只好和解了事。

當時有一個新竹人李逸樵 ❹，家裡很有錢，大學畢業後在明治製糖會社土地係當土地副手（助理），曾經來找我交涉。他來找過我幾十趟，就是希望解決鐵軌拆除的事，不過我一直沒做人情給他，沒答應過他。這件事不只是李逸樵找我談，連警察課長也來找我協商過，我都沒聽他們的。我和李逸樵後來也成爲好朋友。

善化書畫展覽會

善化商工協會在我任內辦過一次涵蓋全臺灣地域、大型的書畫展覽，叫做善化書畫展覽會，至今我還留有「善化書畫展覽會出品者芳名錄」。這個活動是在當時最有名的《臺灣日日新報》刊登廣告，很多

人，甚至連有名的畫家、書法家都將他們的作品寄來，共收了350餘件，芳名錄中錄有248件作品。展覽日期是昭和3年（1928）5月12、13日兩天，展覽會場借了不少地方，有善化公會堂、學校的講堂、保甲事務所等地。參展的作品來自全臺各地，如鹿港、花蓮、北斗、新竹、臺南市、高雄、臺北、屏東、東港、新營、陽明山、基隆及善化等地。轟動的情形連《臺南新報》也派記者來採訪。

善化書畫展覽會的負責人是我，我用偏名孫東亞去辦理，副會長是保甲書記陳瑞鐘，會計是洪文得，還有一些總務人員，共有幾十人在幫忙。洪文得是善化人，開兩間很大間的雜貨店叫新長成。我還記得他曾經向臺北的高砂麥酒株式會社（今臺北建國啤酒廠）代理啤酒（ビー

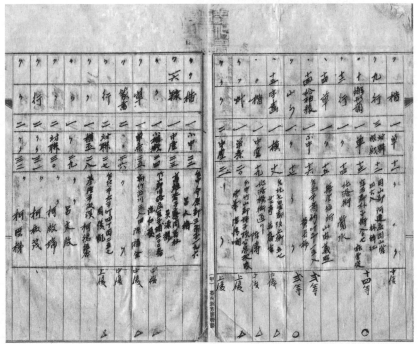

圖4-3：1928年善化書畫展覽會芳名錄。

ル）。麥酒一箱48瓶，還送一打12個玻璃杯，一箱賣7圓，瓶蓋裡又有獎品：1分、1角、1圓及5圓；買5箱又送一個大鏡。高砂麥酒會社看他是善化商工協會的成員，又有我這個會長介紹，應該很穩當，所以就讓他代理。結果生意做不好，一年下來積了一兩千箱，也欠了好幾千圓。後來他就以由代理商幫消費者兌換瓶蓋獎品為理由，來沖銷帳款。

善化書畫展覽會的組織、章程及兩個印章等相關資料我都有留下來。當時籌辦善化書畫展覽會是到新化郡役所報備即可，也不用繳登記費或保證金，開會時郡守豬口誠也來參加。❺ 開幕時不只郡守致詞，也找來糖廠廠長、銀行老闆當來賓上臺致詞。本來也邀報社的記者致詞，還被人家笑說哪有請記者致詞的。

圖4-4：1928年善化書畫展覽會全體合影。最後一排右一是孫江淮。

善化書畫展覽會只是民間團體的活動，不是營利事業，都是免費的。大家全憑興趣和熱心來辦這個活動。當時因為臺南地區的民間團體沒人辦過這樣的活動，所以來參展的人很多，參觀的人更多。很多人都關心最後得獎的情形。

我在善化商工會擔任會長時很努力辦事，但畢竟這是民間團體，官廳並不喜歡，甚至覺得我們是擾亂社會安寧的組織，不但會一一調查，也派人跟監，我就被跟監很多年。跟監我的警察其實和我也很熟，後來我們還變成朋友。這個日本高等警察是巡佐，叫猶崎，年輕人，就像現在的便衣，專門在跟思想犯。我一出去他都會跟，連晚上吃過飯也會到我家坐坐、聊聊。我也知道被他跟，反正我沒做什麼事，所以也不怕他。他跟了我好幾年，因為我沒什麼活動，後來無形中就散掉不管。

我因為商工會的關係，跟不少人發生摩擦，自己也吃不少苦，又遭父親罵，要我以後不准插手公事。我後來即逐漸退出參與公共事務。

---

❶ 《臺灣日日新報》昭和 3 年 4 月 18 日 4 版記載，善化商工協會於 4 月 23 日在善化公會堂舉行發起式。

❷ 片山三郎，京都市人。早稻田大學法科畢業，1925 年擔任臺灣總督府殖產局局長，1927 年轉任臺南州知事，1929 年為臺北州知事。「臺灣人物誌資料庫」。

❸ 佐野厚，1890 年出生於日本福岡縣。1908 年 3 月由福岡縣立中學傳習館畢業，1912 年以巡查練習生身分來臺，之後成為臺南廳巡查。1915 年後分別歷任臺南廳警部補、臺北州警部補、臺南州警察署司法主任、臺南警察署長事務、彰化郡警察課長、北港郡警察課長、新營郡警察課長、嘉義郡警察課長、臺南州警務部刑事課長、臺南州警務部保安課長。1922 年擔任地方警視再被推補為澎湖廳警務課長兼馬公支廳長。「臺灣人物誌資料庫」。

❹ 李逸樵，新竹郊商李陵茂號家人，日治時期為新竹的書家、書畫收藏家以及竹社詩人。

❺ 豬口誠，1884 年生於日本福井市，1907 年來臺，歷任桃園廳警部、總督府警部同屬地方理事官、新化和嘉義各郡守等職。1935 年退職後，擔任嘉南共榮協會理事、南興公司、共立商事監查、實業信用組合監事，以及酒類零售商。「臺灣人物誌資料庫」。

第五章
合資會社孫獎卿與果園的經營

我的第一個會社：合資會社孫獎卿

合資會社孫獎卿於昭和 13 年（1938）10 月 27 日成立，是我第一個開設的會社，也是用我父親的名字孫獎卿成立專門經營土地投資買賣的會社。這個會社到現在還在，不過只剩下名字，已經很少在做買賣了。

我做代書以後，因工作關係，接觸的都是和土地買賣相關的事，又因為賺了點錢，手上有些餘裕的資本而成立合資會社孫獎卿。會社設在善化，有向法院做商業登記。登記簿至今還留著，可以找得到。

那時成立合資會社（今之「兩合公司」）要有兩人以上，不需要日本人掛名，所以是以我和我兄弟三人名義合資，資本額 1 萬圓。我的兄弟各出資 3,000 圓，我出 4,000 圓。但因兄弟兩人都是我的筆生，所以其實是我一人獨資。當時 1 萬圓相當買 20 甲土地的價值，算不少錢了。一直到日本紀元 2600 年（1940），我才將所有人改為我自己的名字，兄弟社員身分則讓渡給妻子鄭諭和兒子及梯。

合資會社孫獎卿以我為主，所有事務性的工作都是我自己辦理，自

圖5-1：1948年合資會社孫獎卿的登記簿。

己寫狀，自己開據文書。除了沒發行股票以外，和一般公司沒什麼兩樣。我的股東名冊上有兄弟的名字，但實際沒發股份，薪資寫著一人每月支 50 圓，也沒有領。反正所有的支出和費用，包括生活費和交際費皆是由公司出，賺、吃、用都是公家的。

合資會社孫獎卿沒有雇用伙計，但我的代書事務所雇用了我哥哥、弟弟當筆生，另外也請了楊石柳和鄭某當筆生。楊石柳是善化人，住善化糖廠附近，公學校畢業後也去讀了通訊講習。鄭某也是善化人，公學校畢業後就到我事務所來幫忙。

有錢人賣土地、管土地是貸地業，和土地買賣不一樣。臺南有個大商會叫三多商會，是萬年國代劉錫福的公司，有公款專營土地及出租，屬貸地業。合資會社孫獎卿則是不動產買賣、房地產買賣，而且都自己經營，完全是以做生意為主。

土地買賣

我做代書主要就是處理土地買賣的事。在我的處理經驗裡，「胎」是擔保、保證（擔保物權），只借，對擔保物無使用權利，土地拍賣時有優先接收關係，可以有「胎權」（抵押權）。「典」是質權，有「質權人」。舉例說明，典主可以收租，也要納稅，債權人可以取代土地所有權人。一般地契初步都有設定，這些制度在清朝就建立了，文書中常常可以看到，但是在中國官方的制度裡只有典，沒有胎。

至於我對土地的處理方式通常是只用買的，不曾典。我將土地買來後，主要是要賣出去，如果還沒有機會賣，我就會將大塊土地租人耕種，靠收租維持，但這不是我的目的，我還是以買賣為主。土地租人後要怎樣收租、租金多少，就要看各地方的狀況，有的收實物，如粉間、稻田，就收實物；有的是收現金。如果收實物，還要看佃農的情況，收

成後要交到碾米所或粉間工廠。如果收現金，大約一甲地收 50 圓，是以收成 500 圓的一成來計算。當時的利息約年息 18% 到 20%，但是放貸太麻煩，所以這樣算起來收租比較有利。我比較喜歡收現金。

買人家不要的土地才不會得罪人

我因為代書工作所以知道哪些地方要賣，哪些地方要買，偶爾我也會跟著買些土地，但我大多買路邊的零星土地。我買土地都買人家不要的土地，才不會得罪人，這是一種職業道德。以前做穡人（農人）不愛買路邊的地，因為路邊栽有路樹、無露水、光線不好，最主要的還是難有收成，所以路邊的地沒人愛買。我就會零星買這些路邊的土地，或者保護地、農地。我買的地大部分都在善化，後來遠到臺北、高雄也買。

我常說我年輕時其實很笨，不懂得賺錢。那時有個新營人陳景明，就很聰明，都先去找土地測量地圖來研究，又比對土地臺帳，知道鐵路要蓋在哪裡，會從哪裡經過，再看看那附近的土地，有比較便宜的，以低價買進，再以高價賣給糖廠，獲利 1,000 圓，賺到沒得說。鐵道舖路做工程是大家都看得到的，可是就沒有人知道要這樣賺錢。

當代書以後，我喜歡栽培蘭花。蘭花都是向嘉義蘭記書局買材料，以後又向一位賣蘭花的日本人買。這個日本人看臺灣土地這麼便宜，就一直鼓勵我買土地，說是草地（鄉下）所在地價便宜，甚至他還建議我到臺北買地。

另一方面，我也買法院拍賣的土地。日治時期訂定「土地相續未定地管理規則」，土地擁有者在過世後幾個月內要辦理相續（繼承）手續，否則土地將由國家處理。先是由公所當法定管理人，在管理期間要去相續，如果沒去就可以拍賣。土地拍賣都在街庄役場進行，時間大半在週六或週日，通常是輪流到各役場去拍賣。

一般法院拍賣往往是好幾千件一起進行。不過每件的土地面積都很

小塊，常是人家不想要買的土地，買來後必須經過整理才有機會收租。土地要能買賣才有價值，不然就卡死在那裡。當時那種小塊土地並不值錢，一件大概只有 1.5 圓、2.5 圓，法院也只能這樣隨便賣掉，否則案件積壓太多，無法處理。

　　那時法院的書記官是森川仁夫，我剛好和書記官的女婿認識，他有時會來找我幫忙，說他案件積得太多，賣不掉，成績不好，請我幫忙賣掉或幫他買下來。有時我也會將錢放在書記官那裡，看沒有人要買的土地或路邊、小塊、不易有收成的土地，就幫我買下來。我那時買的土地不少，現在佳里、歸仁還有幾十塊地，好壞皆有。有些到現在還沒有變更所有人姓名。

　　我的土地大部分都辦理變更了，有一部分還沒有辦理持有者變更。主要原因是嫌太麻煩，有些登記所太遙遠、辦理的手續太複雜，所以至今尚未辦理變更。有些在戰後因土地持分雖屬於合資會社孫獎卿，但所有者仍是臺灣人，並不是外國人（日本人），屬於臺灣人財產的變更比較容易，因此可以變更的，我就先辦理變更，無法變更的就留著慢慢辦理。結果有的土地一拖就好幾年，到現在還是用合資會社孫獎卿的名義持有。我也曾經去處理過，有次說要我繳交土地增值稅，我認爲照法律解釋，主體沒有變化，只是名字不同而已，歸屬還是股東的名下，只要採用附登記就可以，或者將主登記的住址一筆一筆變更爲相同住址就可以。可是對方還是堅持要我繳稅，我不願意繳。這事處理很久，最後承辦人告訴我，已經可以不用繳稅也可以變更，叫我趕緊去登記。但我一忙，沒去登記，承辦人換人，登記所新來的職員說他不瞭解舊狀況，不敢辦理這種變更，又只好放著不管了。

　　除了法院書記官會找我幫忙買土地、銷售土地以外，也有一些善化的「中人」（土地仲介人）會來找我幫忙，問我要不要買，所以我也買很多比較大宗的土地。這些中人大多是善化人，主要有 4、5 人，像黃

井、蘇宗福都是以中人、居中介紹的「牽猴仔」（仲介掮客）為業。其實民間稱牽猴仔的中間人不只指土地，借錢、會計師、辯護士也常被叫牽猴仔。

日本時代善化因為交通便利，很多鄉鎮像玉井、大內、山上、安定，出入都要經過善化，所以善化人比較有機會接觸各地的土地買賣。從事中人的人大概都是沒有工作的人，才會以此為正業。他們因為遊手好閒，閒閒沒事做，比較會努力牽線賺「中人禮」。畢竟這是無本生意，只要憑自己三寸不爛之舌鼓吹買賣，生意做成自然就有收入。中人禮通常都是賣一買二，賣方出百分之一，買方出百分之二，一共可得百分之三，比現在房屋仲介業獲利還低。不過如果介紹大片土地買賣，成功以後的獲利也很可觀。只是土地買賣畢竟不是常有的事，案件不多，要做成功不容易，久久才做成一件，賺的也不會很多。有些中人因收入不穩定，還會來向我借錢。

我做代書辦完一件案子的代書費才 1.65 圓，但總是比較固定會有案子處理。說來也很奇怪，常常我認為那些中人講的土地好像不太可能成交，沒想到最後都能談成，還不得不佩服他們。不過到了戰爭末期，甚至戰後，因為物資缺乏，物品值錢，土地、房子根本沒人要。

我以合資會社孫獎卿的名義買賣的除了土地，也有房屋、園地、田產。通常賣房子的比較少，因為那時的觀念認為賣房子就是賣祖公（祖先）產，是很丟臉的事，會被鄰居恥笑，而且一賣就沒地方住，所以賣房子的比較少，賣田地的比較多。當時擁有田園的大概都是有錢人家，只有有錢人才會有幾百甲土地，買賣其中一小部分來週轉也不會引起注意。

那時借錢不容易，真需要借錢也只有要娶某（娶妻）或家中有人過世急需用錢才會向人借錢，不過常常沒地方可借。俗話說：「借錢來娶某，生子不夠估（估價）」（還不清借款之意），實在也是借不起，利息

太重。當然那個時代一般人也沒什麼賺錢的機會，非常有限，除了糖廠會社工可以靠勞力賺錢外，就沒其他機會了。

我雖然做代書，但是我一有錢就買土地，錢是我的資本，買賣經手皆需要大量資金，所以我沒做將錢借人賺利息的生意。只是有時熟人零星急需小額、少數的錢來找我借，我也會借他們，但都沒收利息，也沒做放款的事。有句俗話說：「借趕鍋，要討會餓死子」，所以我不喜歡將錢借給別人。錢借給人很囉唆，因為當時大家都窮，拿不出錢來還。討錢也很困難，那時沒討債集團，也沒幫派，自己要用錢時都討不回來，很痛苦，乾脆就不要借出去。

現金買賣比較有節制

我做土地買賣，也不喜歡欠人家錢、向人家借錢，一生不曾用過支票，一切都是現金往來。我賺的錢也會存到銀行。銀行看我信用好，幫我設了一個支票戶，要給我使用，但我不喜歡用支票。我喜歡用現金，依自己能力來做。使用支票常常會使用過度、超出額外支出，甚至有跳票這些情形，而受到銀行壓迫。我用現金買賣會比較節制，花錢就會少花一點。況且當時支票法很嚴格，一不小心，就觸犯刑法，會被抓去關，毫無申辯機會。使用錢必須很小心，所以我都不用支票。這是我做生意的原則。

我會將錢存在銀行，但沒有把錢存入無盡會社，連跟會、起會都很少。除了當初頂下玉記商行、急需大筆金額而起了個會以外，後來我就沒再當過會頭，起會、跟會了。

合資會社孫獎卿算有賺錢，賺了錢就轉投資買土地。如果買了地沒賣出去，就先放著，地價下跌也會先放著不賣，所以不大有賠錢的狀況。

通常我一年轉投資買賣的土地約有幾十甲，這些土地有 8、9 成是

賣給糖廠。因為糖廠沒有自己的土地、自己的農場，他們想要集團管理，甚至大幅拓展，這樣甘蔗原料的來源才沒有問題。自己有農場可以管理是最理想的。因此，只要有地賣他們，他們都會收，實在是很不好的地，也可以考慮用交換的。一般我手邊只要有地可賣，都先問糖廠，糖廠不要，才會詢問別人。

土地賣給糖廠，我並不限定只有善化糖廠，舉凡臺灣製糖會社、三崁店（今永康市三民里）糖廠（戰後就收起來了）、玉井糖廠等我都交易過。我買的土地大概也是以在這些糖廠的範圍內為主，大多是新化、善化、安定的旱田。屏東也曾去買過。

後來製糖會社有了自己的土地以後，糖廠的土地買賣都由土地係（課）來處理，也有一批中人在奔波，沒有給代書賺。簡單的買賣他們都自己處理，為難的或便宜不值錢的土地，偶爾也會找我幫忙。

我曾買過高雄縣蔦松鄉灣仔內（今高雄市三民區灣仔內）的一塊地，不過這塊地我並沒賺到錢。灣仔內是客家庄，當時聽說那裡的田租（贌耕料）相當好，別的地方一甲地收租只有幾百斤，頂多 1,000 斤，那裡的田租是一甲地收 3,500 斤。我心裡想這麼好賺，所以不管那麼多就買了。哪裡曉得那裡的人要不就是做穡人（農人），要不就是有錢人；有錢人都擁有幾百甲土地，一家公館最少管 100 甲土地，做穡人根本沒錢買，有錢人則不要買這種小塊地，無法轉手，很慘，最後也沒賺到錢。

我買這塊地時，錢不夠，曾以個人名義向人借貸，是向善化人林大興借錢來買地，一共借了 2,000 多圓。因為彼此認識，他算我利息15%，不然一般民間放利要 20%，那時銀行利則是 11%、12%。不過買這筆土地無法向銀行借，因為地方太遠，銀行看不到。林大興是起厝（蓋房子）師傅，他們全家族都在幫人蓋房子，家裡很有錢。

我買了這塊地才知道南部的田租這麼高。善化這邊旱田較多，沒有

水田，而且善化的土質不是黏質土，全是砂土，不容易吸水，加上鹽分高，後來經嘉南大圳灌溉，慢慢變成水田。可是要將土中鹽分完全洗掉沒那麼快，需要好多年長時期的經營。旱田和水田的價格因此就差很多。善化旱田一甲地約要 500 圓，外地的水田一甲要價 1,500 圓。

田租一般都是地主和農家先說好，看一年綁斤料多少。北部地方是兩方分成分，南部則多說定，完全是訂死的，無法通融，叫結定租（又稱定租、死租或鐵租）。如果一年收成不足以繳租 3,500 斤，就要想辦法，有的會說好以來年的收成來抵。有的農家很慘，一年一年滾，又沒地方借。不過有錢的地主又不一樣，南部有錢的公館很有錢。

昭和 19 年（1944），日本政府發佈土地管理令，規定土地不可以自由買賣，任何土地買賣都要經過州知事許可。從那時開始，經營土地買賣就漸漸少了。

直到終戰前後，土地買賣才又沒有管制。那時糖廠一位土地係補助員常來找我幫忙解決土地買賣的事，如相續繼承案件，還有很多他不懂、不會辦、比較為難、複雜的案件都來找我幫忙。我想反正是幫忙，就不收錢，幫他辦無料的（免費的）。他認為我肯幫他是個大人情，讓他既感激又頭痛，心裡一直覺得過意不去，想要找機會回報。他根本沒想到我雖然是幫他的忙，其實自己也因為交易成功賺了些錢。

戰爭結束後，他知道高雄橋仔頭糖廠有土地要賣，余登發也要買，聽說很便宜，50 甲才 2 萬元。他想要還我這份幫忙的人情。我心想我買 50 甲就好，後來他的兩個副手也想買，一個要買 10 甲，一個要 5 甲，不敢用他們自己的名字買，就全登記在我合資會社名下，所以我登記買 65 甲。

那時為了成交，就鑽法律漏洞，以終戰前買賣已成立為理由，說這是戰前早就談好的事，早在規定許可範圍之前就議定，只是這時才交易。最後在社長山本悌次郎的同意下，糖廠土地係共蓋了九個印章決裁

通過才完成交易，但我因時局越來越敏感，不敢接受，最後將該筆買賣以解約作罷。

我成立合資會社孫獎卿後，間接開發了善化很多地方，因為我都鼓勵人家去開發。譬如戰後我先在今中山路上蓋孫外科診所，也鼓勵人家到這邊來蓋房子。還有中正路一帶，也是我鼓勵大家來蓋房子。我有在做買賣，知道一個地方要發展，越熱鬧越有人氣，所以戰後我蓋了孫外科後，漸漸的，善化街也越來越熱鬧。我曾經買一個房子花 60 圓，後來賣了 300 圓，更後來有人來買已經漲到 600 圓、1,200 圓。開始還有人說這樣條件太硬、太壞，沒錢蓋房子。一間如果要花 300 圓，五間就要 1,500 圓，但事實上那時沒有一蓋幾十棟的。

中山果園：自己牽電線、開水井

在日本時代，我除了做生意之外，因為做代書時買了些土地，所以也經營起農場。我的農場主要種水果，在今善化建國路和中山路一帶，後來就叫中山果園。

中山果園約有 4,500 坪，大約是 1 甲半的地。這是在戰爭之前已經開設的農場，因為土地買來後，放在那裡，沒投資也沒做其他用途，就用來種水果。剛開始是想種荔枝。為了要種好品種的荔枝，還特地到豐原去找最好的黑葉荔枝。我的荔枝在臺南地區品種最好，人家一斤賣 1.5 圓，我可以賣到 4.5 圓。

以前荔枝除了在善化賣之外，有時也到臺南賣，收成會賺錢，和現在剛好相反。戰後初期一天 25 元的工錢，賣荔枝一斤是 35 元，採收 1 甲半，要做十天。現在則要花一天 1,200 元的工錢，才賣一斤 6 元的價格，相差很大。現在的工資真的很貴。

一般種荔枝要等 6、7 年才會有收成，這中間只好間作，種點別的

水果，像柳丁、鳳梨、文旦等。可是柳丁長不高，數量不多。種文旦要看土質，善化一帶的土質較黏，文旦根很容易爛掉，不易久種，不如山上的沙質土種出來的文旦好吃，所以量也不大。鳳梨則是短期作物，一年一期，所需土質和荔枝一樣，種在荔枝樹兩旁剛好。由於一棵荔枝樹的樹冠展開約有 3 丈寬，所以種荔枝初期、還未收成前，在樹兩旁的空地種鳳梨還不錯。

中山果園的水果種類以荔枝為主，除種柳丁、文旦、鳳梨之外，還種仙桃，即蛋黃果，不過前後只種十幾年，不賣的，都是送人為主。此外，就是芭樂比較多一點，芒果、桑椹也有一些。

為了開設中山果園，我還自己牽電線、開水井。當時怕果園淹水或缺水，決定要開鑿水井以備不時之需。可是開水井並不容易，要先到臺灣電力株式會社善化散宿所申請架設電線，營業所在今中小企業銀行前面，288 番地。光牽電線就花了好多錢，要好幾萬元。電線設好後，才有電力發動抽水馬達，然後才得以開井。開這個井很貴，開好後抽用地下水。善化一帶不少農田常沒水用，我開了井等於也幫忙灌溉果園邊的他人農田約 4、5 甲，再向他們抽幾成米。這些都是昭和年間的事，也就是在我當代書有賺錢後才有這樣的能力去做這些事。

經營果園並不容易，除了要解決水源，還有許許多多的問題。我找了很多人，名片一疊一百張都用光光，可見其繁瑣的事還真不少。譬如雇工，後來我是找固定工人來幫忙做些雜事，如播種、除草、施肥、採收，凡此種種都要做，還要研究如何栽種、收成多寡，很累人。不像現在，大部分農家都不想務農，政府為鼓勵農作而有獎勵辦法，一甲地可收 9 萬元的補助，一甲半的土地就有 13 萬。去耕種之後，還可以包給人家採收，完全只需費心收成的事就好。以前必須完全靠自己。

中山果園是找人來管理，收成時包給人家送到市場賣，後來是委託給臺南市青果會社（青果委託行）代理拍賣。這個會社在臺南市西市

場，西門路、民生路東邊，是臺灣人組織之會社。臺南市青果會社並不到各地收購水果，而是要自行雇請小搬運車將水果載去，再由他們拍賣。他們的獲利就是拍賣後抽成。

善化有 3、4 家經營搬運車的店，胡厝寮（善化鎮胡厝里）也有。有些鄉下農家也有這樣的搬運車，反正自己也要用，偶爾又可以出租賺錢，還很方便。

我種的荔枝品質比較好，可以賣到比較好的價錢，最早就是給臺南的青果拍賣公司賣，後來固定給兩個善化人採收，由他們負責買賣。這十幾年來，就讓人家瞨下整片水果園的水果，不再自己煩惱。反正現在水果便宜，自己怎樣經營也都不划算，給人家包做比較輕鬆。

至於我種的鳳梨，早期主要是賣給臺南市的日本鳳梨公司，也是自己送去。鳳梨收成獲利並不容易。日本鳳梨公司收購後都是拿去製成罐頭，所以對鳳梨品質要求很嚴，如果太大顆的話，鳳梨公司不要，鳳梨雙頭枝的也不要。公司要求比較嚴，不容易賣到好價格。俗話說「水果金，水果土」，水果的價格高高低低，變化很大。

我買過的地除了比較大坪數的中山果園外，還有 500 坪、600 坪的小塊地，也是拿來種水果，就在善化第一市場後面。那是很早以前買的，約昭和年間買的地。這塊地放了 5、60 年，本來就等著改成建地，前後約放了 7、80 年才賣掉。其間只是種種水果，沒有認真在處理，就光繳稅金。

第六章

戰爭期間設立的會社

戰時經濟統制

　　1937 年中日戰爭爆發，日本人在臺灣實施經濟管制政策。至戰爭後期，規定所有物品、製品不得漲價，而且凡是和民生經濟相關的行業都要統籌管理。自然生產品採取配給制，如番薯生產只剩 17％是自己可以支配的，可依公訂價格自由買賣。雖然暗市（黑市）也有人大做買賣，但是很麻煩，被抓到更慘。當時做餅乾需要麥芽糖膏，如果有剩餘還要賣給日本人，一切都在統制經濟下。

　　戰前一般郡役所只設總務課（庶務課）和警務課（警察課）；戰爭開始後，爲了採行經濟統制，又增加產業課，主管民生物質產銷業者之統合。也就是管理生意人、物資、原料及配給等事。凡是配給相關的事，不論是配給給誰，配給多少原料，全由產業課決定，甚至也管理公家（官方）經濟殖產關係事務，調整業態別組合以及統制會社。

　　所謂業態別組合是指不同性質行業歸不同組合管理，如殺豬的歸殺豬、賣肉的歸賣肉，製造麻油就歸到油肥會社等等，利用組合統制會社。這樣做最主要的當然是爲了牽制各種產業，以方便全部產業的統一

整理。生產者的生產物資一律由政府以九一八統制價格收買，再分配給小賣人（零售商），並以各人之營業稅爲比率和出資之組合，賣給消費者。越到後期，物資越缺乏，遂更加嚴格進行統合整理。這已經是昭和18、19 年（1943、1944）的事。

一般而言，這些組合是政府強迫執行，但政府只監督，也就是所有的出資、組織、運作都必須配合政府意志，只要符合規定，政府不大干涉，所以社會上這樣的統制會社組合很多。如此才有做鑷和雨傘的統制會社。反正沒原料物資，也無法自由買賣，政府要求就配合。自中日戰爭爆發後開始，集中處理，慢慢整理。

那時我開了五家株式會社，各依產品的不同性質和需求來設立，餅歸餅、糖歸糖、油歸油等，有東亞食品工業所、新興製飴株式會社、興亞製飴株式會社、新化郡油肥株式會社、西製紙傘株式會社。這些株式會社都各自獨立，完全靠政府力量牽成（支持）的，因爲當時私人完全沒有原料來源，不靠政府根本無法生產製造。另外，到戰爭末期，新化和善化糕餅業者將所有製糕餅的店統合成一家工廠，成立新化郡製菓株式會社，並且找我去擔任常務取締役（常務董事）。所以我在戰爭時期事業反而做得很興旺、很忙碌。

東亞食品工業所

昭和 12 年（1937）7 月，中日戰爭爆發。臺灣也開始實施物資管制，我就在這時成立了東亞食品工業所。

東亞食品工業所是我和兄弟及妹婿合資成立的，沒有其他外人。因爲我做過土地事業，且在戰爭中最需要的是食物，所以我想做食品最好，不但範圍廣、容易做，很多原料都是當地出產的農產品，比較容易成功。

東亞食品工業所主要的營業是食品加工，譬如做冰淇淋的糯米甜筒，日文叫もなか，即一般日式甜點的外餅皮；又如花生糖、花生餅的花生、芝麻糖的芝麻等等，主要是做原料，不是製成品。以花生為例，東亞食品工業所其實不是製作花生餅，只是製作花生餅的原料。花生加工以後，成為做餅的原料，製法與今日不同。製餅者買了這些原料後，要製成什麼樣的餅都可以，只是製法不同，原料則差不多。所以我們買花生是什麼都買，帶殼的、不帶殼的。處理後，各種類型原料更多了，也有磨成粉的。

我們通常先向農家買生產品來加工磨造、製作，成為比較粗製的加工原料。製成後就賣給餅店、冰店。因為都是批發，所以不是直銷給消費者。

東亞食品工業所的工廠就在善化中山路南邊（今聯安中醫診所），約有一兩分地大的地方，大多是自己人在加工製造，也僱請一些臨時工、童工幫忙。我沒有特別聘請師傅，因為這是比較簡易的加工，不需要那麼專業的工夫。臨時工的人數也不一定，有時多、有時少，看需求、也看農產收成，多時也曾用到幾十個人。作業流程通常是農夫直接將農產品送來賣給我們，也不需要我們派人到草地找原料，一切很簡單。不過因為量不少，所以也記帳，簡單記一記，如哪家店來買什麼貨品、買多少等。帳簿現在已經找不到了。

東亞食品工業所的資金不太多，不像合資會社孫獎卿的規模那麼大，花的心力也沒有那麼多。成立時，我曾去申請牌照，不過役場沒特別管制，並不需要登記。我們隨時可買農產品，也隨時可賣製成的加工品，而且那時農產品不收稅，但是我們將成品賣出去有繳稅金。

東亞食品工業所因為是戰爭時成立，雖然戰時有物資統制，但我在還沒嚴格規定前就開始做，還算自由，而且做食品是穩賺不賠，價錢訂死，所以也賺了點錢。後來戰爭局勢越來越嚴重，規定也就一步一步嚴

格，就辛苦一點了。

新興製飴株式會社

新興製飴株式會社在善化成立，由陳瑞鐘當社長，我是常務董事，所以大部分的事情都我在做。

新興製飴株式會社可以說善化地區較大的粉間（澱粉廠）都加入了，約有3、40家。但是並非強制參加，如有些規模較小的粉間沒有加入，反正量也不大，不怕警察查緝，寧可冒險，自己處理，就不加入。這是無法強制的事，但是幾乎所有規模較大的粉間都加入了。我們只有去登記，沒什麼資本，頂多1、2萬圓，每人多少不記得了。反正只是自賣生意，賣了錢就根據持有股份多寡來平分，規模大的、出粉量較大的當然就分得比較多。

新興製飴株式會社登記的住址在北仔店（今臺南縣善化鎮光文里）南庄259番號，即善化火車站旁的十字路口邊，陳子鏞公館邊。這是股東大家合資買地，面積不大，才一兩分地，只有土地，上面隨便立柱子，搭一搭遮雨棚即可。由於只是暫時性的，不知道這會社可以做多久，所以不用蓋得太好。這個會社大約是昭和16年（1941）以前成立，昭和20年（1945）結束營業。這是因為戰爭之後，沒有任何配給來源，無法製造麥芽膏，當然只好結束了。

會社成立後，設有社長、常務董事，也有股東。因需要有技術人員負責，所以請了書記和幾個粗工。製造麥芽膏要有專門技術的師傅，我們請來了臺南賣粉出身、後來以製粉加工為主的技術師傅紀朝及兒子紀允吉來當師傅。紀朝的叔父是甲種巡查出身。紀朝先學製粉，後來將技術傳給兒子，自己是澱粉大賣商，也有麥芽膏工廠，我們請他來幫忙是再好不過了。他原來是澱粉工廠的顧客，曾來善化買粉，因此叫他來參

與。

　　由番薯製成澱粉，再製成麥芽膏是需要一些技術的。就我知道，一般以番薯或樹薯澱粉當原料。一鑼約有 200 斤澱粉，用 6 斤麥芽膏一起煮，以 60 度水溫煮兩小時，即化水，是液化，過濾掉粉粕後，再加溫，就會慢慢形成糖化，之後再經加溫，最後會得到麥芽膏。這整個過程中要經過攪拌，才會產生酵素，慢慢加溫使其產生科學變化。這樣的製造技術完全看師傅的功夫，做多做少、時間長短都要控制得很好。戰爭中原料來源較不穩定，所以能做多少就做多少，隨緣。現在幾乎已經沒人使用這種技術製造麥芽膏了，尤其是機器大量製造以後。這就是技術的演變。

　　我製成的麥芽膏除了小量銷在臺灣以外，大部分的成品都銷到日本。有一家日本大阪鄉下有名的餅乾糖果公司グリコ（Glico，即固力果）來跟我買，他們很高興戰爭期間還有人製造麥芽膏，後來還邀請我去日本參觀。

　　我是在昭和 16 年（1941）4 月以會社常務董事的名義被邀前往日本大阪，搭乘富士丸抵門司、神戶，再搭火車到大阪。

　　グリコ公司很大，像糖廠一樣大，以生產牛奶糖和牛奶餅出名。公司員工有 1,000 個以上，也有中學生的建教合作。公司的福利很好，只要在公司服務滿五年，就可以申請半工半讀，公司還負擔吃住，有自己的宿舍。眞是不錯的公司。

　　我到大阪後，因爲グリコ公司在鄉下，我就住在工廠旁的旅館，大約住了十天。參觀グリコ的工廠時，很佩服它的廠房設備，產品皆由機器生產，而且都是自動化生產線。生產線是一體作業流程：糖果的製造過程是將粉和麥芽膏裝入機器中，攪拌後由孔洞流下來。固定量形成一團後，經碾平、變形、入模、壓印、包裝，每塊糖果先用手工包在小紙片內，再裝入小紙袋。大約 10 顆一包，封包，之後約 50 包一盒，再

10 盒成一箱、釘箱、打包、進庫。工人就坐在生產線兩邊，以手操作個人的工作，工作單一，每個人都不能講話，整個工廠只聽到輕音樂的聲音。我看了真的很佩服。

新興製飴株式會社除了賣原料給日本人外，也賣給臺灣人。善化一家製糕餅會社就常向我買，不過也只有這一家。戰時買賣不易，更不能隨便買賣。我們會社經營很順利，因為這樣的技術別人做不來，而且原料來源有限制，別人無法搶這門生意，所以很好做、很好賺，所賺約成本的兩倍半，沒有虧錢。

興亞製飴株式會社

興亞製飴株式會社其實應該叫興亞商會才對。這個會社是我在戰爭時期開設的五間株式會社中的一間，是合夥出資，有做會社登記，有法人資格。這間會社的出現，是戰爭時期在統制經濟下不得不的因應措施。由於戰爭期間物資缺乏，日本政府採經濟統制政策，又施行配給制度，規定 100 斤的生番薯做成粉為 18 斤，其中 15 斤要給交政府，剩下的 3 斤才能留著自由買賣。生意人為了生存常常不願依公訂價格來處理，偷偷多賣一點，因此政府也不相信人民，經濟警察到處檢查、找麻煩，又抓得很嚴，而且真的有人因此被抓去關。每家粉間由於僅剩 17%的澱粉，賣不到什麼錢，所以大家一起投資開間會社，集中剩餘原料做點生意，因此成立了這家興亞商會。

興亞商會是將配給的澱粉經過加工處理，製成麥芽膏，再將麥芽膏賣給餅店製成餅、糖。我開設的五家會社，其中有兩家都是做一樣的生意：一家由善化粉間合資設立的新興製飴株式會社；一家由楠西、玉井的粉間合資設立的興亞製飴株式會社。

興亞製飴株式會社成立的情形和新興製飴會社差不多，只是地點設

在楠西街上的粉間工廠裡面，由玉井人江慶元當代表人（即社長），❶ 我還是常務董事，大部分事還是我在做。楠西、玉井的粉間工廠幾乎都加入這個會社，有登記，資本也差不多，

圖6-1：新化郡興亞製飴株式會社總會後田野聚餐。

也是請紀允吉當師傅，請 4、5 個粗工幫忙，由他來管理。工廠不一定每天開工，看原料來源，有原料就開工，反正師傅和工人都住在工廠裡，隨時要做都沒問題。這些工人都是長期雇請，月俸多少不記得了，反正工廠規模也不大，很單純，只看原料而已。製成的成品一樣賣給一些臺灣人和日本的グリコ公司。

其實賣來賣去，銷售範圍大概只在新化郡。那時新化郡管九個鄉鎮：新化、善化、南化、新市、楠西、玉井、左鎮、安定、山上。但是粉間以善化和楠西較多，善化二、三十間，楠西、玉井及左鎮才十來間。因此，興亞製飴株式會社比善化的新興製飴株式會社產量少一點。

新化郡油肥株式會社

統制經濟時代最怕的是沒有原料，沒有原料就什麼都不能做了，所以原料最重要。油肥在戰爭中也是經濟統制的物資，主要原料是胡麻和花生，壓榨製油後，其粕就是肥料的原料，因此一般製油廠一定也有製肥工廠。興亞製飴株式會社因為做花生的製品，有買賣經營實績，經濟統制後才能改成油肥原料製造，不是想做就能做。

　　新化郡油肥株式會社在善化、新化及玉井都設立工廠,其實是同一個會社。代表人是在新化賣酒的賣捌人、高等官退休的小稿留三郎,他也是玉井的組合長。善化是由林耿彬當廠長,我還是擔任常務董事。上面提過的新興製飴株式會社和興亞製飴株式會社的股東都只有臺灣人,只有這家會社找日本人當代表人。

　　農作中的麻和花生收成後,因為政府規定必須繳交,如果 100 斤花生可以取 45 斤油,政府收取 40 斤,其餘 5 斤才可以自由買賣。通常麻油都是黑麻油多,白麻經過精舂後容易變質,所以都以黑麻油為主,花生比較少。農人只要一有生產,繳交給政府後剩下的,都會自動送到油肥會社處理,不用我們自己去收購。我想在收成後或許有些人也會自己留一些,或私下偷偷買賣,如北港製油會社會來此偷買黑麻和花生,但這並不影響我們配給的部分。

　　臺南一帶胡麻產量不小,麻油製造很有名。製作麻油和土豆油(花生油)一樣,都是先將胡麻和土豆炒熟後,包成一塊塊餅狀的豆餅,再放到油車中壓榨出油。麻油車壓油的過程,是先經大枝杉木、尖柴撞擊,在大杉木間開一個洞以楔形尖材嵌入,往前推撞的過程中將豆餅擠壓出油液,剩下的為油粕。現在新式的製法已經不用油車了,直接以氧化、酸化方式製油。油壓剩下來的油粕,必須交給政府,成為肥料,再配給給需要的人。粕不需要加工就可以做肥料,還滿好用的。有的師傅會在土豆餅壓榨完第一次後直接打破,讓家人拿走,這些只搾過一回的粕拿回去可以再搾出一次油,只是品質較差,渣也會比較多。油搾乾之後,可以將粕蒸熟做肥料,所以很多人會想要。

　　當時製作麻油、土豆油的工廠都有專業師傅在做。善化原本大約有三間油車工廠,一間一輛油車臺。通常油壓是由師傅帶領整組的油車工人在做,大約有 7、8 個。由於這種大生意都有它特定的技術,一般人並不容易瞭解,我也只能知道個大概。

新化郡原本的油車工廠或是相關行業，全都加入這個油肥會社。政府雖然收去 40 斤，但價格固定又都是公訂的，因此會社一定賺錢，只是看多少原料、做多少、賺多少的差別而已。

油、麻由政府配給，番薯則因爲數量太多，無法控制，直接買賣。也就是由農家生產者與澱粉工廠直接自由買賣。

西製紙傘株式會社

西製紙傘株式會社是我另外一個擔任常務董事的公司。社長是西提先生。他是日本人，本來在臺南開設百貨店，我開玉記商行時常常向他訂貨，因此認識。西提先生還有一個兄弟，也是大生意人，在臺南錦町 ❷、臺南郵便局前面東邊開設陶器店，有兩間店面，就叫西陶器店。兄弟兩人都很有名，開的店也都很大間。

戰爭後期，西提先生因爲原料缺乏，經朋友輾轉介紹，跑來找我合作，想要成立製傘會社。一般紙傘有傘骨，這是竹子做的，來源沒問題；紙傘傘面是紙製的，也沒問題，但都需要接著劑。那時是用天然材料來提煉，可以運用的就是澀柿的黏質，這算是工業原料，但因爲戰時統制政策，無法買到柿汁。

有一個豐原人來善化買粉時，告知豐原山內種植很多澀柿。提煉這種澀柿的黏性質汁，可以做爲紙傘的黏貼液。我因爲有朋友在豐原，較易談妥和取得來源，所以和西提先生設立了西製紙傘株式會社。

日本時代用傘以紙傘爲多。日本傘和美濃紙傘都一樣，只是有分好壞。紙傘分兩種，最好的是蛇目傘，傘骨也是竹子製的，傘面比較漂亮，通常都是紳士、藝妲一類的人在撐的。一般人就是用普通的紙傘或布傘，傘面通常不會畫畫，不是素面的，就是只在傘面上寫上店號而已。臺南本町一丁目 ❸ 有一家老店，專門做紙大傘。大正年間，我做

保甲書記時，曾向他買傘。

西製紙傘株式會社設在西家。我也找了些開設粉間的朋友一起加入，大約有十幾個朋友一起出資，董事大概與興亞製飴和新興製飴的人重複。出資的有善化人，也有臺南人，資金多少已經不記得了，反正有股份就依股資分紅，沒有空股。

西製紙傘株式會社的工廠也在臺南，佔地不大，約 100 坪左右。工人不到 10 人，都是臺灣人，也分等級，但師傅是日本人。

製傘是專門技術，我並不懂。我是常務董事，大概就是開開會，也不多，一個月才一次，大多是裁決事務而已，反正材料、來源都正常，師傅、工人都在工作，就可以了。一般常務董事領的錢有車馬費和手當（てあて），也就是配當、股息，一年配一次，可配多少就由董事會決定。如果工廠運作不好，也可能破產。一旦破產，將會社收起來就好，常務董事沒什麼連帶責任。有職務的人就看有什麼責任，需賠償什麼，都是可以商議的，主要看有沒有違法，有沒有損害。一般不違法、沒損害，就不負連帶責任。

就製傘技術來說的話，我認為日本製的傘糊得少，比較薄，但是更堅固，一隻要價幾圓。美濃傘較粗、傘面較厚。一般來說，紙傘如果吃油重，加上處理得又比較乾的話，就不會發霉。紙傘一發霉就很容易壞掉。

戰爭中物質缺乏，很多東西是有錢也沒得買，更別說一般人是沒錢買，所以買傘的大多是生意人。我已經不記得一把傘賣多少錢。總之，這也是一定賺錢的生意。

我印象中，自己最早是用布傘，後來才使用紙傘。在那個節省的年代，有人根本不用傘，鄉下做穡人都是穿簑衣，很少人使用雨傘，而且各種物品都是補了又補。當時有「砧（tiam，補）皮鞋」、「補雨傘」的行業，都是福州人在做，還有「補破碗」，補碗的工錢很貴。有個福

州人雖住在善化的販仔間，但他是全臺跑，到各地去補破碗。

澀柿和毛柿不一樣，毛柿（又稱臺灣黑檀）是做黑檀的材料。日本人在恆春設有「熱帶植物保護區」，栽植很多特別品種植物。我記得這個保護區在海邊，有毛柿天然保護區。黑檀是材質很好的木頭，很重，會沉於水，大都是製成家具。我以前去賣醬油時，曾買過一枝黑檀枴杖，很貴，15圓，花了我將近兩個月的薪水買的。後來就很少看過臺灣的黑檀，現在只有南洋進口的黑檀，比重較輕。

我和西提先生開設西製紙傘株式會社，已經是戰爭末期的事。這時候原本替代父親從事司法代書的業務，已大多交由筆生負責處理。事實上，戰爭期間代書可以做的事已經很少，所以才會找那麼多其他事來做。

新化郡製菓株式會社

昭和16年（1941）新化製菓株式會社創立。這個會社的成立，當然也是因為戰時政府採行經濟統制後，原料物資缺乏，硬性要求施行配給制，一般商家又不能隨意設立工廠，因此新化郡九個鄉鎮的製菓糕餅店聯合設立會社，以求得原料物資配給的整合，才可以製造一些食品。這算是民間組織，但由政府協助管理、強迫執行，新化郡內大大小小、幾百間的糕餅店都要加入，稱為株主（股東，即出資者）。所有株主再依其營業稅額算出出資金額多寡，按資金來分配股份。像我有兩家製飴會社，也有東亞食品工業所，所以我的量很大，生產的麥芽膏可達到幾萬斤，配給就比較多，算是大股。有些小店才做幾十斤、幾百斤的也有，當然配給就少得多。這之間的差別是很大的。

新化製菓會社的社長是林水深，我是常務取締役（常務董事）。林水深，新化人，也是大股份的株主。由於新化製菓會社是以製餅為主的

組織，株主總會（股東大會）要選總株主（社長），就選由做餅出身的林水深來擔任。至於取締役共有十幾個，我是其一。

　　新化製菓會社因為是集合新化郡九個鄉鎮的糕餅製飴業一起設立的，本社設在新化街，工廠是新化和善化各一間。善化工廠規模比較小，是在曾文段施茂成家附近。這兩個地方都是大家集資，用會社名義買的。工廠裡員工大約有幾十個人，餅店老闆自己來當師父，記帳和總務才請人。製餅機器由餅店自己提供，或是會社估價買來。當時製餅的機器都很簡單，幾乎不用什麼機器，或者就利用以前餅店的舊機器，或借或買。傳統製餅很簡單，加加原料、糖飴就製成了，改變不大，照著以前的技術繼續做。更何況戰爭時期，有吃的東西就不錯了，不太講究的。

圖6-2：1942年12月27日於新化公會堂的新化郡製菓合同株式會社第一次股東大會。前排由右而左第五位是孫江淮。

　　新化製菓會社所製的餅乾也很簡單，像加芝麻的芝麻餅，加花生的花生餅，或煎餅、味噌煎餅。糖果就是芝麻糖、花生糖、金瓜糖。金瓜糖的製作很簡單，就是將米籽拌一拌加糖，倒入三角形的糖模裡，出來就是金瓜形狀的糖果。金瓜糖的名稱也是自己隨便取的，依形體叫而已，這應該是當時最平常吃的糖了。

　　除了餅和糖外，也做糕仔。一般的糕仔，做法很簡單，就是先將米磨成粉，加糖餡到糕模裡就成了。有時也有方片糕，製作手續比較麻煩。也就是糯米磨成粉，加糖、加香料，像杏仁膏一類的味道，之後用紅紙包起來蒸熟就可以，通常都很甜。

　　還有一種金錢餅，形狀像錢一樣，小小粒，很薄，吃起來像煎餅。我們很少做牛奶餅，那時沒那麼好的原料，而且臺南寶町有一家日本店專門賣牛奶餅很有名，❹工廠很大間。它之所以可以這樣做，也是因為它的店夠大，配給自然比較多的緣故。當時製作的粉、糖等，都是依配給、照規定來做，而且如果規格不夠還會被抓。那時抓得很嚴，違反規定還會被抓去打屁股，真的打。

　　新化製菓會社的常務取締役除了我以外，已不大記得還有誰，大致上以做麥芽膏的較多，且以玉井、善化、新化人居多，特別是善化人最多。至於會計，我記得是蘇東岳的兒子蘇哲夫。一般規定株式會社發起人要 7 個人以上，有的還更多，像我後來參加過的臺灣水泥會社，取締役（董事）就有 30 幾人。臺灣水泥會社在日本時代就有了，那時叫淺野水泥會社。社長是淺野（あさの）總一郎，家裡很有錢，後來當北海道拓務大臣。我在昭和 16 年（1941）到日本東京旅遊時，導遊還帶大家去參觀他在東京的豪宅，房子是七層樓，非常豪華壯觀。

　　我在新化製菓會社曾經做過工廠長，一個月後就不做了，讓給蘇哲夫的舅舅黃溪泉做。他做工廠長一個月還可以領 150 圓，取締役只領車馬費而已。董監事的報酬比較多，大約有 10% 至 15%。黃溪泉是善化

人，原來也是製餅業出身，由他做工廠長很適合。這個會社，本社加上工廠，還請 7、8 個職員，負責總務、雜工、師傅、配達（配送）等工作，有時也做做對外關係、製作報表、配達小買人（零售商）資料等事。

會社的製成品配給給餅店，政府沒抽稅，但會社要交營業稅。雖然是如此，那時會社還是賺錢，連小賣人都賺。因爲這段時間物資缺乏，很難買到東西，所以只要有東西賣，就一定賺，穩賺不賠。我們製菓會社常常要開會，都會進行結算，但我已忘記賺多少了。

新化製菓會社在戰後就自然結束，隨各人各自去處理自己的產業。會社土地、工廠、機器也都賣掉，沒賣就報銷掉，然後看賣後所得情形，由會計整理後，依每股應得多寡以錢分給大家。如果是自己的會社就不用這麼麻煩，因爲是共同合資的會社要解散，所以要整理清楚，才會有交代。

雖然戰爭期間我經營過幾家會社，但我不算眞正的生意人，只是有生意人的樣子而已。說來我是「每樣懂，糊糊生」（tak-haⁿg-bat hô.-hô. seng），都沒專門，每樣都不成。如果要說，只能說我眼光好，「天公疼憨人」。還是讀書人好，雖然比較不賺錢，但安定。生意人就要看機運，好則好，不好就不好，大起大落。士農工商各有好壞。

---

❶ 江慶元，1904 生，楠西鹿陶洋人。經營日用雜貨商，1931 年擔任楠西信用組合理事，1935 年楠西庄協議會員，1936 年與兄弟合創清山製粉工場。
❷ 錦町即臺南市中區開仙里、保西里、溫陵里、天中里、永慶里之一部。
❸ 本町今臺南市中區白金里、竹翠里、武聖里、開仙里、溫陵里、天中里、中山里之一部。
❹ 寶町即今臺南市北區城隍里、保生里、元和里、城朔里之一部。

第七章
戰時地方事務與日本投降

地方事務與團體的參與

日本時代有很多政治或社會組織，像壯丁團、防衛團及皇民奉公會。1945 年 6 月 17 日，日本投降之前，才廢除臺灣的皇民奉公會、保甲制度，以及壯丁團。❶

壯丁團：嚴苦訓練一星期

一般來說，日本時代要能繳 5 圓以上的稅金，而且要男性當戶長的家庭，在當地住半年以上、滿 25 歲的青年，才具有被選舉權或選舉權。原住民家庭，因爲戶長大多是女性，所以沒有選舉權者居多。參加壯丁團則沒有太多限制，只要是男子、身體強健、讀過書不是文盲以及沒有犯罪即可參加。日本政府並不是以戶來挑選壯丁，而是由保甲書記選擇年輕、身體勇健的人來參與。因爲壯丁團整個活動都在自己甲裡或保內，所以還是以同一甲、同一保內的人爲主。我是在開玉記商行以後參加壯丁團的。壯丁團的服裝是由保甲費編預算去製作。

壯丁團的形式雖然是獨立的，但組織分明。當時臺灣各鄉鎮約 4 個

保有一個派出所（即分駐所），有些大一點範圍的是 7 個保一個派出所。一個派出所約有一個壯丁團組織。善化的壯丁團有本團和分團之分，分團是善化分團、東勢寮分團、六分寮分團及茄拔分團。一團約有3、40 人，有團長，也有分團長。

壯丁團成員選出來以後都要接受訓練。訓練大約是一星期，但非常嚴苦。我還記得，受訓第一天吃飯就只給一人一碗白飯、一塊鹹魚、一杯水，還有一雙筷子，很多人都吃不下去。結果第二天、第三天，到一整個星期，每天每餐都吃一樣的，不吃都不行，如果想吃其他的或更好的，就必須自己到外面去吃。報到第二天，一大早，約 4 點半，就撞鼓（大木棍撞鼓）催每個人起床，然後在水泥砌成的水池裡浸泡，還規定要浸到脖子，而且要浸兩個小時以後才可以起來，還說這樣多天訓練下來保證絕對不會生病，如果有生病的會負責醫治到好。我們壯丁團成員

圖7-1：1936年的善化壯丁團。前排右二為孫江漢。

很多都是老人，我算是其中最年輕的，所以當然也跟著浸水。冬天浸泡在水裡，大家都臉色發青，但整個訓練下來，都沒人生病。浸完水後就是慢跑。跑完還有各種項目的運動訓練，上、下午均不停。

　　訓練時，白天受訓，晚上還要聽講經。聽講經時大家坐在水泥地上，沒舖任何東西，且規定不能隨便亂動，這樣每晚聽講 3 小時。沒坐慣日式榻榻米的人一定會全身痠軟，很辛苦。我們訓練時只穿ゆかた（浴衣），這種不溫暖的浴衣，穿起來特別冷。這樣的訓練，說是要讓大家集中精神，只要集中精神接受訓練，就不會生病。

　　青年團、少年團以及壯丁團的訓練到最後都有「試膽會」，也就是安排晚上到墓仔埔（墓地）去試試膽量。通常規定特別地點，而且都很遠，到達後在定點釘上你的名牌後才能離開，這樣才能確定你有到達目的地。通常這個地點是在臺南的公共墓地，也就是現今臺南體育場一帶。

　　當時各種團體，不管是壯丁團、青年團，或是皇民奉公會都要接受訓練。壯丁團的訓練是一星期，有的團體訓練可能久一點，像青年團，好像是二十幾天。皇民奉公會的訓練也和壯丁團、青年團一樣，是到臺南道場（今臺南體育場）訓練。臺南道場在竹溪寺東邊，接近臺南機場一帶。那時附近都還沒有房子，場地很大，臺南道場就設在那裡，是很簡單的場所。建築物沒有四面的牆，屋頂只用稻草蓋一蓋，但是因為吃、住、訓練都在裡面，還規定在室內不可以吸煙。各種訓練的團體一期一期地來，好像大家都去那裡受過訓。只是皇民奉公會訓練的內容更多，有刺刀訓練，用的是草做的假人當敵人來練習。

　　壯丁團平時雖然也有聚會，但比賽是一年舉行一次，內容有前進、排列遊行等。比賽是郡和郡之間的比賽，善化都是到新化去集合，參加比賽。比賽時一定會準備吃的點心。

　　日本政府對壯丁團沒有優待，在社會上的地位也沒有高人一等。壯

丁團只有義務，算是做公職，只是做名譽的。但是，擔任壯丁團的幹部可以申請各種配給，尤其是防衛團團員，配給更多。防衛團是巡查部隊，日時（白天）監督，所以優待較多。另外警防團的優待也很多。如參加會議時，這些成員不論好壞事，都有酒和物品等配給，是在普通配給外的特別配給，也比較有機會申請到配給。配給分成普通配給和特別配給兩種，有事可以申請特別配給，如婚喪喜慶。

皇民奉公會：擔任參與一職

日本時代臺灣人參加壯丁團比較普遍，倒是加入皇民奉公會比較特殊。一般來說，皇民奉公會都是主事者、擁有高職（較高地位）的人參加，是顧問職，且都會和皇民奉公班一起參與事務。皇民奉公會有一些小職員，管調兵、訓練等事情。

皇民化運動和皇民奉公會性質有些不同。普通講皇民化運動，是由警察領導，要求臺灣人要改姓名、換神主牌、改拜日本神道天照大神等。當時每個地方鄉鎮都設神社，拜日本人的祖先、神祇，有些臺灣人是不拜的。至於改日本姓名，我也沒改，但我哥哥一家都改了。他改為中山，取義「孫中山」的諧義。一般只要願意改為日本姓名就是參與皇民化運動，全家都有優待，配給也會多一點。我不願改為日本姓名，倒不是因為我有錢。那個時代有錢也不一定買得到物資，我不改有我個人因素。

我從小上公學校到少年、青年、到出社會，自認為也算個知識分子，長期在日本政權統治之下，對日本的看法其實很實在，把日本看做自己的國家，但又自認為是臺灣人。反正自己做自己的生意，表面上對統治者不得不服從，做個識時務者，瞭解到日本人統治下反抗也是沒用的，更何況他會統治到讓你無法反抗，所以該做的做，不想做的就不要做。譬如說要我參加皇民奉公會，我也就加入成為參與，但我就沒有改

爲日本姓名。我認爲自己還是臺灣人，是臺灣人就不用改爲日本姓名。當然，那時對臺灣人和日本人的待遇差很多也是原因。一般待遇上，日本人加俸多六成，恩給（退休金）是工作滿 6 年即有，臺灣人則需 10年。日本人生活上房舍、用電等皆由公家負擔，臺灣人則要自己想辦法。待遇眞的差別很大，而且無法抵抗，眞要抵抗也只能用文的、軟的、暗的，否則就會被關。所以我想大部分人和我一樣，對日本人都是表面服從，內心自有原則。

日本人，尤其是日本武士，自德川家康以來的武人政治就存在著大和魂精神，這是很難改變的本性。就像臺灣人，當時都說「臺灣人不能徵去當日本兵」一樣，這是本性，像鍊子一樣剪不斷。日本人和臺灣人就是不同民族性、不同血緣關係。

戰爭時期，在善化有一個當巡查的日本人，是在日本大學畢業被調到善化來服務的，住在善化東勢寮。他擔任警察派出所巡查兼任警防團督導時，常與我一起吃飯，一起聊天。他常常講，日本人和臺灣人就是不一樣。當時善化街長施震炎妻舅的小弟 ❷ 叫做黃俊列，曾到日本去讀書，回來直說他也有大和魂，導致街長施震炎和街役場總務課長的爭辯。

日本巡查說：不用多說，血統關係是無法改變，就像是櫻花，沒長出來時並不知道，一旦開花，單瓣就是單瓣的品種，複瓣就是複瓣的品種，這是無法改變的事實。現在日本打仗都是打勝戰，所以臺灣人才大喊大和魂，如果日本打敗仗，也勇於喊大和魂的臺灣人，才眞是具有日本精神。日本巡查認爲，一個民族如果沒有混過血，只是經由統治，是無法改變精神的，那都是假的、不純眞的，大和魂是假不來的。在爭辯這些精神時，中日戰爭才剛開始，日本是節節進逼，正是大勝利的時候，所以這種論調引起不少人有不同的意見。

日本時代的皇民奉公會在各州、各郡均有成立，且都是各自獨立。

善化街也成立皇民奉公會，加入者是無料（免費）的，不用繳交費用，主要是在替日本政府做「皇民奉公」的事情。剛開始都是以日本人為主，因為要貫徹皇民思想。日本人福地信夫本是佳里郡巡查，❸完全靠獨立自學考上辯護士（律師），在臺南市任職，後來被調到北門皇民奉公會當主事（會長）。

說到皇民思想，最有名的是美濃部達吉。❹他是日本憲法起草委員7 人之一。美濃部達吉著有一本書，主要闡明日本天皇是國家的機關不是神明，先有國家才有天皇，不是先有天皇才有國家，國家超越神明等理論。因為這樣的理論主要探討日本憲法精神，被認為是功勞很大的貢獻，所以日本國會還提名將他升為貴族身分。他的書當時還被高中、大學列為教科書，每個學生都要讀的。不過在戰爭時，日本陸軍少壯派認為他的說法是對天皇不敬，應是先有天皇才會有國家。這個說法在國會有很激烈的辯論，最後他的學生的學生，也就是他孫輩學生的判官判他的刑，認為他有罪，要求他要認罪。後來沒辦法，他也只好認罪，還說是自己錯了，對天皇不敬，因此被定罪，取消一切地位、職務、身分，被捉去關，最後判以執行猶豫（亦即判罪但未執行，與緩刑不同），而未執行。這是當時最有名的例子。

善化皇民奉公會的主事是盧瀛滄。他原是善化公學校的教導，退休後當善化街長，必須兼任善化皇民奉公會的主事。他找了些人出來幫忙。許多地方找的人，都是年紀比較大的，他倒是都找些年紀輕的，所以找到我幫忙。我是其中最年輕的。為什麼會找我？我想可能因為讀書人、詩人都是一些心態上比較偏向中國意識的人，我是做生意的，在社會上參與事務較多，也認識些日本人，不論臺灣地方人士或日本人都有接觸，才找我擔任參與一職。安定鄉的汪大明也是參與，他是現今很有名的汪笨湖（原名汪振瑞）的父親。❺

善化皇民奉公會的組織為主事 1 人、參與 1 人，其下有職員 4、5

人。❻這些辦事人員都是兼職或臨時被找來擔任職務的，大多是街役場裡的職員。我因爲擔任參與，對皇民奉公會的公事比較清楚。

　　日本戰爭末期，大約我兒子快要畢業之前，日本政府積極徵調年輕人去當兵，不論日本人或臺灣人，也不論是不是學生，都想盡辦法徵調。徵調誰去當兵的主事者就是皇民奉公會，警察是皇民奉公會的執行者，兩者互相合作。

　　我兒子當然不想去當兵，雖然他沒說，但是派令下來，他也是沒辦法。不過，當時在徵調當兵前，會發一份家長同意書，家長簽完名後才會徵調。爲了讓家長簽名同意，就會動員皇民奉公會成員到每個人家裡鼓勵家長簽同意書，通常家長都不敢推辭、反抗。我因爲是皇民奉公會的參與，所以很瞭解這些情形。也因此，在收到我兒子的同意書前，爲了避免簽名，就和我親家陳瑞鐘一起到臺中躲了一個月。

　　陳瑞鐘的兒子和我兒子差不多年紀，也剛好畢業，且是同一年被徵召。我們兩人就相偕到臺中，在旅社裡住了一個月，因爲是爲了躲避，不敢到處亂走，就乖乖待在旅社裡，根本不敢出去，哪裡能遊山玩水？加上住旅社又沒有配給，吃得很差，住得很辛苦。我看住了一個月，時效應該差不多了，就在文書截止前的晚上回家。我還不敢走大馬路，特別挑了暗巷走，沒想到這麼湊巧，就碰上主事盧瀛漵。我只好把他帶到我家坐，和他聊天。最後向他坦白講，我說我兒子讀國小（公學校）時是他教的，他是導師，我是父親，這個小孩現在在日本讀書，要不要被徵調上前線作戰，就看這張同意書，要不要蓋章簽名，就由他決定。後來同意書就沒蓋章，我兒子也沒被徵調。在戰爭中，這樣的決定是很嚴重的事。

防衛團：擔任善化本團總務組組長

　　戰爭末期日本政府在臺灣各地組織防衛團。善化防衛團有本團和分

團，本團約有 2、30 人，都是善化人。

本團的團長是施震炎醫生，下有三位副團長，一個是林耿彬，他是臺灣洋釘株式會社社長，原名叫林查某。他出生時家人怕他活不久，所以叫他「查某」，又幫他穿耳洞、戴耳環，騙人說是女兒，無非就是怕被地獄的索命鬼捉去。這是當時民間的風俗習慣，怕生男養育不易，就當生女來對待，養大了再改名。第二個副團長叫陳聰明，臺南人，是到善化來當醫生的外地人。另外一個副團長是誰，我已忘記了。

我是戰爭末期才參加防衛團，一進去就擔任善化本團總務組組長，並兼善化分團燈火管制班班長。總務主要是辦事務，有時也兼做人事的工作。總務下面有 4、5 個助理，都叫班員，主要負責辦理燈火管制、交通、警報、巡守。尤其是空襲警報時，規定所有的燈必須打熄，不能漏光，防衛團員要到處去巡看看有沒有人家裡漏光，有的話要予以勸導，以防美軍見光投擲炸彈。總務組長應該是派任的，但是由誰來派也不知道，反正都是警察在發動，大概由他們決定。不要小看這個防衛團，很多人很愛做，因為加入防衛團就可以不用被調去海外當兵。不過，到戰爭尾聲時，需要人力還是會徵調。

一般防衛團是看郡所管轄範圍大小來設的，所以每個郡的編制不太一樣。大多以 4 個里設一個分駐所（即派出所），以派出所為單位設立一個防衛團。善化防衛團因善化有 7 個里，所以以善化派出所為主設有本團，又依轄區派出所設了 3 個分團，共 4 個團。分別是善化、六分寮、東勢寮及茄拔 4 個小分團。善化防衛團本團下面沒有設班，分團則有，有交通整理班、燈火管制班、消防班及警報班。

防衛團負責的工作，平時要巡邏鄉里，協助做清潔的公共服務、義務勞動，如燈火管制、交通、警報、巡視，也要到監視臺監看有沒有飛機來投擲炸彈。一旦發現飛機來時，要敲鐘發警報，叫大家躲防空壕。

善化防衛團的監視臺設在善化分駐所的四樓，由防衛團團員輪流排

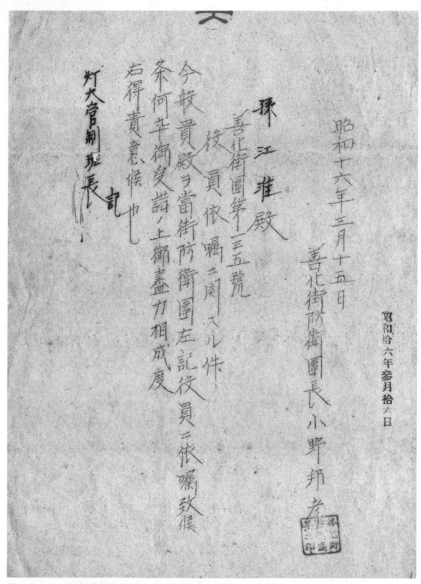

圖7-2：1941年善化街防衛團長小野邦彥給孫江淮之公文。

班監視。警報班的警鐘就放在監視臺裡面。善化農人曾天送是監視班班長。警報時，防衛團團員不可以自己跑去躲空襲，而是要全體出動，在炸彈丟下來前協助民眾躲空襲，並維持秩序。飛機離開時，要解除警報及疏散民眾。後來飛機幾乎都是定時來，通常是早上來，下午解除。

每年年尾月份（12月），防衛團有多防守更的責任，也就是警戒出入，要雇更（更為時刻之意）、守更。雇更時，防衛團都會準備點心給守更的人吃。

圖7-3：1942年於善化街防衛團本部。

防衛團平時也要訓練民眾，如挑水、消防、燈火管制以及交通。這些事情都要民眾配合，所以要訓練民眾，像是教導民眾如何挑水或傳水救火，有時也有比武賽，以竹竿削成槍隻等武器比武。不過我覺得這些都是兒戲，並沒有真正訓練、學習到什麼。

防衛團還常常要去巡視轄區內的防空壕。當時規定一戶要挖一家人可躲藏的防空壕，如果是街上店面沒有空地，也要在附近找出空間挖防空壕。當然也有公共防空壕，尤其是公共場所一定要設，如戲院、車站。這些公共防空壕，大多就設在街路邊，以備不時之需。善化街上的公共防空壕，就在今謝外科對面空地上的路邊，共有兩個。

我還記得美軍在善化丟下那顆500公斤重的炸彈時，我正好在本團

的防空壕邊協助躲空襲，所以並不知道，也沒有看到。直到爆開來才知道。

戰時見聞錄

寺廟改正

1937 年，皇民化運動中的重要項目之一是寺廟改正，尤其日本人規定臺灣人不能拜傳統神祇、要拆廟宇，連善化最大的寺廟慶安宮也深受影響，廟宇被拆了一部分，神祇被信徒請回家去，當時也沒人敢反對。許多大大小小的廟也都差不多。因為我家不是信仰太深的家庭，所以並沒有太多參與。

圖7-4：善化北白川宮能久親王御遺跡所。

由於日本能久親王在善化附近過世，寺廟改正時期就把慶安宮整理整理，拆了一大部分，設立「北白川宮能久親王御遺跡所」。我還有留下當時的照片。

雖然日本時代各廟有各種類型的神明會，不過皇民化運動時規定神祇全部要請走、廟宇要拆這些事，卻很少人敢反抗。怎麼敢反抗？地方人士沒武力，又沒槍炮，拿什麼來反抗？地方紳士更是不敢出面反抗的一群。我知道真正敢起來反抗日本人的是在我 8、9 歲時（1915 年）發生的噍吧哖事件。那是自臺南町下的西來庵發起，以南化、玉井為中心，因信仰而起的抗爭事件，後來蔓延到新化等地，新化街街長也被捉去，說他有參與。雖然善化當時並未被波及，可是傳言紛紛，只要有風聲，警察就會調查。聽說善化的警察都被調去協助處理，氣氛很恐怖。在這種經驗後，日本政府要求拆廟、請神明，大小廟都不敢不從。不過，日本人也尊重習慣，不敢太極端。就我知道大概只有鹽水貞愛親王❼住過的那間葉家地主擁有的八角樓（位於中山路）沒被拆而已。❽

黑市處處，走私猖獗

戰爭時期配給很少，所以黑市到處可見。例如，在日本的餐廳，不是隨便進去就可以用餐，一定要找到位置可坐，才會賣食物給你，而且只賣一客，絕對不肯多賣。黑市是做暗的，詳細情況不容易知道。

走私則是各種物品都有，看當地缺什麼，走私的就越多，也有由臺灣南部走私到北部。像善化有農村，走私出去的就以米、魚、鹽為主，走私進來就看這地方缺什麼。鹽是善化一帶的特產，雖然鹽田有鹽警在顧庄頭（巡視守衛），看得很緊，抓得很兇；港口也有港口警察，從海邊到各地路口均有警察，但還是有人走私。因為一般是買 1 錢、賣 2 錢，利潤可觀，所以走私相對就很多。走私由於違反總動員法，被抓一定會被關，關多久就看走私的東西及量的多寡而定。這種零星案件太

多，很難舉具體實例。

不過，我知道一般個人或小案件雖然很多，但大宗案件卻都是和官廳有所勾結，走私的更嚴重，有的還整車整車地走私，這種反而很多沒事。反正有辦法的人就是有辦法。通常越大的案件越沒事，極小的案件被關的反而比較多。眞的是「打蚊子嚇人」（phah-báng-á-háⁿ-lâng），大家都被教得乖乖的。

戰爭時經濟和交易比較亂，有人是看在交情上不得不做些交易，像粉間也有人在走私麥芽膏。我是合法做生意的，在政府規定的要求下設立會社，經由統制經濟配給做買賣，走私的事也不是太清楚。

不自願的志願兵

戰爭末期，日本在臺灣施行志願兵制度。雖說是「志願兵」，其實沒有人是自願的。❾尤其臺灣是殖民地，臺灣人沒有大和魂，大多不是正式編制的軍人，只是軍伕、軍屬的身分，完全沒有受到國家保護，誰會眞的願意替日本人上前線打仗當砲彈？誰會是自願的？說「志願兵」，爲國家盡忠死，只是喊喊口號而已，眞正能做到的幾乎沒有，更多的人是被強制徵調去當軍伕的。

那時當軍伕很辛苦，每天要行軍，一走十幾天，下大雨也照常要走，常常走到腳都腫脹到鞋子脫不下來；睡更是隨地躺下就睡，有時還要和死人一起睡，根本不是人過的日子，非常辛苦。這樣的軍伕，誰會要自願去當兵？不必多說，大家心情都一樣，雖然嘴裡喊「萬歲，萬歲」，但大家心裡想的都一樣。可是也沒人敢反抗，反抗也是死刑。

日本名義上說是志願當兵，其實大多是硬性徵調當兵，例如在臺灣建設烏山頭水庫的八田與一也難以倖免。像他成績做得這麼好的人都要被徵調。徵調是沒人敢反抗的。不過，他很不幸，船沉了，人也死了。❿

　　善化徵調去當兵的有製糖會社農場的苦力頭、管工及粗工，共調了十幾個人去，大概都是到中支（中國中部，華中）羅店鎮（今中國上海市寶山區）當軍伕（運搬役）。安平碼頭也有苦力頭和整組的粗工都被徵調去當軍伕，大概500多人。由於這些人是在碼頭搬運的粗工，個個都很勇健，日本人怕管不來，所以還將苦力頭升為班長，做軍伕頭，來幫忙管理。善化製糖會社就有一個管工被調去當軍伕長，他說他管幾百人，幾乎都是從安平調來的。

　　善化被徵調去的人中，有不少是我認識的人，如一個是公學校的校長。還有一個在郵便局服務的郵務員被徵調去南洋，在通信隊當兵，戰後有回來。但我知道也有3、4個善化被調去做軍屬的年輕人，後來戰死在戰場。有一個叫陳金火的年輕人，住在牛庄里（東勢寮派出所管轄），雖然有回來，但後來在八二三金門砲戰時戰死，死後還領了勳章，在牛庄廟前也有銅像。有一個叫蘇奇才和一個姓黃的年輕人就沒回來。

　　善化名人蘇哲夫，則是被調去海南島當通譯。我和他比較熟，他被調到海南島後，我還曾經寄過高麗蔘、食品等去慰問他。當時寄信或寄物品，大概一半可以通，不過也要看運氣，有時寄不到。他收到信後曾給我回信，大約十次會回一次信。他的太太是善化人陳安（戰後第一任善化鎮長陳由的小弟）的女兒，從小非常好命，也讀了女學校、做了護士，結果也被徵調到戰地當護士。

　　那時女性因學護理被徵調去的人也有一些。像我的親戚中，我大舅的小女兒鄭金玉，本來在臺南大賣商（卸賣）三輪藥局株式會社上班，就被徵調去南洋做護士，還好有回來。這些都是硬調的，沒辦法，不敢反抗。

　　善化有一個公醫叫黃媽福，⓫他是到南洋去當軍醫，出發前還照了張出征相片。他去南洋是坐船出發，結果發生沉船事件，他被救起，但

圖7-5：1943年立山三代吉巡查部長派遣至海南島送別會。前排中間持軍刀者為
立山三代吉；後排左三是孫江淮、左二是陳瑞鐘。

圖7-6：1943年蘇哲夫徵調至海南島壯行紀念。前排中為蘇哲夫，左二為孫江淮。

是他隨行帶去的兩名藥局生卻沒被救起，淹死了。

那時也有人當逃兵。例如蔡得宗，他是在善化公學校旁開粉間的業主，家裡很有錢，也被調去做通譯，管事務的。調走後他曾寫信回家，只寫部隊名，也不知道他被調到什麼地方，大概也是海南島。反正後來他看狀況不對，逃到山裡去躲，當了逃兵。戰後他搭美軍的便船回到臺灣，還因為沒有順從日本人而領了莒光勳章。不過，有些臺灣軍伕在日本投降後被捉，還被當成日本人當場被槍殺。其實日本人也有些人很愛惜生命、不願意去做砲彈的，也會逃兵。

當然有一些人就是去做砲彈，參加像神風特攻隊這種有去無回的自殺式行動。神風特攻隊是從桃園基地出發到戰地的。有名的日本三勇士，❷因扛砲彈而被炸死的壯烈行為，常常被日本人拿來宣傳，並以此徵調 13、14 至 15、16 歲左右的少年加入。

我知道還有一些人是做暗的，也就是做地下情報人員，如臺北的陳逢春為陳立夫、❸陳果夫 ❹蒐集情報，還做到在中正紀念堂立有紀念牌的將官。有個善化人林添，當時在靠近善化火車站旁的臺灣洋釘株式會社當職員，因為和日本軍部相通，又和很有權勢的南方軍供應司令部空軍少將很熟，來往密切。凡是拜託林添辦事，只要經他請託空軍少將均可成。這事因為有風聲走漏，很多人都知道其實他是在暗地裡幫日本人做情報。日本投降後，他就反過來做中國軍部的情報人員。

在戰爭初期還有一些少年工被徵調。他們不是去當兵，而是被日本軍部所屬的少年服務隊徵調到日本本土的軍用工廠去當少年工。這些人去的軍用工廠雖然都是製造戰爭所需物品，但因為不是上前線，不是做軍伕，所以很多人是自願去的，而且是一群少年相約一起前去。當然，日本政府徵調軍伕或通譯，頭腦好的人是不會願意的，其中也有一部分人就轉去當少年工。這樣的人也是有的。

疏開：遷移居所

戰爭到了末期，因為種種因素，大部分人都需要疏開，但每個地方情況不太一樣，要依各地而定。通常疏開都是大都市的人遷居到鄉鎮，鄉鎮的人遷居到更鄉下去。如臺南市的人疏開到善化、永康，善化的人會疏開到小新營或山內去，或者由新營去鐵線橋、小腳腿（今東山鄉）。其實只是換個地方住而已。

我的印象中，當時從臺南市疏開到善化的，不過是幾十人而已，規模不會很大。大概都是像陳子鏞一類的有錢人才會疏開，而且都疏開到與之有關係的地方。我並沒有疏開，只不過由街上的店頭搬回文昌里的住家而已。

疏開時因物質已極為缺乏，生活困頓，所以疏開的人都是用走的遷移居所，而且都選在晚上走。當然這也要看個人，或許有人搭乘牛車，但是很少。

物品管制與捐獻

日本時代就有收音機了，什麼時候開始有，我並不知道。我哥哥的兒子孫石橋讀臺北工業學校畢業，約於昭和 15、16 年（1940、1941）左右到日本讀書。他原本是去讀書，後來就留在日本做生意，開了一家會社。他僱請日本人當社長，自己擔任常務董事，雖然用日本人的名義做生意，實際上業務都是自己做。他是讀電氣一類的學系，後來做的是變電所的工程業務，對電氣這類物品很有概念，很早就買一臺很大的收音機，由日本寄回來給我。

我為了辦理申請進關，費了不少力氣。因為當時收音機是管制物品，首先要先經臺灣防衛司令部許可，申請到執照，才可以使用。過關時，許可證和證書還要準備兩三份，最後才得以入關提領，很不容易

的。那時收音機是用蓄電池，不是用插電的。

　　我想日本時代善化應該很少人有收音機，也不知道還有誰有。我那臺收音機因為我沒有深入參與政治活動，又忙於工作，根本很少有時間聽，如果聽也頂多聽聽新聞而已。我對音樂沒興趣，什麼樂器都不會，更聽不懂西洋音樂，激動的搖滾也不懂，偶爾只聽聽輕音樂，或像「水底遊魚」這種曲子，所以很少用這臺收音機。連日本戰敗時昭和天皇的玉音放送，我也沒聽到。

圖7-7：臺北工業學校時代的孫石橋。

　　我雖然偶爾聽收音機裡的新聞，但是感覺到日本會戰敗應該是在山本五十六被打下來時，才瞭解到日本真的已到彈盡援絕的時刻了。❺當時物質缺乏到連臺灣的鐵條、鍋碗、鐵鑷、鐵器、金銀全被徵收，都說是要送去鎔鑄槍炮用。很多人家樓、店的鐵窗幾乎都難倖免。即使林（ハヤシ）百貨店（即今臺南市中正路、忠義路口的「五層樓仔」）的第三層樓門也被拆下來做為軍用。

　　更多的是無償提供的捐獻。愛國會、❻皇民奉公會的成員都會發起捐獻活動，有各種類型的獻金。這時的日本真的已經是沒辦法了。我也捐獻一些，但我想很多臺灣人都捨不得捐，尤其女性嫁妝的金銀，都是想盡辦法藏起來的比較多。

　　那時連吃的東西都缺乏了，更何況身外物。我知道很多臺灣人主要是以番薯籤為主食；很多人家沒柴火，也只能撿木麻黃的落葉樹枝曬乾後當引火的燃料，不然水沒辦法燒開。聽說不少人家裡連桌椅都沒了，

吃飯時只能蹲著吃。很多學生 3、4 年沒換過新衣服，甚至只能捲布袋當做棉被來蓋。我的筆生楊石柳在北門當警察派出所的主管取締警察，有次他招待我去北門玩。我到那裡看了，才知道真有那麼苦的人。那裡真窮，與澎湖一樣，窮苦人比較多，還聽說有人吃草根，或用乾番薯葉做飯吃，一家族只有一領厚的棉被。不過，聽說在日本也好不到哪裡去。孫石橋說他在日本吃的比臺灣更差，連平時用來當肥料或養豬飼料的豆渣都搶著吃。

日本投降

空襲與日本戰敗

戰爭末期，美軍在臺灣到處投擲炸彈，但對善化的影響並不大，只有糖廠被炸到，火車站、鐵道、水道都沒事，損失不大。糖廠被炸後，燒了一個月，糖菁流滿地，變成糖菁池。糖菁做成糖烏，加在烏龍茶、豆油（醬油）、蜜餞很好用，後來寄附（kià-hù，捐贈）給善化初中。初中創設費即用這些糖菁賣的錢。

善化最嚴重的一次空襲，是被投下一顆 500 公斤的炸彈，殺傷力比較大，因為炸彈可深入地底 3、4 米，爆炸範圍可以擴及到很遠，聽說破片飛到善化火車站、三民路以南的牛墟一帶。之外還有所謂的瞬發彈，曾有一次共投了 60 餘顆在北邊茉園，導致炸死了許多人。

除炸彈外，我也看到過美軍 B38 轟炸機以機關槍掃街。警員原田先生家是三層樓，有警戒班、防衛班和燈火管制班在輪流防衛，但是經過轟炸後，也都沒了。怎麼沒了也不清楚，反正房子再大也沒了，但都沒傷到人。

戰爭末期，善化沒有什麼日本人部隊屯駐。我曾經見過一個小營，

有少尉和四個衛兵進出。但在臺南有第四聯隊駐在今臺南車站、成大一帶。當時軍方規定很嚴格，民間和軍方沒什麼往來，很多情形並不清楚，只知道有徵調過一名糖廠的社醫。這個社醫被調到臺南第四聯隊當軍醫隊長，算是很大的官，可是因屬於後方醫院，還算安全。

到了戰爭後期，大家逐漸不敢談論日軍戰敗的消息，就很少知道戰爭的變化。因為雖然是日本戰敗，但日本人一向就管得很嚴，沒有人敢隨隨便便談論戰爭的事情。我們在防衛團裡服務，也不敢隨便談，所以並不是很清楚知道戰敗、投降的消息。

我還記得在戰爭末期，有一個大內鄉內庄的醫生吳仲林，因為物質缺乏，日本政府最後連豬皮都要徵收來做軍用品，他就開玩笑說出「豬皮剝完就要剝人皮」這樣的話。沒想到有一天他搭火車通勤，就在火車上被抓去，還判了 8 個月的刑期。因此沒人敢隨便談論和戰爭、物資缺乏等等相關的話題。

判吳仲林 8 個月刑期的是臺南地方法院院長鰍澤榮三郎。他也是個有名人物，曾名列正月天皇的皇家御宴團中，在天皇公園宴請會上還坐在第三等位置的人。他很喜歡喝酒，酒量很大，常把酒當茶喝。臺灣光復時，他已在臺北當高等法院臺北分院院長。日本人在戰後集體被遣送回日本時，他也在遣送團中，而被集中到臺北市東區榮町。❶ 我曾經在一次機會中問過他，為什麼要將吳仲林醫生判得這麼重的刑？他說這是國家政策、方針，不是他個人的意見，他只是奉令判刑而已。由此可見，日本統治臺灣時的態度，我們在善化這樣的地方，誰會敢隨便表示對戰事的看法？所以那時大家都不談論這種事情的。

雖然我有一台收音機，偶爾會打開來聽。但我很少認真在聽，也沒有特別注意戰爭的消息。戰爭時孫石橋和我兒子都在日本，只靠通信聯絡，有時候也很難聯絡上。孫石橋有一段時間還行蹤不明、找不到人，後來才又聯絡上，所以戰爭造成的問題還真的不少，讓家人擔心害怕的

很多。

　　日本正式宣布投降時，我在善化。對日本投降沒有什麼特別的感覺。因為我並沒有享受什麼特權，沒替日本人做什麼事，所以沒什麼感覺。

　　說到日本戰敗投降，我認為這是很不簡單的事。聽說日本天皇為了投降的事召開了四次御前會議，由天皇親自主持，和大臣們商議再商議，天皇什麼話也說不出來，只是坐著，他想這 1 億人民都是寧為玉碎不為瓦全的，根本不想投降。可是到後來，不投降也沒有更好的辦法了，只好投降。在簽署受降書後，主要負責的陸軍大臣阿南惟幾大將也自殺了。❸

　　剛光復時，很多日本人或幫過日本人的臺灣人都被打得很慘。就我知道，善化舊 7 保中有一個警員原田先生，很凶，管理安定鄉和善化鎮兩個鄉鎮。光復後，他被打到沒地方躲，凡是被他欺壓過的民眾都回來打他出氣。

　　我的筆生楊石柳，後來派在北門擔任司法警察，專辦思想的。他不貪，人很好，對人很照顧，所以光復後他沒跑，也不用擔心。另外，我有一個表哥，當北門高等警察，為人很正直，有人送禮，都不收，還把東西丟出門外。他在工作上表現不錯，還得過獎狀，每年獎金 1 圓。光復後他因為人太嚴厲，也會害怕，曾跑到新市去躲，結果沒人理他。

日本人的遣送與留用

　　日本投降之後，中國接收臺灣。這段期間，還有一些問題要解決，譬如說：遣送和留用的問題。留用問題的解決，好像有明文規定，重要人員留用一年，像是糖廠職員、警察都有留用。那時善化留用的日本人並不多，糖廠有一些，但留用沒多久就都回日本了。我聽說，新化郡役所警察課善化分所有一個警部被留用，他大約留了一段時間，在中國人

來了以後還在。他將自己家裡的一個浴桶，賣給新化製菓會社的臺灣人社長林水深。被人家知道以後，有人去密報林水深和日本人往來，結果害他以買賣日產的罪名被抓。當時其實是很混亂的，例子雖然很多，可是也記不得了。

戰後遣送日人的這段期間比較敏感。雖說中國人以德報怨，但在國軍來臺、日本人尚未遣送回國期間，不論是日本人或和日本人往來的人都特別受到注意，一不小心很容易被冠上漢奸的名義。因為善化也有福州人，怕他們知道誰和日本人有所往來，隨意把人視為漢奸，所以大家都很低調。

日本人在遣送之前，想要贈送物品給臺灣人的情形很多。有一個日本人被遣送回國前，說要送我東西，還想將整組的黑檀家具送給我，我不敢要。甚至有很好的朋友，為人很善良，還說要將農作物等送給我，我都不敢要。不敢要的原因，就是因為上面所說的警部賣浴桶而被密報，所以大家怕到，不敢隨意接觸日本人及接受日本人的饋贈。還有一位警察課長王其崑，在中國兵來了以後，被人說他和日本人有往來，就被吊在郡役所前面的樹上打，打給大家看，說是示眾。打死人以後還要示眾，以收到殺雞儆猴的效果，大家都被嚇到。

我當時有個日本朋友片倉，他很有錢，太太又是新化登記所所長的姊姊，沒有生小孩，還認所長的兒子為養子，關係很密切。片倉在臺北西門町、博物館南邊襄陽路一帶共有 300 多間房子，平常租人。他要被遣送回日本前，問我要不要，可以將房子送我，因為他和臺北登記所的所長是同鄉，可以登記改換成我的名下，說是以後他回來臺灣再還他就可以，我都不敢要。

片倉很有意思，他家很大，約有 200 坪，經營商事會社、書店，也有自己的遠洋漁船。戰爭結束後在等遣送回日本前，因為太無聊，就在臺北新高堂（今重慶南路一段、衡陽路口）❿的隔壁開起餐廳來，家人

全去充當服務生。兒子媳婦都大學畢業了，也下來端盤子。他說反正沒事做、很無聊，等著回日本前，就盡量找點事做。

又有一對來臺灣經商的日本人夫婦，在臺北城內今新公園南邊山梅旅館和新高堂書店中間經營餐廳。在等待遣送之前，他們繼續在店裡做買賣。由於遣送時，船隻少，每個人只能穿一套衣服，不能帶東西，因此賺的錢要寄到銀行、不能領。即使這樣，他們還是每天在店門口正坐，為顧客做餅。說是為顧客服務到最後一刻，非常有敬業精神。

---

❶ 1945 年 6 月 17 日，皇民奉公會廢止，另成立國民義勇隊。同日依外地同胞處遇改善方針，廢止保甲制度及其下之壯丁團組織。臺灣總督府，《臺灣統治概要》（臺北：臺灣總督府，1945），頁 85；許雪姬總策畫，《臺灣歷史辭典》（臺北：行政院文化建設委員會、中研院近史所、遠流出版公司，2004），頁 593-594。

❷ 施震炎，1900 年生，臺北醫學專門學校畢業，戰後曾任善化鎮長、縣立善化初中校長、臺南縣醫師公會常務理事、善化鎮教育會理事，並於善化開設永安堂醫院。吳銅編，《臺灣醫師名鑑》（下）（臺中：臺灣醫藥新聞社，1954），頁 246。

❸ 福地信夫，1889 年生，日本茨城縣人。1913 年來臺，歷任花蓮港廳警部等職，1923 年考取辯護士資格後退官，於水戶市開業，1924 年轉至臺南執業。著有《臺灣地方選舉取締要義》一書。「臺灣人物誌資料庫」。

❹ 美濃部達吉，1873 年生，日本兵庫縣人，明治至昭和時代之憲法、行政法學者。1911 年受文部省委託，為中等學校教員編寫憲法講義，其中倡導天皇機關說，對穗積憲法學中的權力主義性格加以批判，因此和穗積之後繼者上杉慎吉展開天皇機關說論爭。在學界及知識界中，美濃部學說廣受支持，且由於其為高等文官考試委員，因此亦在官界發生影響力。1924-1927 年為東京帝國大學法學部長，1932 年擔任貴族院勅選議員。1930 年，海軍軍令部反對簽訂倫敦條約，其受當時首相濱口雄幸諮詢下，主張支持批准條約，因而成為右翼勢力的攻擊對象。又由於其倡明白主張天皇機關說，《（逐條）憲法精義》、《憲法撮要》、《日本憲法の基本主義》等著作均遭受查禁，被以不敬罪起訴，並被迫辭去貴族院議員、高等文官考試委員等職。戰後，1945 年 10 月，成為幣原內閣憲法問題調查委員會顧問，1946 年為樞密顧問官，參與憲法改正。逝於 1948 年，享年 76 歲。臼井勝美等編，《日本近現代人名辭典》（東京：吉川弘文館，2001），頁 1021。

❺ 汪笨湖，1953 年出生，臺南縣人，作家兼臺灣政論節目主持人。著作有：《落山風》、《嬲》、《那根所有權》、《三字驚》、《長江有愛》、《口令：來談戀愛的》等多部小說；《廈門新娘》、《草地狀元》與《臺灣豪門爭霸記》已被改編為電視劇。「維基百科」。

❻ 臺灣皇民奉公會之最高負責人為總裁。總裁乃由臺灣總督兼任，並設顧問、參事若干名以應總裁之諮詢。全臺州廳各設支部，市郡設支會，街庄設分會。市支會下設區會。街庄分會下設部落會，最下層設奉公班。州廳之支部設支部長，郡市之支會

設支會長，街庄設分會置分會長。各地方支部亦照本部設參事與奉公委員，而與本部相同各開參事會或奉公委員會。何義麟，〈皇民化政策之研究：日據時代末期日本對臺灣的教育政策與教化運動〉（臺北：中國文化大學日本研究所碩士論文，1986），頁 176-177。

❼ 貞愛親王，1858 年生，伏見宮邦家親王第 14 子，幼名敦宮，1871 年由伏見宮親王賜名貞愛。1873 年志願為軍人，1904 年成為陸軍大將，1915 年列入元帥府。從軍期間由西南戰爭開始，甲午戰爭時為步兵第 4 旅團長，日俄戰爭時為第 1 師團長，戰功豐碩，為皇族中被推重之長老。1912 年於內大臣府任官，在內大臣空額之時，擔負起代理常侍輔弼之重任。常奉天皇之命，視巡各地，並被大日本山林會等各種團體推戴為總裁。逝於 1923 年，享年 66 歲。臼井勝美等編，《日本近代人名辭典》，頁 472-473。

❽ 八角樓，1847 年由葉連成號所建。

❾ 另據周婉窈研究，日本在臺灣的愛國教育有相當程度的成功，自願之人數似乎不在少數，但戰後數十年來，由於受到「官定」抗日史觀影響，臺灣人「自願」當日本兵成為至為可恥的事，加上白色恐怖陰影尚在，許多身歷其境的臺灣人不僅不敢承認是自願去當日本兵的，還強調是被迫的。周婉窈，〈日本在臺軍事動員與臺灣人的海外參戰經驗〉，收入氏著，《海行兮的年代》（臺北：允晨出版社，2004），頁 149-150。

❿ 1942 年 5 月 1 日，八田與一受日本政府徵召為菲律賓軍政部屬員，搭乘大洋丸前往馬尼拉。5 月 8 日，大洋丸遭美軍潛艇擊沉，八田與一罹難，遺體於 6 月 10 日漂回山口市，日人從衣服口袋中的名片，確定是八田與一。參看黃昭堂主編，《八田與一研究》（臺北：財團法人現代文化基金會，2002），頁 128-129。

⓫ 黃媽福，1908 年，日本岡山醫科大學畢業，曾任臺南醫院眼科醫師、臺南慈惠院醫師，1938 年自行開業「黃醫院」。吳銅編，《臺灣醫師名鑑》（1954），頁 247。

⓬ 爆彈三勇士（又名肉彈三勇士），是當時報章雜誌所給予在 1932 年 2 月第一次上海事變戰死的三位軍人之特別用語。此次戰役中配屬於步兵 24 連隊工兵第 2 小隊，出動以三人一組之決死隊，是為「破壞班」。其中，編入同組的江下、北川、作江三人犧牲自己性命，而打開了突襲路。日本新聞媒體依據隨軍記者之記錄，並利用國民對日俄戰爭以來所誕生的橘中佐、廣瀨中佐「軍神」的感激，不只出現軍歌、電影、三勇士饅頭以為宣傳，亦有《泰晤士報》等外國新聞做出相關報導。然而實際上有過早火而導致退避行動失敗一說。寺田近雄，《日本軍隊用語集》（東京：立風書房，1992），頁 88-89。

⓭ 陳立夫，名祖燕，浙江吳興人，1900 年生。畢業於國立北洋大學採礦科，後赴美國留學，入匹茲堡大學，獲採礦學碩士學位。1925 年返國，歷任國民革命軍總司令部機要科科長、秘書處處長、中國國民黨中央宣傳部設計委員、中央組織部調查科主任、國民革命軍總司令部特別黨部常務委員等職。1949 年由四川至臺灣，1950 年 8月離臺至歐洲，後再至美國。1968 年回臺任中華文化復興運動推行委員會副會長、孔孟學會理事長，後任總統府資政、國民黨中央評議委員會主席團主席、中國醫藥學院董事長。著有《唯生論》、《生之原理》、《孟子之政治思想》等書。徐友春主編，《民國人物大辭典》（河北：河北人民出版社，1991），頁 1018-1019。

⓮ 陳果夫，原名祖燾，字果夫，浙江吳興人，1892 年生。早年就學於長沙明德學校，1911 年加入中國同盟會，後隨叔父陳英士參加辛亥革命。二次革命時，在滬組織奮勇軍攻製造局，1915 年在上海中華革命黨總機關任秘密工作，1918-1923 年，在滬經商，任錢莊及交易所證券、紗花金銀之經紀商。1926 年任中國國民黨第二屆中央監察委員，後歷任國民黨中央組織部秘書、中央組織部部長、中央政治會議委員

等職。1948 年 12 月遷居臺灣臺中，1950 年任國民黨中央評議委員，1951 年春遷居臺北，同年 8 月 25 日逝世，享年 59 歲。著有《中國教育改革之途徑》、《通禮新編》等。徐友春主編，《民國人物大辭典》，頁 1032。

⑮ 山本五十六（1884-1943），日本新潟人，曾任元帥海軍大將。1943 年 4 月指揮「い」號拉包爾作戰計畫，在作戰結束後，前往視察前線部隊之際，由於暗號被破解，遭美國陸軍戰鬥機隊伏擊戰死。原剛、安岡昭男，《日本陸海軍事典》（東京：新人物往來社，1997），頁 477-478。

⑯ 愛國會，1931 年代立於臺北，為標榜全日本主義、國家第一主義之愛國團體。《臺灣日日新報》，1931 年 12 月 3 日，夕刊 2 版。

⑰ 榮町是日治時期臺北最繁華的地區，有「臺北銀座」之稱。即今中正區的衡陽路、寶慶路、秀山街之全部及博愛路、延平南路之一部。衡陽路則名為「榮町通」。

⑱ 阿南惟幾（1887-1945），陸軍大將。1936 年「二二六事件」後，被拔擢為陸軍省兵務局長，1937 年擔任陸軍省人事局長。1938 年為中將，以第 109 師團長身分出征，於中國山西省太原殲滅 4 個敵軍師團。1941 年為第 11 軍司令官、1942 年擔任第二方面軍司令官。1943 年升為大將，1944 年任航空總監兼航空本部長、軍事參議官。1945 年成為鈴木貫太郎內閣陸相，於簽署無條件投降之終戰詔書後自殺。原剛、安岡昭男編，《日本陸海軍事典》（東京：新人物往來社，1997），頁 407。

⑲ 新高堂，1910 年代設立，經銷教科書、辭典、雜誌等，所出版的圖書、明信片也享有盛名。戰後，新高堂書店原址改為東方出版社，游彌堅為主要股東，此外尚有林呈祿、戴炎輝、黃純青等望重一時之士。http://dipper.myweb.hinet.net/ch6/6-12.htm。

第八章

日本時代的日常生活

食的方面

日常：番薯籤飯配醃漬醬菜

　　日本時代，大約大正 10 年（1921）左右，我家和一般家庭一樣，習慣上吃飯都是吃番薯籤飯。通常是飯佔十分之二、番薯籤佔十分之八。一般先將米放進水裡煠（sa̍h，煮），煠好後，將飯撈一些起來，用狗母鍋煮成沒有混番薯籤的稀飯，給老人或小孩吃；其餘的飯，則加入番薯籤繼續煮成番薯籤飯。也只有男人可以吃得飽，男人吃剩，女人才有得吃。如果還有剩，才餵豬。菜也很少，都只是用開水簡單煠過而已。

　　那時的人很少煮菜。只有廟會、祭祖或是清明拜拜時，才會煮菜，平時也很少請客。最多就是拜拜時做粿會多做一些，分送左鄰右舍，大家一起分享沾福，有祝福的意思。

　　除了正餐，外面也有點心攤。臺南最有名的就是點心，善化也有。點心攤除了賣點心也賣飯，一客約 1 錢。又有大骨湯，都是大桶大桶現

烓（熬）大骨，有些人還會留些大骨湯作爲湯底，加上大骨繼續烓。

日本時代，小家庭很少，都是大家庭，一同吃飯的人很多。一般煮飯是大灶大鑭煮，很少人用烘爐煮飯。烘爐是用土炭（煤炭）、火炭（木炭）燃燒，土炭在善化很少人用，只有北部產煤礦地區才有人用。戰後有人用土炭粉，這是用煤炭渣再去提煉做成的，我們比較少用。我記得善化鄉公所曾經把燒過的土炭粉和垃圾運到低地或魚池去埋或當墊土把地填平，因爲以前的垃圾沒有瓶瓶罐罐或塑膠袋等現代雜物，填在土裡比較不用擔心污染問題。

大灶燒煮需要燃料。由於每天都要吃飯燒火，因此有什麼就用什麼，看每個地方、每個家庭來決定。我家煮飯、煮菜及炊粿等，均用甘蔗葉當燃料。不過，甘蔗葉不耐燃，很快就燒盡，根本也不夠用，所以三天兩頭便要去挑甘蔗葉回來。這也必須與糖廠有關係，才能取得甘蔗葉，一般人沒辦法就割雜草曬乾當燃料。像佳里海邊，沒有甘蔗，只有雜草。一般人常割雜草曬乾來用，海邊人家生活更艱苦，都用木麻黃。也有人用竿蓁，還將竿蓁編一編，和土揉一揉，當作牆壁的建材，不過竿蓁也不多。至於大木柴就更沒有了。木柴大概只有山裡才有，因爲稀少，大多拿來當建材、家具，或木桶製品，很少人用木柴當柴火，價格也很貴，一般人用不起。

木柴中以相思樹最好，燃燒時比較不會爆火花，也使用一些龍眼樹，不過較少。九芎、龍眼樹和土芭樂樹都是比較硬的木材，適合用來做木料、器具。

善化地方的土地大約有百分之7、80皆栽種甘蔗，剩下的大概以番薯爲主，稻作比較少，因爲這邊都是旱田、看天田，不是水稻栽種區，很少種植水稻。以前善化這地方有一種埔占稻，3、4月插秧，穀粒一般稻米稍大，比較乾。又摻雜有紅米、黑米，稻型也不同，較細較長，常被當成雜草除掉。現在已經看不到這些稻種，而是改種比較好吃

的改良品種，如蓬萊米。日本時代，埔占稻的收成不多，善化 1 甲大概不到 1,000 斤，❶尤其乾旱或有颱風來，即難有收穫。埔占稻不是用插秧的方式栽種，而是撒種，到處撒，有機會才有收成。我們家在我父親從臺南大林桶盤淺剛遷來善化時，也曾種過田，不過後來就轉業了。

　　善化除了甘蔗、番薯、埔占稻外，也有一些麻、豆類和花生。花生多種在靠近山裡的地方，有一些不同的種類，如長長彎彎的、三粒仁的花生，也有豆莢短短但豆仁大顆的花生，北港製油會社都會到這裡來採買。豆類有綠豆、米豆、大豆及番仔豆。番仔豆是荷蘭人引進來的，最便宜，又香，我們偶爾會烘烤（焢窯）當零食吃；大人則是將番仔豆炒一炒、用鹽水醃起來，吃飯時拿一點出來拌飯吃，因為夠鹹，才吃得下飯。米豆有點像大豆，但比較白，也沒那麼圓，現在已經很少看到。米豆與飯一起煮成粥，很香，或是煮成米豆飯；綠豆也有煮成鹹的或甜的。

　　配飯的菜很少，海產也沒有，鹹鰱魚偶爾會有。通常都是用煎的，沒有過水，若過水的就連鹽水一起拌飯，也是一餐了。魚比較少用煎的，用煎的不夠吃，通常和醃瓜一起煮。當時魚也很少，有錢人才吃得起。我有一個朋友在郡役所上班，他媽媽會買鹹鰹魚 6、7 尾，頭尾去掉留著自己吃，中間有肉的部分讓他帶便當，一天一條，算是吃得很好的，因為在郡役所上班待遇非常好。

　　一般人配飯佐菜最多的就是醃漬醬菜，尤其是醃瓜。醃瓜以小新營出產最多，善化人一日醃幾百斤。通常在收成時每個家庭會買個幾百斤來醃，整桶整甕醃，吃一整年。醃製的方法很簡單，洗一洗，用鹽醃一次，要醃得夠鹹才不會發霉、發臭、壞掉；較講究的就先日曬過再搓鹽醃。全部放到大桶裡，不需要封死，因為每天每餐都要吃，吃時就打開來，拿一兩條、洗一洗即可。三餐都是吃醃鹹瓜。其他像竹筍、瓜類也一樣，都是醃得爛爛的，因有酵素，天然發酵後，氣味就不一樣。

麻豆產鹹芥菜（刈菜），也就是芥菜曬乾後用鹽醃製，其他地方好像沒有別的了。北部的客家庄很節省，所以他們的婦女很會醃製各種醬菜。那時候大家都很艱苦，做穡人（農夫）尤其辛苦，如果輪到煮飯，媳婦要想辦法煮出菜，眞的很不容易。

日本時代也種一些蔬菜，像韭菜、高麗菜、空心菜、莧菜，以及用稻草孵豆芽等。一般很少私人自己種，而是農家菜園種來賣，但少有人買，根本沒錢買，偶爾買來即水煮一煮，煠煠就吃了。通常吃飯還是以醃瓜最多，而且只有一種，就是大黃瓜去醃的，沒像現在這麼多種類，蔭瓜、條瓜、脆瓜，而且是小黃瓜醃的。鄉下只有大黃瓜大出時才便宜。山裡或許會有醬筍，但善化這裡不多。

又有一種配菜，稱明薑，我曾吃過，像蔥頭一樣，短短的，很好吃，日文叫「ミョウガ」。❷薑有很多種，明薑屬薑科，但和薑不一樣，酸酸的，通常拿來醃製，也是配飯的菜。日本人很喜歡吃，臺灣人也醃製。

我們小時候大家都很節儉，很多可以醃製的都醃來當菜吃。如芒果，也只有土芒果，就取大顆的、熟的，醃得鹹鹹的，當菜配飯吃。另外，有些水果像桃、李、橄欖，也會醃漬，但是醃甜的。有的是先加溫，像做水飴一樣，加溫60度後，讓它發酵；有的是炒過後，加埔薑葉燜燒，以促進發酵速度。醃製後，有的製成口感爛爛的蜜餞，有的變成脆脆的蜜餞，都不一樣。

海產就更少了。賣蚵仔都從麻豆來，因量少，先浸水讓蚵仔膨脹，量才會大。其他很少人會挑來賣，什麼蚵鮭（醬）、珠螺鮭，都很少，我曾經吃過，但少有機會吃到。經濟比較好的有錢人或許較有機會吃到海產，可是種田的都只吃在地的、當季的，因爲最便宜，加工過的比較貴，根本很少有。

三餐吃的是這樣，零食當然就更少吃了，那時連飯都沒得吃了，哪

還有吃點心的。市場裡是有人賣蚵嗲（o-te），善化有家蚵嗲很有名，蚵嗲的內容和現在都差不多，變化不大。也有炸魷魚片，通常是將乾魷魚先浸鹼水才會發，發過以後再去炸。市場也有人賣彈珠汽水（ラムネ），一瓶 2 錢。還有一種荷蘭汽水，在慶安宮廟前荷蘭井對面有人用荷蘭井水製汽水，叫「荷蘭西水」；另外有一日本品牌叫三箭汽水，這些都不是普通人可以喝得起的。通常只有去探病時，買一兩瓶，再買一點橘子，一起帶去探病，給病人吃的。

那時的人也沒有吃水果的習慣，很少人買水果。常常是全庄一天一簍橘子到傍晚都賣不完，一般人只有在探病時才會買水果。水果種類也不多，麻豆有文旦、柚子，善化有白柚、紅柚，玉井、大內有芒果，都當路樹栽種，新市有蓮霧，山裡有龍眼，種類不太多，桑椹則養蠶人家才有。又有土芭樂，樹木很大一棵，要爬上樹才能採摘，果實卻很小一顆，白心、紅心都有，但也不多，不會讓小孩隨便採來吃。

大正時代糖果也不多。也許有外國進口的牛奶糖，但沒機會看到、吃到。我開店後知道臺南寶町城隍廟附近有家日本人開的店，有賣小片小片的牛奶餅，不過很少臺灣人會去買。小時候吃零食的機會幾乎沒有，只有外出時才會買些零食。如果要零用錢，頂多要到 1 尖（錢）、2 尖，有錢一點的小孩可能要到 2 尖、3 尖，不太能買什麼零食。

玉記商行賣的東西很多，當然有餅乾，不過都是臺灣人最常吃的花生餅、薑餅、豆醬餅、煎餅（用花生煎的餅）。花生餅是用當地產的花生製作的，和現在差不多。日本人、臺灣人都愛吃，反正便宜就好，大家都吃得起。雖然如此，我自己卻很少吃餅，因為不喜歡吃甜。薑餅和豆醬餅有時會用比較不好或賣剩的材料再加工，拌加重味、煎一煎，製成餅乾來賣。臺南有一家製餅工廠，在港町（今臺南市西區安西里、西羅里、協進里之一部），成品都用 5 加侖、25 加侖的蕃仔油桶，大桶大桶裝，再載到各地販賣。

那時的糖果、餅乾種類並不多，過年時或許多一點。一般而言，糕仔類還是比較多。過年時要請人吃甜點，有一種叫「生仁」，就是將一顆顆花生裹上糖粉，過年都會買。還有一種叫「脆枝」，是用番薯籤曬乾，再裹上粉去油炸，有紅色、米色。生意人的變化多、花樣多，一樣的材料做不同的變化，看銷量會不會多一點。

特殊節慶：自家辦桌很傷本

大正年間，一般家庭沒什麼機會吃好一點，都是廟裡拜拜熱鬧時或7月中元普渡時才比較有機會吃。尤其中元，庄頭請客都是一角頭一角頭輪流請，連請整個月。

請客大部分是自己煮，很少找外燴來辦桌，除非是請很多客人的大地主才會找人煮。客人多半是自己家的客人，大商會或大生意人才會請比較多人，否則一般就是親朋好友而已。有時候客人太少也會覺得丟臉不好意思，還會去拉隔壁鄰居家的客人來吃，充當自家的客人。不過，這種事在街上較少看到，鄉下的草地人比較熱情才會這樣，多少會比拼客人多寡。角頭的比拼又不太一樣，還會比做戲、表演的熱鬧程度，像晚上的藝閣、白天的十八婆祖表演都會拿來比較。

我們這附近的平埔族人，有四大社：目加溜灣番社、蕭壠番社、新港番社、麻豆番社，有人說是在鄭成功時代就住在這裡了，❸ 後來雖然搬到大內、頭社等山裡，但聽他們講話、穿著，或看他們的長相就可以認出是平埔族。他們的體格較粗壯，眼睛又大又圓，顏色和漢人不同，穿的衣服也不一樣。如果家裡有和平埔族人往來的，拜拜請客時也會請他們來，通常他們都會牽親引戚，一帶十幾人，全家大小一起來吃拜拜。我家因為和平埔族沒有交情，就沒碰過。

那時請客並不是只請一天或只請一餐，通常親戚一來都住好幾天，要吃好幾餐。有的人家裡太小，沒辦法有那麼多地方讓人睡覺，還會自

己帶棉被來打地舖。當然親戚大半是來幫忙做事的，像準備桌椅、大掃除、買菜、洗菜，都靠他們提早幾天來幫忙。

請客都在好幾天前就開始準備，有些乾料、炸料先做好，請客當天再放進鍋裡煮。請客大多請吃晚餐，所以到了晚上最熱鬧。菜色都是平常吃不到的，像五柳枝（紅燒魚）、燒肝、腱仔肉、豬腸、內臟、魚丸等。

辦桌除了菜要張羅外，連辦桌的杯盤碗筷以及桌椅均要想辦法。通常是左鄰右舍互相借來借去。那時很少專業外燴辦桌可以借人家桌椅碗盤的，實在沒辦法才用租的，不過也很少見。大家會想辦法只把錢花在菜色的材料上。

請人家吃飯後，通常會準備像包子、水餃等伴手（禮物）讓人家帶回去給小孩或沒來的人吃。辦桌吃剩的菜尾（剩菜），大都摻拌一起送給左鄰右舍，或有親戚關係的人，有些人特別喜歡吃菜尾。不過帶伴手這種事都是女人在做，男人很少帶的。

辦桌的負擔在那時應該算很重，對有些人而言，可能要花掉他一整年的存款。不過請客大多是生意人才會常常請，我家則較少。

拜拜請客和結婚吃喜酒不太一樣。拜拜請客是不收錢的，吃拜拜不用包紅包，客人去吃全是平白吃一頓；結婚就一定要包紅包。紅包包多少看交情，很難說一定要多少。

除拜拜辦桌、結婚會請客外，一般人家裡做忌（祭祖），也就是祖先忌日拜拜之後，也會準備豐盛菜餚宴請親朋好友，還得端兩三樣菜分送厝邊（左鄰右舍）。有些人比較週到，不同祖先的忌日都還分別做忌並宴客，一年下來，所費不貲，很傷財的。我以前在東勢寮做保甲書記時，常碰到有些人連做忌都會請個兩三遍，有的吃到「菜尾」（剩菜）都還在請，真的很傷本。

掃墓也是另一個請客的機會。通常是各家先製粿，有的人會在掃墓

前就先分送鄰居親友；有的則帶去掃墓，掃完墓後在墓前先放鞭炮、再分贈前來「乞墓粿」❹的大人小孩，不認識的也會送，大家分享。

至於做醮，更是要請客，沒錢也要借錢來請客。我記得安定鄉蘇厝村是三年輪一次做醮，有時一請客就是 5、6 天，算是地方盛事，借錢都要借來請客。那時利息滿重的，年息約 15-20 釐，借 100 圓就要 20 圓利，3、4 年下來就「子母對」（利息和本金一樣多），很嚇人的。這種事鄉下比較會發生，都市只有生意人才會找名目請客，反正可以促進消費，一般都市人則不會隨便浪費，但鄉下就不一樣了。為什麼會這樣？我想是因為鄉下只有請客才有機會吃好的，所以才會這樣。

一般都認為臺南府城很熱鬧，廟又多，各種神明祭祀都要跟著拜拜。我和我們家族算是信仰比較淡薄的，比較少去看熱鬧或跟著拜，所以不太清楚廟宇祭祀這些事，只在地方上參與而已。

記憶中的餐飲業

日本時代，臺南市最有名的日本料理店是「鶯」，位在天公廟（位於今臺南市忠義路二段）前路邊第二條巷子裡，路很窄，車子進不去。這家店純做吃食，沒有陪酒，是臺南最有名的料理店。昭和年間，一客麵食約 5 角，一客烤鰻魚是 3 圓。

臺南最有名的酒樓是松金樓，很大一間，在新町，❺賣的是臺菜加日本料理，現在還在營業，我兩年前去臺南時還去看過。臺南新町江仔內西南邊叫「下林」的菜店，才有女人陪酒，但吃的就不是日本料理，而是臺菜。

日治時期臺北最有名的酒樓是蓬萊閣。❻我因為有事上臺北辦事，朋友邀約，曾經去過，也去過江山樓、❼黑美人。江山樓有兩三層樓，很大一間。他們的臺灣料理比較多，但我吃過些什麼，已經不記得了。

當時一般人去菜店（ chhài-tiàm）吃飯，通常都是吃粗飽即可，不

是那麼講究。臺南最有名的菜店是阿霞餐廳，從日本時代就有名到現在，最有名的就是紅蟳米糕。

日本式的餐廳一般就是天丼、親子丼，最多的還是炸物，炸蝦、炸魚。在臺式菜館中請客最有名的菜色有五柳枝、魷魚螺肉蒜、扁魚白菜、烏魚子、魟魠魚、虱目魚、魚丸、菜肉捲等臺菜，也有生蟳肉、串螺肉這種高級罐頭。菜價大約是三碗2圓、五碗3圓。在外面吃一餐的花費其實不定，不但看地點，也看請吃飯的人是誰，也就是看個人喜好，隨便人家點。

當時賣的酒有日本清酒和臺灣福祿酒（臺灣清酒），一瓶5角，日本白鶴一瓶就要7、8角。酒通常是由製酒工廠製造，要繳酒稅，官方行專賣，一般人家不可私釀。不過原住民會釀酒，雖然有規定，但他們是不管規定的。一般餐廳也賣酒，如臺菜館也賣，但和酒樓有陪酒女人

圖8-1：1941年於臺南招仙閣宴請岩手醫專佐藤教授。前排右二為孫江淮

不太一樣。陪酒女人又有分，一種稱酌婦，只負責倒酒、勸酒，純聊天；一種叫藝姐，要會唱歌、彈琴，不負責勸酒，屬於比較高級的，也比較貴。我曾去過這種酒樓吃飯，當時生意往來是免不了會涉足這些場所的。

日治時期也有西餐，臺南大多在百貨店裡面附設西餐部。去西餐廳都是吃便餐、套餐，有牛排、魚排、豬排。由於西餐很貴，餐廳又少，一般臺灣人是不太會去吃的。通常還是看朋友相約去哪裡吃，就吃什麼，不是那麼講究，反正是「吃飽不是吃巧」。

吃西餐也有洋酒，像香檳、白蘭地或高級的威士忌。講究的人還會分年份，20年、30年或50年。不過那時都很貴，一般人不太喝得起。

至於外出，尤其是搭乘長途的火車，大部分的人還是自己準備便當為主。日本時代就有鐵路便當了，不過節省的臺灣人還是自己準備的多。便當分牛排、豬排、雞排這些主菜，以炸物為多，大概是為了方便和衛生吧。便當盒都是鋁盒的多，也有薄木片的，像現在的池上便當。

此外，還有飯糰，一個3角。臺灣肉粽、包子、水餃、蝦仁肉圓、芋粿、薏仁粥、杏仁茶、魠魚羹麵都有。包子在臺南清水町的萬川包子店，即很有名。肉圓則是臺南病院旁的慶和，都是用蒸的，不像彰化肉圓是用炸的。

飲料則有冬瓜茶。善化中山路角有一位保正賣的冬瓜茶非常有名，直到現在還在賣。之外也有銼（chhak）冰，加料和現在差不多，仙草、粉圓、粉粿、愛玉、山粉圓、草莓都有，反正能加的都會加，變化不大。

衣的方面

日本時代大家穿得很不好，很多人還穿補過的衣服。我在公學校

圖8-2：年少穿著臺灣衫的孫江淮。

時，上學穿臺灣衫，日本人也不會管我們穿什麼。臺灣衫是布衫，通常是長衫，又分兩種款式：男衫都從中間對襟開布扣，女衫是從旁開斜襟，也是用布扣。我爸爸那一輩的人都是穿臺灣衫比較多。

自裁自縫，再補三補

　　衣服都是家庭手工裁縫，自己裁製，都用針縫，很少人家裡有縫紉機，而且大多是穿了又補、補了又穿。我家嫂嫂和我大姊很會做衣服，偶爾也會幫人家做，賺點手工錢而已，不是開裁縫店。到了大正末期，才買臺腳踩的裁縫車在家裡做衣服，也沒找人教，都自己學著做。我大姊在這方面很有天份，她沒讀什麼書，但衣服都自己學著做，連繡花也不用打草稿，就直接繡花、繡鞋、繡肚兜，又會打中國結，打得很漂亮。鄰居常會來找她幫忙，所以她也會幫鄰居做，有沒有收錢或收多少錢，我並不清楚。

　　以前的人很少有新衣服，或許過年會有，也是要看每個家庭的情況。但是結婚嫁妝一定要自己做，不會做要去找人教，實在沒辦法才請

人家做。嫁妝中要自己做的有衣服、手巾袋、門簾頭上的繡花、枕頭繡花、床被繡花，有的再加門簾，都由新娘自己準備。

除臺灣衫外，也有不少草地人穿的是兩截衫，女性穿上衣下裙，男性穿上衣下褲。讀書人穿長褲，沒讀書的男人很少穿長褲，都是穿臺灣褲。所謂臺灣褲是圍一大條長巾，褲頭很寬，兩邊圍過來以後用棉繩綁緊腰部。平常都隨便穿，庄頭做戲或要外出拜訪親戚時才會穿好一點的衣褲，只有過年才會穿新衣。大家都是這樣，我自己也是開了玉記商行後，才慢慢改穿西洋式的衣服。

我也穿過西裝，當時很少人穿西裝。西裝都是向人家訂製的三件式西裝，上衣、褲、背心（チョッキ）三領，一定都有一件みそとへ（身外衣）。通常是在臺南的西裝店訂製的。善化也有一間西裝店。做一套西裝要 17、18 圓到 20 多圓；毛料，尤其是英國毛料比較貴，要 20 圓。夏天穿的麻質西裝比較便宜，只要 10 多圓，但是很麻煩，因為很容易皺，不容易保養。每穿過一定要洗、熨燙。善化雖然有兩間臺灣人開的洗衣店，但很少人會將衣服送洗。

西裝是後來有福州人來善化開店，善化才有西裝店。福州人開的店在今善化鎮第一銀行那裡，是兩兄弟在做。在善化的福州人除了做西裝外，還有一家是綁棕簑的，一家是打棉被的。日本時代很少福州人來臺灣，來的通常是「福州三刀」：剪刀、菜刀、剃頭刀。剪刀是做衣服的裁縫剪刀，菜刀是指開餐廳飯店的切菜刀、剃頭刀則是開理髮店的剃頭刀。不過，善化很少福州人，臺南大都市才較多。

我有張穿著浴衣的照片，那是大正 14 年（1925）去關仔嶺泡溫泉、住旅舍時穿的。我還記得關仔嶺的好漢坡有 100 多階，走得很辛苦，但我喜歡旅遊，又是做生意兼旅遊，還不錯。

至於帽子，幾乎都是用買的，很少自己做，大多到善化市場邊的什貨店購買。一般小孩很少戴帽子，如果有也只是簡單的布帽，年紀大的

人大多包頭巾，只有年輕人才會戴帽子。大正時代，學校規定學生要戴帽，帽子有帽沿，上下兩片布合起來，是學生帽。我有一張昭和3年（1928）3月照的相片，那時是穿西裝、打蝴蝶結、戴眼鏡、戴著打鳥帽。打鳥帽和學生帽都是棉質，但不一樣。學生帽是硬帽，打鳥帽是軟帽，形式有點像現在的警察帽，一般什貨店有賣。還有一種叫中折帽（なかおり），一種叫高禮帽，也就是紳士帽，穿正式禮服戴的帽子。

圖8-3：1925年於關子嶺。

此外，我有一次去逛臺南林百貨店，看到一頂英國呢帽，以為才1.5圓，好便宜，就買了，算帳才知道是15圓一頂，也只好買了。那頂呢帽已不知去哪了，現在我還有一頂呢帽，是朋友去英國買回來送我的。

林百貨店是昭和年間由日本財團來投資、向政府借錢而興建，是臺南最大的百貨店，戰後則改為臺南鹽務局，就在大正公園十字路口邊（戰後稱民生綠園，今名湯德章紀念公園），也就是今土地銀行對面。

林百貨店共五層樓高，和現在百貨公司一樣，裡面應有盡有，什麼都賣，日用品、文具、罐頭、食品、藥品、服裝、玩具、運動器材等等，連吃食也賣。林百貨店附近號稱是臺南之銀座，也稱銀座會，是臺灣第四任總督兒玉源太郎時蓋的。大正公園因有兒玉源太郎的石像，所以不叫公園，而叫石像。這些地方是當時臺南人都會去的地方，我每次去臺南也都一定去。再過去就是新町，是風化區，有戲院、遊樂店，也有藝妲間、女人間、茶店。

圖8-4：1928年3月穿西裝戴打鳥帽的孫江淮。

木屐草鞋最常見

至於鞋子，以前的人大多穿木屐或草鞋，我則是在做生意以後才穿皮鞋。小孩子，像我讀公學校時，都打赤腳上學，幾乎沒人穿鞋的，如果有，也是穿草鞋（又稱草履）。還有一種日本人最喜歡穿的「足袋」。足袋是開兩腳趾的鞋，又分兩種。一種是白色薄紗細棉布做的，叫たび，通常是在室內穿，有些紳士在家裡穿，也穿著睡覺，有點像襪鞋。另一種叫「やきた」，比較粗、厚，通常是黑

圖8-5：戴中折帽的孫江淮。

色的，都在室外穿，穿著做事，像做稱人也穿這種。一般說來，臺灣人家庭很少穿足袋，像我雖然曾經穿過，但很少。現在日本岡山隔壁的倉敷有一家博物館就叫「鞋（穿物）博物館」。

我小的時候，很多臺灣女人還裹小腳（纏足），像我母親就是，大姊孫灣也是，二姊孫裡本來也有縛，後來纏布拿開以後，腳骨頭都變形了，就沒再繼續，所以縛不完全。我太太也是，小時候曾經縛過，很快就拆布沒縛了。早我一輩的人看一個女生漂不漂亮，得看她腳裹得好不好來決定，一般認定赤腳（天足）是查某嫺（婢女）命，所以在我父母時代善化的女孩都要裹小腳。日本人來了以後，儘管禁止裹腳，但朝代雖換，風俗不易改，一般人還是以裹小腳為女性美的標準，認為不縛就不好看。不過，在我小的時候就漸漸廢除了，我們班兩個女同學就都沒裹腳。

裹小腳所穿的三寸金蓮通常要自己做，或者拜託朋友鄰居幫忙做。女孩子結婚前要多做幾雙繡鞋，結婚當天在新郎家喝甜茶時，新娘就要將做好的鞋送給男方女性長輩當做壓禮。像我太太嫁過來時，我家長輩十幾人，她就要事先繡好十幾雙鞋，最好還要繡上金花，長輩才會覺得這個新娘能幹、手藝好。

那時大家穿的衣服都是補了又補，還是自己留著穿，不會送給別人穿；鞋子也一樣，都是穿到破了又補再穿。記得我的筆生楊石柳，從玉井來上學，有雙鞋，卻捨不得穿，怕穿著走路會將鞋穿破，所以仍打赤腳走路上學，鞋子用手拿著，一直到進校門才穿上。

日本時代壯丁團、青年團的人還會穿綁腿（腳絆），但一般人不會那樣穿。我有張在善化街防衛團本部照的照片。善化本部就在善化 290 番地。另一張是昭和 18 年（1943）參加防衛團後，穿防衛團團體制服、戴軍帽、打綁腿、穿長筒靴的照片。防衛團制服的來源有身分的差別。如果你是幹部的話，就要自己出錢訂製；一般團員則由防衛團出錢

製作，送給他們。制服都是在西裝店訂製的。

理髮和挽面

圖8-6：1943年穿著防衛團制服。

我的頭髮很粗，以前都是自己編頭髮，很麻煩，又不好處理，所以我就去理髮廳剃髮。那時剃髮一次要 1.8 角，和最貴的煙一樣。最貴的煙是敷島牌，也是 1.8 角一包，朝日一包 1.5 角，還有「レットジャスミン」（紅茉莉），黑色的一包 1.3 角，紅色的 1.2 角。日本時代最便宜的煙，是專門賣給原住民的香蕉煙，才 0.5 角一包，很濃，平地人很少買這種煙來抽。雖然剃髮很貴，但每次剃髮都會送一枝煙，可惜我不抽煙。

當時善化幫人家剃頭的剃頭店有 4、5 家，不過林茂松最有名。還有一個剃頭師傅叫王兩難，雖然不識字，但很節儉，幫人剃頭存了很多錢，還可以借人。另一個叫洪龜理，雖是剃頭師傅，人卻很紳派，都穿著西裝，可惜有黑腳胴（tâng），❽ 看起來很可憐。

日本時代，一般女性，像我太太，頭髮都是自己洗、自己剪，很少去給人家做頭髮。至於燙頭髮，也是比較後來才有的事。

那時候女性比較流行挽面。老人家會找鄰居幫忙挽面，用線絞面，將細毛絞下，很痛，需要撲白粉，聽說挽面後的臉會比較細緻。挽面一次要多少錢，我並不知道。現在臺南好像還有人在幫人家挽面，就在巷弄裡，掛張牌子，要挽面的人就會去找。

住的方面

自家老宅

以前的人住的房子都很簡陋，大多用黏土糊一糊，遮風避雨就好，沒有磨石、沒有舖磚，地面也都是用黏土打地基，黏土踩久了就會變硬，很光滑。我們都打赤腳，也沒有什麼不方便的。

我家約在明治末年搬到善化文昌里，爸爸先後買了兩間房子，339番地是土埆厝、340番地是竹籠厝，我有房子的照片，可以看得出來不一樣。340番地的竹籠厝比較舊，是竹子蓋成的，有廚房、有煙囪。339番地的房子稍晚蓋好，是土埆厝。這兩間都是很簡單的房子，不會很大，形式一樣，都有一個正廳，左右各有伸手，每個伸手有兩間房間，後面又加有拖棚，做為廚房。兩個房子都只有簡單的窗戶，地上只是硬的黏土。

這兩棟房子是由善化專門蓋房子的師傅蓋的。師傅姓林，一家4、5個兄弟都在蓋房子。日本時代蓋房子都是自己買材料，然後請師傅，費用則看做工天數，只算工錢，師傅和小工的錢都算。等於材料錢是自己負責，工則是死工，做多少算多少。

剛開始我們住在竹籠厝，家裡雇請的長工也和我們一起住，後來人口漸漸增加，我們還是住竹籠厝，長工就住到土埆厝。這兩棟房子在戰爭時，昭和14年（1939）11月22日重修，後來我哥哥另外蓋了房子，將兩間改建成一間，還是在這裡。房子現在還在，是我哥哥的兒子、孫子在住，房子已老舊。

重建這房子時找的師傅是陳老攝，是我母舅的親戚。他只是普通人家，兒子陳老汗也做營造，就找了幾個人來幫忙，有善化人林大興等，主要是按日算工錢。至於材料，因為戰爭時期物資缺乏，材料不易購

圖8-7：340番地的竹籠厝。照片上原有文字如下：右為「孫家善化開基元祖湖公（孫湖）創設基家」；左為「民前伍年（1906）拾壹月拾日購置」。

圖8-8：339番地的土埆厝。湖氏（孫湖）善化創設基家其二，大正2年（1913）7月13日購入，昭和14年（1939）11月22日改築。

買，尤其水泥，都是我透過關係、找認識的人想辦法買來，共花了多少錢也不記得了。

我開了玉記商行後，店屋雖然是租的，但有地方可以睡覺，所以我是雙邊住，有時回家睡，有時在玉記睡，大部分時間都讓辛勞（伙計）住在店裡。結婚後我就搬到店裡住。以前大家窮，一家十幾口人都住在一起，父母、兄弟、姊妹全部一起住，即使結婚後也是如此。

我剛當代書時，代書館先是用租的，租在街上，就在慶安宮對面、東邊一點的地方，是向洪新寶租的，已經忘記租金有多少。後來搬到慶安宮旁、善化街286號的地方，是向楊深漢租的，租金6圓或7圓，很小一間。當時街面的店都是一人一間，很少一個人擁有一大片地，自己沒開店的才會把店面租給別人。

我當了一兩年代書後，因為有賺錢，就在郵便局旁買了一間店面，但是因為原店面生意做得好好的，也已經習慣了，就沒搬，繼續租，然後將買來的房子租給人。這間房子所在地原來是輕便車的發動所，後來不再經營了，有人買下來蓋房子，我向他買了一間。

我買了房子後，租給好朋友洪水明開理髮店，房租才6圓，就在代書館對面。他向我租房子，一樓是店面，全家都住在二樓，但因為理髮廳需要幫人洗頭髮，水電需要量大，就幫他在二樓牽設水管，花了我700圓。可是他使用習慣不好，造成二樓流了一地的水，最後連地板都壞了，還要求我要修地板，害我又花了一筆錢。

光復後我向人家租的房租漲到20圓，我想將自己房子的房租漲為12圓，他卻不願意接受；我要收回自己使用，他又不肯搬離，怎麼討都討不回來。他說我收回房子後他就沒地方住，無法做生意，所以不願意還，兩人為這件事糾纏了很多年。後來我還曾協助他在善化街南邊買了間房子，結果他把那房子租人，還是不肯搬離，因為我的房租才6圓，太便宜了，他算一算還有賺，所以不搬。更後來他說要搬到臺南，

但搬家也要錢，他沒錢，我還幫他出運費 2,000 元，說了好久，最後才搬走。搬走後沒多久，他太太還一直說不應該搬，搬走是錯的，還說是我的錯，因為是我要他們搬走的。世間哪有這種道理，一般都是房東在挑房客，房客不好就不租人，哪有這種房客挑房東，房東太好就不搬走的？我因為這件事，之後再也不願意將房子租人了。

總的來說，我都住在善化，尤其是孫外科所在地，那是光復後才蓋的。戰後善化第一個蓋樓房的就是我蓋的孫外科。我在那裡住很久，孫子也在那裡出生。

善化的洋樓

日本時代有一些洋樓，像文昌里巷子內有李義全洋樓，約在大正末期或昭和初期蓋的，現在還在。李義全本來在火車站做驛員，後來丸中運送店的老闆請他去幫忙。沒多久老闆過世，他和老闆娘一起創業，賺了不少錢，所以蓋了那棟洋樓。

善化六分寮也有洋樓，那是楊水松所蓋。楊水松很有錢，也是大地主。現在這洋樓已經拆了。麻豆的洋樓比較多，因為麻豆的有錢人較多，有些家族公業都是幾千甲，像林家，共有 8 房頭（一房後來倒房，剩 7 房），每一房頭都有一棟洋樓。甚至整排街面都是他們的，像戲院、住家、檳榔業、文旦業，都是他們的。新化街上的洋樓在日本時代就建了，是陸陸續續蓋的，不是整片同時一起蓋的。

以前蓋洋樓在城裡才有，一般住家都是土墼厝。當時人都隨便住，也不講究，有的人家裡只要牆壁抹土，可以遮風避雨就好了，不太要求的，而且土墼厝冬暖夏涼，很能隔熱，住起來算很舒服，反正那時候的人也沒說要住多好。只是像我這麼高的人進出要很小心，不要被撞到就可以，不過像我這樣高的人比較少。家庭情況好一點的人會有紅眠床，一般人就用竹床，上面鋪上稻草就很好睡了，有的還全家睡在一張床

上。

　　有的人家裡會有豬稠、牛稠、雞舍，有的則是將家畜養在外面。我家沒養牛，但養豬和雞，也都養在外面。還有人家裡的房間會放尿桶，廁所、洗衣的地方則在外面。

照明：番仔油燈、電土瓦斯燈、油草心燈

　　我小時候家裡都是點番仔油燈（煤油燈）。番仔油燈有喇叭型的玻璃外罩，要每天擦，很麻煩，不然煙一燻就黑了。我曾經賣過電土（碳化鈣）瓦斯燈，這種燈是用電土灌入水之後就會發出瓦斯，再點火即可。另外，也有人家點油草芯，用個碟子裝油、插根燈芯草，因為比較便宜，不過光源只有一點點亮，大部分還是點番仔油燈較多。也有人用電土燈，尤其是日本人要到野外過夜或家裡請客時會用，一般臺灣人家庭比較少用。

　　善化街上有個林清全，頭腦很好、很靈光，會動腦筋嘗試各種事，也常想到要怎麼賺錢。他家裡開什貨店，曾買一些電土燈、瓦斯燈回來租人。他也曾開過冰廠，後來還幫人家蓋了家戲院，而且租戲院放映戲劇，結果沒人看，因為想法太先進，地方上還沒人跟得上。

　　後來善化有人牽電燈線，說一戶只能有一盞燈，我也意思意思地跟著牽了一盞，不過是兩棟房子只點一個 5 燭光的燈。當時的人雖然已開始有電火（電燈），都還是省著用。至於蠟燭則是拜祖媽祭祀才會點，不是照明用的。

電話裝設大不易

　　日本時代，善化和安定地區電話的使用，除了公家機關單位如兩個役場、公學校、分駐所、車站、糖廠等有裝電話以外，少數私人也裝設電話。如保正施郡和我都裝了電話，他是第 9 番，我是第 30 番。電話

大約是在昭和 7 年（1932）左右安裝的。後來使用電話的需求擴大，曾經重新拉過電話線，我家改過的番號正好是 300 號。那時裝設電話很不容易，不是小事一件，光申請就很難了，還要花很多錢。除了要繳一大筆加入權費外，保證金得繳幾百圓。電話的使用權因此可以拍賣，甚至可以當差押品。

行的方面

日本時代大部分的人都是走路為主。善化交通算是方便的，有糖廠五分車、輕便車，也有到臺南的臺鐵火車，雖然不是很多人坐得起，有人可能一輩子沒坐過。像我一個表親，住在新市，她的子弟跟著我做保甲書記，5 個兒子 5 個媳婦都當老師，她被選為模範母親，可是她並不愛出門，一生既沒去過臺南，也沒坐過火車。

我就不一樣，我什麼都試過。輕便車、火車，連計程車也坐過。那時坐計程車也是很貴的。

由火車到輕便車

臺鐵軌道的火車叫十分車，是一般大眾搭乘的交通工具。臺電修建工程軌道的火車叫七分車；而臺糖的小軌道車叫五分車。除了這些以外，還有輕便車。

我比較常坐火車，尤其是我當代書時，每個週六下午都會出門去玩，不一定到哪玩，但有火車到的地方我都會坐火車去。當時車廂有分等級，二等車廂由善化到臺南要 4.5 角，比三等車廂的 3 角較貴，沒什麼人坐。我都選擇坐二等車廂，也曾買過一本 20 張票、打八折的二等車廂回數票，還曾被同鄉黃代書的爸爸黃季卿和街長指說：「不成団仔（m̄-chiâⁿ-gín-á）啊，什麼車也敢坐，連二等車也坐。」他嫌我太浪費，

費，因爲以前的人節省慣了，沒人敢這樣花錢的，而且「身分不相應」。

糖廠火車的軌道距離比較窄，又叫五分車。從糖廠開到善化火車站，有固定班次，主要以運輸原料、製品爲主。日本時代糖業興盛時，糖廠的五分車可以從屏東通到臺中。善化的五分車沒到臺南，只到新市驛和玉井驛，不過新化的五分車有到臺南。

那時從山裡（如玉井）來善化，可以坐糖廠五分車來，但是走路來的人還是比較多。曾經有一個代書，穿著日本衫、木屐，早上從善化走到玉井，都挑老鼠路（小路）走。早期有土匪，可能被搶，很多地方，像東勢寮、六分寮、胡厝寮（今臺南縣善化鎮胡家里之一部），就是土匪聚集處。更早以前還曾經有到幾千人之多聚集。不過到我小時候只有聽說而已，沒有見過，但是大家還是會怕，怕強盜搶劫，所以走路來去都挑老鼠路走。小路的路況很糟，但比較好躲。

我曾經聽過一則故事說，那時怕強盜小偷到家裡來偷，晚上睡覺時會將番仔豆舖在門後的地上，如果不幸門被撞開、撞壞，壞人闖進屋內，踩到番仔豆會滑跤。不過這都是聽說，因爲眞正強盜土匪要來搶前，整庄都會事先知情，會派人留守，會做暗號，讓大家有準備。我在想，或許善化會建城就是爲了防土匪才興建的。

至於以臺糖五分車爲軌道而發展出來的輕便車，就可以讓人搭乘。輕便車是利用臺糖五分車的軌道輸送小而方便的車，再利用四個輪子加上鐵鍊，上面蓋以木板固定，一車可坐4人。❾輕便車有的用兩隻桿子滑行，也有手推桿，因爲都是單線前進，快捷便利，且只在短距離的兩個方向間來回。由於是單線，驛長有時會在駐車場（停車場）吹哨指揮。

以善化爲中心，可搭乘輕便車到臺南，也可到新市。善化經營輕便車運送店的有幾家，一家是新化軌道株式會社，來往於臺南到新化市

區、新化到新市火車站間，由梁道當社長。❿梁道娶了 4 個太太。兒子梁炳元是醫學博士，⓫娶省議員梁許春菊，她是以女性保障名額選上的，後來還當上立法委員。⓬梁道當公醫時，都坐輕便車來來去去的。

善化的輕便車會社規模較小，叫丸中運送店，只來往於善化到善化驛（善化火車站）間。善化站就在善化出著所（發車處），現在郵局附近。當時要經營輕便車應該也要申請牌照，不過來往載客收費的屬於勞力階級，都是善化附近的人。

搭乘輕便車不需要先買票，隨叫隨停。搭乘的費用是一個人 7 錢，多一個人只要多 2 錢，所以兩個人才 9 錢，反而便宜。

如果兩個方向的輕便車相會，遠遠就可以看到，通常是搭乘人少的一方讓人多的一方先行。如果人一樣多就讓趕火車的先行。因為鄉間的路很小條，也沒得閃，只好以大家方便為主。兩車相會時，要讓的一方就先叫客人下車，把木板上車輪軸翹高，即可卸開車子；等另一方車過後再安裝回去，恢復原狀，客人再坐回板上前進，說來也很方便。

輕便車的車軌都舖在主要道路上，善化的輕便車道就舖在中山路上，五分車的車道都在糖廠裡。善化輕便車只有一站，大約 15 分鐘。

人力車和轎子

人力車是後來才有的，⓭大多是兩輪。拉人力車要申請牌照，通常不需要開店。善化只有 3 張人力車，有一個拉車的叫吳菱，綽號「拖車菱」，另外兩個人我就不知道了。人力車不能隨便坐，不然會招旁人流言，通常只有醫生要去看病，或生病要去看醫生才坐，一般人不會坐的。臺南比較多人力車，我在臺南曾經坐過。

至於轎店，善化三民路有一間洪固轎店，出租轎，轎夫都是雇人來幫忙。轎分黑轎和紅轎，一般都是結婚嫁娶才會租用轎子，黑轎是用於結婚娶某（妻）之前，要在家裡安壇，祭拜神明三天。第一天租轎先請

神明來家裡，第二天祭拜，第三天再租轎請神回壇，要由新郎送回。新郎也坐轎，坐的也是黑轎，到了結婚那天才坐紅轎。

　　黑轎、紅轎都是輕轎。一般黑轎窄窄的，由兩人抬，有時上披紅巾，叫「紅四轎」。紅轎比較寬，是4人抬的。當時女人縛小腳無法走路，所以坐轎，有錢人家裡有轎，也都坐轎。一般走平地用轎，走山路、過小溪也坐轎，轎子搖搖晃晃，還很舒服。

腳踏車、摩托車

　　腳踏車在日本時代是很少的。我當代書時，善化只有兩輛腳踏車，其中一輛是糖廠所有，供巡視員到各農場巡視之用，以注意甘蔗有沒有得傳染病。糖廠買了之後，我才買了第二輛腳踏車，所以我是善化私人擁有腳踏車的第一人。我買的腳踏車是富士霸王，很時髦的。

圖8-9：1928年騎富士霸王車經玉井宵裡橋。

至於摩托車，好像在戰前就已經有了，但善化很少人有，我也沒騎過。除了我工作上不需要騎摩托車外，我覺得騎摩托車比較危險，所以並不喜歡。戰後摩托車漸漸流行，善化也漸漸多起來，後來還有人把摩托車當成嫁妝。

獨輪車、牛車

至於獨輪車，都是木柴做的，通常用在工事上，由推車夫推。有句俗語說，「別人騎馬，自己騎犁，後面還有推車夫。」指的是：人比人氣死人，勸人要知足。不過善化並沒有推車夫。

日本時代較多人利用的交通工具是牛車，長途的是輕便車、五分車、火車。一般如果可以走得到的地方，大概都是用走的，實在無法走遠才會搭乘交通工具。我的筆生楊石柳，家住關廟，他結婚時正逢戰爭，交通大為不便，所以他太太是從關廟坐牛車嫁來，坐很久，聽說坐到腳都麻了。通常無法走路的人才會坐牛車，牛車很不好坐，腳又沒地方放，很不舒服。

當時騎馬的人很少，不過有個人叫蘇成華，是個做稽人，曾買了一批馬回來自己養，常常騎馬巡田。有人騎馬，卻沒見過騎牛的。新化好像很早就有練馬場，虎頭埤也有。

---

❶ 甲、分、厘，一甲約 2,970 坪。
❷ 又寫成「茗荷」，日本薑。
❸ 17 世紀，荷蘭人來時，西拉雅四大社已經存在。
❹ 乞墓粿，即到別人家的墳墓，向來祭拜的家屬說些吉祥話，這樣家屬就會將製好的粿分送給前來者，討個吉利。
❺ 新町即今臺南市西區北頭里、民主里之一部、中頭里、新安里、民生里、天池里。
❻ 蓬萊閣，日治時期大稻埕地區重要的酒樓，經常作為文人聚會場所。最早由淡水石油大王黃東茂獨資興建，日本戰敗之後，轉手給大稻埕知名茶商陳天來，1957 年再以 375 萬元轉賣給美和中學創辦人徐傍興醫師，改裝成 200 床的徐外科醫院，現已改建為商業大樓。參考網站 http:blog.roodo.com/chensumi/archives/4028625.html。

❼ 江山樓，位於今大同區歸綏街，1917 年由商人吳江山獨資興建而成，至戰後歇業，日治時期大稻埕地區重要的酒樓，名人騷客經常在此聚會，某些會議也於此召開。參見：《臺灣日日新報》各項報導。

❽ 黑腳胴 taⁿg 即烏腳病。

❾ 五分車靠動力行駛，軌道一般為 2.6 呎；輕便車為人力推動，軌道一般為 10.7 吋，兩者不同。

❿ 梁道，1886 年生，臺南縣人，臺灣總督府醫學校畢業，1913 年開業，稱「道仁醫院」。其曾任公醫、臺南州協議員、鎮長、初中校長、省參議員及臺南縣醫師公會理事長。吳銅編，《臺灣醫師名鑑》（臺中：臺灣醫藥新聞社，1954），頁 244。

⓫ 梁炳元，1912 年生，滿洲醫科大學畢業，曾於滿洲醫大內科學教室、研究科服務。曾任撫順天生醫院內科小兒科醫師、撫順新生醫院院長等職，戰後任臺南縣醫師公會理事，並繼承父親梁道在新化鎮的道仁醫院。吳銅編，《臺灣醫師名鑑》，頁 244。

⓬ 梁許春菊，1918-1997，澎湖人。1938 年日本奈良女子高等師範學校家政科畢業，返回母校臺南第二高等女學校教書，1940 年與臺南新化望族梁道之子梁炳元結婚，旋隨夫赴滿洲，1946 年 8 月回臺。初任教於臺南縣新化高中，並積極於婦女事務，擔任臺南縣婦女會理事長。1951 年當選臺灣臨時省議會議員，省議會改為直選後仍一再連任，共擔任 6 屆 18 年。1969 年當選臺灣地區增額補選立法委員，1991 年退職。許雪姬總策畫，《臺灣歷史辭典》（臺北：行政院文建會、中研院近史所、遠流出版公司，2004），頁 764。

⓭ 人力車於 1890 年代先傳入艋舺。

第九章

日本時代的娛樂生活

本島旅遊

　　對我來講，最大的娛樂就是旅遊、泡溫泉和照相。記得我讀公學校時，父親有空都會帶我們到臺南附近走走，有時看看同學、拜訪讀國語傳習所時的朋友。父親每次都會帶我去，過年過節則是全家一起回大林老家。每次出門，爸爸會買筒仔米糕、彈珠汽水等點心飲料給我們吃，讓我印象深刻，也養成我長大後喜歡在週六下午出門找找朋友的習慣。一般人則一年到頭不太外出，山裡人可能也有一輩子不曾到過善化的。

認真工作，開心旅遊

　　當代書時平日工作很辛苦，我都很認眞工作，但是每到週六下午一定是我的休息時間。這時我常常會出門找朋友，如果在臺南地區就當日來回，如果到遠一點的地方就會過夜，第二天再回來。代書是自由業，公務員或一般商社服務人員週日通通公休，我卻週日執業爲這些公休人員做代書事務。

　　週六出門有時是搭火車，有時會搭巴士，或是包小包車。那時火車

票有分車等，我大部分都買整本的二等車廂回數票。通常搭二等車的臺灣人很少，車廂空空的，坐起來很舒服。

　　到臺南，我都是找朋友一起去玩，曾到海水浴場游泳。游完泳就在當地的海灘臨時買些簡單的便當、壽司、天婦羅吃，配著 2 角錢的啤酒和一些下酒菜，放鬆放鬆。偶爾，也會到臺南氣象臺旁的「鶯」日本料理店吃。那個地方吃一餐要花 5 圓，是比較高級的料理店，普通食堂是一人份 50 錢（半圓）左右。

　　晚餐後，如果時間太晚已經沒火車車班，我偶爾會搭計程車（ハイヤー）回家，臺南到善化大約 4.5 圓，不然就是住在當地的旅館。旅館費用不一定，有的一晚 1.5 圓，有的只要 0.5 圓。

　　大正 15 年（1926），我因做生意的關係去了關仔嶺，看過水火同源的源頭。我喜歡關仔嶺，之後常去那裡。記得當時有家臺灣人開的旅社，地方很大，後面有山，約有 21、22 個房間。但是住關仔嶺，我比

圖9-1：1931年於海水浴場。右起為洪文得、孫江淮、沈頭。

較喜歡找日本人開的旅社，因為比較乾淨。

　　我在昭和2年（1927）去過阿里山，是和朋友一起去的。那是當時的善化驛長（善化車站站長）松下先生找了2、30個人組成一個旅遊團，成員都是街面上的生意人。我們從善化搭火車到嘉義，再換登山小火車（五分車）上山到阿里山，在那裡過一夜。我記得阿里山有好幾間旅社，設備都不錯，大概競爭壓力很大的關係吧。這趟旅程花了多少錢已經不記得了，只記得阿里山神木很大，要近10人才抱住一圈，也有三代木。阿里山很冷，晚上打開水龍頭，水都結凍，流不出來，聽說那時剛下過雪。我們也上大坪頂去看雲海，其實五分車經過半山腰就可看到了。在阿里山也看到蕃仔（原住民）。總的來說，這趟旅程因環境改變，心情自然改變。

　　昭和3年（1928），我去玉井。有個朋友原是善化人，搬到玉井，

圖9-2：昭和年間於阿里山神木下合影。右穿西裝者為孫江淮

住在玉井糖廠，因此去玉井找他。他帶我去走馬瀨玩。走馬瀨那兒有個部落叫宵裡部落，又分內宵裡、外宵裡。這個朋友姓李，叫李連洲，有個兄哥（哥哥）李連頂是李俊仁的父親。❶李俊仁是臺大病院的醫生，也是亞洲第一個換腎成功的醫生。他有個族弟先娶了臺灣女子，後來離婚再娶日本妻子。

太平洋戰爭前我去過高雄西子灣、嘉義吳鳳廟、小琉球、鵝鑾鼻、恆春等地。每次出去都會帶粽子出門，好像去郊遊一樣，常常是席地而坐野餐一番。印象最深是去嘉義吳鳳廟，大多搭火車到嘉義，再搭巴士到吳鳳廟，只有一次是從善化包計程車去。吳鳳廟四周沒有賣東西，找不到吃食，每次去都要自己準備，所以我都帶肉粽去，就坐在廟埕前吃。到吳鳳廟，只是找人聊聊天，真正的休息。

跑遍全島泡溫泉

我最常做的娛樂除了旅遊外，就是趁機找時間泡溫泉。我很喜歡泡溫泉，最常去的是關仔嶺溫泉，大概一個月去一次。之外，也去過四重溪溫泉，幾乎一年一定去個一兩遍。通常出門如果要過夜，我一定帶太太去。有時只是去一個下午，就一個人去，並叫個計程車包車載去，泡完溫泉再載我回家。

日本時代從善化到關仔嶺溫泉計程車資一趟要 4.5 圓。那時叫計程車的人很少，車資通常很貴。一般都是打電話到臺南運河旁的共榮代勞驛（租賃公司）叫車。另外，記得新市布行旁邊有一家三友計程車行，是由留學日本回來的人擔任計程車司機。當時一般人不太搭計程車。辛勞（伙計）一個月薪水才 6 圓，等於叫一次車就將近一個月的薪水，加上吃個晚飯 3 圓，算一算也要 7、8 圓，一般人是負擔不起的。我做代書，做完一件案子賺 1.6 圓，也是要多做才夠花用，但爲了自己喜愛的事，才比較捨得。

　　有時候我也會帶太太、家屬及筆生大家一起出去，都是去關仔嶺、四重溪等地。通常我都選擇除夕晚上去，因這天住旅館的人最少，服務又好，到大年初一才回臺南老家。一回到臺南就有得忙了。以前的人，親戚走春一住就是4、5天，光是煮飯就很辛苦，所以先慰勞一下。

　　到四重溪的話，我都是先搭車到墾丁，再換車進車城，到四重溪。當年車城有港口，也有小船來回安平之間。四重溪溫泉的水質不錯，也是臺灣最乾淨的溫泉，可以喝，所以我每次去都會帶一兩桶回來泡茶。這是高溫的溫泉，又和礁溪的水質不一樣。礁溪的溫泉是碳酸泉，比較濁，熱度也比較高，品質較不好。

　　那時候到恆春、鵝鑾鼻並不容易，需先坐縱貫線火車到潮州，然後搭東港線到東港，再換車到鵝鑾鼻。從潮州火車站要花7個小時才會到達。

　　我記得第一次到車城是去做生意，騎腳踏車上坡，沒碰到落山風，很快，只要20分鐘就上去了。第二次去，先在街上和人聊天，也買了兩個番仔油桶想要去載四重溪的溫泉水，結果碰到落山風，見識到落山風的威力。我才上車，太陽就消失了，山一下子就被遮住，天馬上暗去，不像平常是慢慢暗，然後落山風就吹起來。平常只要花20分鐘的車程，我一直踩、一直踩，騎了45分鐘才到，到時已是一身大汗，趕緊去泡溫泉。第二天就起不來了，全身脫水，睡了一整天。

　　四重溪也是原住民部落，我上到四重溪時天色黑暗，只見路旁一堆原住民帶著佩刀躺在路旁睡覺，很嚇人。後來去四重溪都留下來過夜，住溫泉旅館。有一個里長開了家溫泉旅社，雖然很小間，不過服務很好。里長自己養了許多山雞，通常我都點雞、魚，他會處理好，準備晚餐。之後，我到四重溪都是帶著家族一起來，全家來就叫計程車，連弟弟、孫姪都招待。計程車司機也住溫泉旅館，由旅館招待免費吃住。每次這樣去一趟都要兩天，花多少錢已經不記得了，反正皆大歡喜，司機

一聽要包車都很高
興。

我曾經在戰前
環島 20 天，是和
朋友一起去，約
5、6 人。我們從
臺南先搭火車到高
雄，然後換巴士走
公路到後山臺東、
瑞穗。這一段路很
不好走，路不好，
修築完後又沒有好
好維護，所以很
顛，很辛苦。到臺
東，當然是去知本
溫泉，那是溪泉，
屬於野泉。在瑞
穗，有個和嘉義

圖9-3：1955年至瑞穗溫泉。右二為孫江淮

一樣的北回歸線地標，我們也去看了。花蓮瑞穗溫泉，我在光復後又去
過一次，旅社很少客人，房間卻很大間。

從瑞穗之後，我們來到宜蘭礁溪，也洗溫泉。然後到臺北，就住在
北投。戰前的北投有臺北一流的酒家兼旅社西薈芳，❷我們去洗澡、泡
溫泉，之後去看臺北機場，也住過臺北車站前面臺灣博物館旁的旅館。
我對臺北整個印象是市區裡車子多、黑煙多，因為燒煤炭的關係，空氣
污染很嚴重，出門一趟，衣領全變黑；而且臺北和基隆一直下雨，在基
隆還看到有人穿簑衣。

現賺現花，臺灣走透透

　　總的來說，一般人都存錢不花，我比較不一樣。我因為這樣到處旅行、花錢買相機等，所以到光復後都沒存到錢，現賺現花，賺 5,000 圓就花 5,000 圓，全花光。當然有人只顧存錢，像眼科醫生王阿仁，「一尖（錢）不打破」，一圓不花，只花零錢，還收紅包，存錢為主。有的人是只「打扮一身」，賺的錢都用來打扮自己，只有我是用來在臺灣走透透。我讀過一本由日本朝日新聞臺灣支社出版的書，說臺灣溫泉共有100 處，我也只走過 3、40 處而已，不算走透透，但可以看出我喜歡旅行，把錢都花在旅行上。綜觀我的經驗，我有一個感覺：少年不要賺太多錢，否則會看錢不起，現賺現花，都不懂得存錢。

　　當然我賺的錢大部分是用來養家。像昭和年間教員一個月 30 圓月薪，我雇用小弟和哥哥當我的筆生，一個月給他們一人 50 圓，還含他們家用、米錢、菜錢、交際費用等，所以賺的錢都花光光，還好沒讓人騙去。我很多朋友辛苦賺了錢，後來都被騙光、拐走，很慘。

　　有個朋友簡得恆，一生賺得 7、80 甲的土地，辛辛苦苦一生，栽培兒子到日本讀醫科大學，之後回來當新化區長。簡得恆老來卻被一個菜店查某拐錢，假情假義對待他，把他積蓄騙光光。生意人尤其容易被騙，一天到晚想娶細姨（妾），有的還娶兩三個，嫖賭飲，結果都很悽慘。臺北有個做過駐美大使的人被女人騙去，最後連房子都被拍賣，他那松江路的房子拍賣後是我表孫買下來。還有被女人騙到自殺的，例如在蔣經國底下做事的臺北某市長的兒子，做到左鎮鄉長，蔣經國本要選為女婿，後來卻與女友一同殉情而結束生命。所以說要很小心，盡量不要去風化區，非不得已去的話，一定要學會離開就要忘記，不可以用真情真意，否則麻煩不斷，下場悽慘。有人想散，最後散不了，還拿刀相逼，那就更慘了。

我因為常出去玩，碰過的人、看過的事也比較多。印象深刻的一個人，是我在當代書時，因為常去臺南海水浴場玩，在那裡碰過一個羅西亞人（Russia，白俄人）。他是白俄的皇族，因為被革命軍抄家滅族，遠離家鄉，四處賣布維生。有一段時間他住在西門賣布，因為語言不通，只會一點日語，後來就四處去賣布，也曾到過善化來。我看他還滿可憐的，沒有父母、沒有朋友、沒有熟人。聽說這種情形在當時的中國也有，一些滿清皇族後裔在革命後逃亡到國外。

旅行日本四十天

昭和 16 年（1941）4 月我曾搭乘富士丸去日本旅行，共待了 40 餘天，參觀不少地方。這次去日本是灣裡糖廠退休職員知覽補瀨，組織一個臺灣旅行團（東亞旅行協會），找了 4、50 人參加，一同去日本觀光。當時來往臺灣和日本的只有四艘商船，如富士丸、大和丸、高千穗丸等，因為船票不好買，所以跟團體去最好，加上到了東京要去參觀主管殖民地的拓殖大臣淺野總一郎的私宅和政府建築物，也很不容易。想要參加的人很多，全島皆有，都是臺灣人。像戰

圖9-4：1941年4月搭富士丸。

後擔任臺灣製糖會社董事的客家人吳某也參加了。淺野總一郎在臺灣創立淺野水泥公司，❸是臺灣水泥公司的前身，在半屏山附近，也是臺灣最早的水泥公司。後來他出任臺灣及北海道廳的主管大臣，聽說他的官邸很大，開放參觀。

　　我參加這個旅行團是因爲戰爭中買船票不容易，想藉由團體旅行搭船到神戶後，先行離隊，以便去尋找有獨特技術的公司。那時我在經營製飴業，戰爭期間配給少、物料缺乏，想尋找替代品。例如本來用大麥製飴、製成麥芽糖很容易，但因物資缺乏，大麥來源有限，我讀了書，知道日本有人發明一種技術，不經由大麥，而是借重酵母菌發酵，經化學作用酸化、糖化之後，亦可製成麥芽糖水飴；或利用其他澱粉類經由化學作用液化成水，再經浸泡、過濾而糖化，也可以製造出糖的成分。一般製糖會社都知道這種製造過程，但製造技術需要學習，像酵母要如

圖9-5：1941年參加東亞旅行協會至拓務大臣官邸。後排左靠小柱者即孫江淮

何使用、如何發酵、液化及糖化等技術，我就是想親自去找這間公司，觀摩、學習這項技術。

到了日本，知道各種技術都由特許局（今之專利局）管理，我就去找，最後還是沒成功，沒那麼容易。不過，這趟旅程讓我印象深刻。我跟團在神戶下船後，自行搭火車去東京，雖然繳了全程旅費，脫隊後的費用還要自行負擔，所以在船上我就看旅行案內書（旅行資訊）查得東京資料，並先打電報預訂了第一旅社，以便落腳。當時我兒子孫及梯雖在東京讀書，可是他還小，而且在準備考試，就沒有麻煩他，全靠自己處理各種事情。

戰爭時期旅社很少，如果沒有先預訂還找不到住的地方，我住進去時發現現場很多人都在排隊等房間。東京第一旅社就在銀座頭，很有名，可是規模不大，進去後房間也很小、很窄，桌椅拉開就沒轉身的空間，行動很不方便。旅社內有供應餐點，但均是洋式、和式餐，所有的量都一點點，根本吃不飽。我每天早早出門辦事，晚晚才回旅社，剛開始勉強將就，後來發現，旅社出來隔壁旁邊巷弄彎角進去有一家小餐廳，人很多，只要佔到位置可坐就賣給你，沒位置坐還不賣。這間店賣味噌湯和丼，只要 1.5 角，即可以吃粗飽，就不會那麼辛苦了。

這是我第一次到東京，感覺當然很新鮮。我還記得剛住進第一旅社那天，窗戶都是兩層的，且交代不可以打開，我很好奇，以為旅社隔個窗戶過去就是火車站，所以才要關緊窗戶。原來是那天天皇要經過隔窗外的馬路，所以不能開窗。日本的規定很嚴，在路上碰到天皇經過還要下跪，而且不能抬頭偷看，那是非常不敬的行為。當然我也就沒看到天皇了。

在東京時，我印象最深的是去逛了一次白木百貨店株式會社（海頓公司）。這是一流的百貨店，但不是最大的，約六、七層樓高。裡面占地寬敞，一層樓約 300 坪寬，什麼都賣，很大，一天逛不完。它採量販

店經營方式，主要是大賣（批發），不是小賣（零售），一般當地人是不能進去的，只有持小賣人營業執照和有護照的外地人經檢查證件之後才可以進去。帶我到那兒、住在東京的善化人蘇再傳就沒辦法進入，所以僅我一個人去逛。整棟大樓裡，每層樓一區一區地放著同樣的物品，如領帶，幾乎整區都是，各式各樣的領帶都有，佔地 300 多坪。最特別的是，幾乎都採自取式、沒人看管。就連貴重珠寶也是擺著，要買的人自己拿取，一件幾千圓，相當於現在的上百萬元的珠寶也一樣，真令人佩服，大概設有監視影像亦未可知。百貨店裡面也有餐廳，吃東西絕對不成問題。感覺這間店又和一般免稅店不太一樣，很特別。

1941 年 4 月我去日本還遊覽很多地方，日光、大阪寶塚、京都清水寺、東京上野（うえの）公園等地，也去看了日本著名的松竹歌舞團的歌藝表演。松竹歌舞團的團員都是年輕的女性表演者。京都的寺廟很多，聽說大大小小約有 1,000 多間以上，每一間都會向你收門票。京都的廟均非常有名，我不只去過清水寺，三十三間堂、金閣寺、銀閣寺我都去過。

在日本統治下我也曾經想過到中國去看看，但我知道日本政府不太喜歡讓臺灣人到中國，申請旅行券也很難。昭和年間，我曾經申請到中國三次，主要想去廈門。那時有從高雄港出發、直航到廈門的地里丸通行，我很想去搭看看，不過後來都因為太忙而沒成行。反正年輕時賺錢比較重要，先顧好自己的事業，所以最後還是沒去，連臺北的博覽會都沒空去看，到廈門就再說了。

玩相機，看電影

我的人生樂趣裡以旅行最重要，旅行都會照相。大正年間做醬油生意時，常常出外，已成習慣，那時出去就會帶照相機和萬年筆（鋼筆）

出去。

　　照相這件事，大部分是當代書以後的事。日本時代買一臺相機要花好多錢，恐怕善化沒幾個人有相機。那時候會買相機當然是因爲有收入了，又不亂花錢，尤其不會花在女人身上，所以就去買相機照相當作嗜好。買了相機後，自己看說明書，自己動手玩，也會找相館的朋友一起玩。我都是到臺南買藥水、材料及玻璃板，自己開間暗房，學著浸泡藥水，要浸多久、效果如何，都自己來。戰後孫外科蓋好後，我的暗房就設在二樓後面，我隔了間病房出來當作暗房。

　　昭和年間，善化好像有一兩間相館，但不太有生意，因爲經濟差，很少人照相。當時像我這樣比較捨得花錢在這種事情上的人比較少。我的朋友中也有人買相機在玩，但不多。有一個丸林的老闆，他開粉間（澱粉生意），因爲四兄弟都開粉間，所以叫「粉間四兄弟」。後來丸林改爲允成化學公司，生意也做得很大。他年輕時也玩相機，還玩錄影機。我父親過世時，他還來幫我拍攝過程。

　　我最大的娛樂就是旅遊，曾經遊遍臺灣全島，這在日本時代是比較少人有的娛樂；其次是看電影。當時善化有個大舞臺，也就是善化戲院，什麼時候蓋的已經不記得了，只知道小時候是沒有的，年紀大以後才出現，應該是在戰前就有了。我曾經去看過幾次，不過也都不記得了，現在這棟建築只剩下牆壁而已。麻豆也有一間小戲院（電姬館），我沒去看過，聽說現在還在營業。❹

　　日本時代善化幾乎沒什麼人看電影，我印象較深的電影也都是在臺南看的。臺南看電影的人比較多，而且一般電影都是先在臺南演，演過之後才會到善化。記得當時在臺南看電影，一部片子的費用是 5 角，善化可能便宜一點，大概是 3 角或 3.5 角。

　　日本時代臺南有兩座電影院，一是宮古座（南座），最大，在今西門路的西門市場對面，坐東向西，都是放日本片。一是世界館，在臺南

運河旁，最小間，主要演日本戲，放日本片。

　　臺南南都戲院和延平戲院都是後來才出現的，❺大部分演臺灣片，偶爾被借去演戲。運河頭那邊的合作大樓裡也有一間戲院。南都戲院是戰後開的，在友愛街，今天還在，由善化人經營。

　　日本時代我看過的電影有《サヨンのかね（莎勇之鐘）》，❻講紀念南澳原住民女孩之鐘，由李香蘭主演。還有一部《蝴蝶夫人》，演日本開港所在的長崎，長崎有名的市長被槍殺，之後日本被逼開港，蝴蝶夫人為了國家而嫁給外國人的故事。這部片是由日本京都大歌星ひばり主演。光復後我還看過《火燒紅蓮寺》連續數集的影片，很長的一部片子。

　　以前的戲院不只播放電影，有時也會有南管、北管、布袋戲、歌仔戲的演出，都是租用戲院場地來演出。戰前大多在戲院裡看表演，很少

圖9-6：善化戲院。

有戶外電影或戶外演出，這些大概戰後才有。至於布袋戲、歌仔戲都是有廟會才會有演出。

書報雜誌樣樣讀

我自公學校畢業後，由於工作需要的關係，還是要閱讀，尤其是和工作相關的書籍一定要讀，因為公學校學不夠，很有限。當了保甲書記以後，常常要用到日文，或用日文寫文書，而且要負責去開會，像保甲會議、壯丁團會議。每次開保甲會議都會講課講很長，很多專有名詞都翻譯不出來，像蝨子、跳蚤等。牛庄里里長陳金獅很大牌，說這些句子都不會翻譯，很漏氣，做保甲書記的就要負責翻譯。後來的保甲會議都需要翻譯，我都要負責。還好保甲會議一個月才一次，參加的人也只是巡佐或管區的警察，沒那麼重要。可是巡查部長兩三個月就會來參加一次，因為他官位比較大，就會緊張，很怕翻譯不出來。除例行工作外，保甲書記還要陪警察去監督巡邏，並幫忙翻譯。

我因為這樣的工作關係，讀了不少書，什麼都讀，有普通大眾小說、偵探小說，特別是來自日本的江戶川亂步的偵探小說。❼記得我讀過一本小說是關於旅行團到黑龍江，書名是《法律を潛るひとびと》，講跑單幫賣毛質大衣、金、眼鏡、酒等物品、又鑽法律漏洞賺錢的書；也有一本是談初夜權的書，提到「神社拜」即「聖交」（代替神來和女子性交），認為初夜是很神聖、必須尊重的事，「在室女」（處女）是很重要的。臺灣根本不談這些觀念，甚至很多人都不知道這些事。這個時代對男女授受不親的觀念還很濃，甚至對女性的要求還很保守，非常重視女孩結婚時是不是在室女。如果結婚時發現不是，嚴重到會有退婚的情況。雖然如此，還是有《西廂記》崔鶯鶯這樣的人，這是很少有的特殊人物，一般家庭是不會有的。女人如果言行不良就有如「一娼二戲」

❽，也就是如同娼妓和下人（做下賤工作的人）。這兩種女人是不被社會接納的，尤其我們南部人觀念更保守，不像新竹以北的人那麼開放。我們南部人比較講究像孟母的為人，也就是孟母因指腹為婚之夫死前，差婢女去代為結婚沖喜，爾後生下孟子。我們覺得這才是女性典範。

我讀的這些書都是日文書。當時善化沒有書店，也沒有圖書館，都要到臺南的書店買書，新書、舊書皆有得買。最常去的書店是藤田古書店、皓然堂、興文齋。我因為這樣，也收集過一些東西，像清代的契約書，雖然只是幾張，也不全。臺南成大圖書館曾向我表示，一年有圖書經費 5 萬元，想用 500 元跟我買新港契，希望我能賣，不過我沒賣。

我做代書時常常在週六出門去。每次去臺南就會買兩三本書。買了書也會在車上讀，讀一讀，累了就睡，反正善化到臺南的車程是 30 分鐘，可以休息一下。

我在日本時代就養成看報紙的習慣，那時候訂《臺灣日日新報》和《臺南新報》。臺南新報社在臺南，光復後改為中華日報。我是從做代書時就開始訂，後來做生意也用得到，繼續訂，到現在因為有些地方新聞很需要，還訂《中華日報》。日本時代訂報紙的人很少，大部分都是機關單位才會訂報，像我這樣私人訂報的，在善化應該只有十來個。

除了看報外，我也會整理報紙，將一個禮拜的報紙釘成一本，戰後已好大一疊。後來我將昭和 3 年（1928）到戰後約 20 年份的臺南新報報紙全捐給善化鎮公所圖書館，結果他們沒有好好收存，可能已弄丟了，之後再也找不到這麼全的資料，很可惜。

我除了訂中文報紙外，也訂日文報紙，像是《昭和新聞》、《朝日新聞》、《讀賣新聞》、《人類愛》等，報紙雜誌共訂了幾十種。至於雜誌，我也看很多，不限什麼雜誌都亂亂看，特別是評論社的雜誌。

我還訂一種宗教雜誌，叫《大本教新聞》。之所以訂《大本教新聞》，是因為廣瀨秀臣的關係。廣瀨是大本教的教徒，我並不是，我跟

著他看《大本教新聞》，只是爲了增加常識。這個報紙我訂了很久，它的發行也一直到戰爭結束。大本教不只出版《大本教新聞》，還出版了四種刊物，主要是在推廣人類愛。

大本教是大正時期開始流行的宗教，教主是日本人王仁三郎，他的岳母創了大本教以後，由被招贅（日本人稱爲婿養子）的他擔任主教。他這人看起來笨笨的，卻什麼都能做，日本人占領滿洲，還有人扶植他當皇帝。後受國際干涉押回日本，在日本總部內搜出很多金銀財寶，又時常倚仗著與日本天皇關係來行動。聽說信徒很多，也有臺灣人，連臺灣總督府殖產局長都是他的信徒。

大本教信徒把教主當神看待，認爲神主宰萬物，信得很虔誠。教主曾經來過臺灣，廣瀨還是他在臺灣的指導人，和他一樣穿著草鞋去傳教，還做他的警衛，護衛他的安全，信得相當迷。廣瀨秀臣是被分配在臺灣鐵道曾文溪段南鐵橋頭站，只持竹棍作爲武裝。我聽說有一個在臺南開店、在新化開粉間的日本人，也是大本教信徒。他每天頭一筆生意收入的錢都捐獻給大本教，一定寄去當獻金。說到獻金，聽說共產黨的獻金也都很多，有一度還是黨員最少、獻金最多的團體。

我並沒見過大本教教主，我總認爲萬教歸一。宗教宗旨皆是教人爲善，我則敬鬼神而遠之，不即不離，佛在心，莫遠求，浴化在平常時，行生活實踐。

養蘭花，飼錦鯉

除了上述談的娛樂和嗜好之外，我當代書後曾養過蘭花和錦鯉。錦鯉前後養了十幾年，只是觀賞用。我養錦鯉是從買魚苗回來養開始，養在放生池裡。錦鯉的種類很多，大大小小、各種色彩皆有。聽說日本田中義一首相養有一隻金子（錦鯉品種）相當名貴，❾值 100 萬。養錦鯉

要非常乾淨的水，錦鯉不怕餓，就怕瘟疫感染，一傳染就會死，不好養，很麻煩。

另外，偶爾我也愛喝酒。曾經一個晚上四人喝掉一箱啤酒，但不愛划拳。我也曾抽煙，但只抽著玩，並不認眞，我都抽二號的 Jasume（煙牌名），一盒 50 支才 1.5 角，紅牌的更便宜，才 1.2 角。我不喜歡雪茄的味道，覺得它味道太重，所以沒抽。

其他娛樂我認爲都是假戲假做，沒有眞意，甚至女人也一樣，所以只是逢場做戲，從不留電話號碼。而且非不得已、有交際應酬一定找伴去，絕對不會單獨去，一定要公開、找好朋友才會去。

---

❶ 李俊仁，1930 年生，臺南縣人。曾任臺大醫學院教授、臺灣省立桃園醫院院長、臺灣省政府衛生處處長等職。於 1968 年完成亞洲首次成功移植腎臟手術，開創臺灣器官移植醫學新紀元。李俊仁，《生命的火焰：李俊仁回憶錄》（臺北：新新聞，2002），頁 124、267-269。

❷ 西薈芳是日治時期著名之酒樓。據《三六九小報・花叢小記》之記載，名爲「西薈芳」之酒樓，有嘉義、臺南二處，而臺北並無西薈芳。江寶釵，〈日治時期臺灣藝旦養成教育之書寫研究：以「三六九小報花系列」爲觀察場域〉，發表於「晚清：四○年代文化場域與教育視界國際學術研討會」，臺北：臺灣大學中文系主辦，2002 年 11 月 7-8 日。臺北則有東薈芳；但是，孫江淮指出北投確有西薈芳。

❸ 淺野總一郎，日本佐賀縣人，淺野財閥之創立者。曾任淺野關係諸會社、淺野水泥株式會社社長、臺灣水泥株式會社社長等職。參考「臺灣人物誌資料庫」。

❹ 電姬館，麻豆最早的戲院，位於今麻豆老街中山路上，於 1937 年由陳福德所建，戰後改稱電姬戲院。現已經停止營業，僅留建築物。

❺ 1979 年宮古座拆除，改建成延平商業大樓，附設延平戲院。

❻ 《莎勇之鐘》的故事發生於 1938 年臺北州蘇澳郡蕃地（今宜蘭縣南澳鄉）之泰雅族利有亨社。泰雅族少女莎勇因協助受徵召上戰場的日籍老師搬運行李，不幸失足溺水。臺灣總督爲了表揚莎勇義行，頒贈紀念桃形銅鐘予當地，即稱莎勇之鐘。之後，經刻意報導，被臺灣總督府用來宣揚理蕃政策的成功。1943 年時拍攝成電影，由李香蘭擔綱演出，同時，西条八十與古賀政男還爲電影《莎勇之鐘》作了主題曲「莎勇之歌」，成爲皇民化重要的宣傳策略之一。周婉窈，〈「莎勇之鐘」的故事及其周邊波瀾〉，收入氏著，《海行兮的年代》（臺北：允晨出版社，2004），頁 13-26。

❼ 江戶川亂步（1894-1965），大正、昭和時代小說家，本名平井太郎。早稻田大學政經學部畢業，後經歷貿易公司職員、舊書商、日本工人俱樂部書記長、新聞記者等數十種職業。1923 年發表處女作《二錢銅貨》與《心理試驗》。1929 年長篇小說《蜘蛛男》始受到熱烈迴響。戰後從事海外推理小說的介紹及研究，1952 年評論集《幻

影城》獲偵探作家俱樂部獎。1960 年代後提供基金，制定江戶川亂步賞，用以表彰推理小說界之功勞者。留有作品《江戶川亂步全集》15 卷。臼井勝美等編，《日本近代人名辭典》（東京：吉川弘文館，2001），頁 163-164。

❽ 所謂「下九流」，一娼（娼妓女）、二戲（俳優演員）、三紅姨（巫人）。

❾ 田中義一（1864-1929），曾任小學教師等職，之後從軍。1910 年為少將、步兵第 2 旅團長。1911 年為軍務局長。1918 年擔任原敬內閣陸軍大臣，1921 年升大將。1925 年為立憲政友會總裁，1927 年擔任首相及外相。原剛、安岡昭男編，《日本陸海軍事典》（東京：新人物往來社，1997），頁 428。

第十章

日本時代的重要機構及商業活動

重要機構及設施

銀行出張所

　　日本時代臺南最大的銀行是臺灣銀行，其次是商工銀行（今第一銀行前身）、三十四銀行，剩下的大概都是無盡會社。三十四銀行位在臺南本町米市街頭，就是現今第一銀行所在地，三十四銀行和商工銀行一樣大。臺灣無盡會社是臺灣合會公司的前身，後來才發展出中小企業銀行。這又是另外的銀行系統，和商工銀行不同。

　　當時一般臺灣草地（鄉下）很少人使用銀行，也沒有所謂的分行，只設出張所（辦事處）。善化只有商工銀行出張所，新化也一樣。其實所謂出張所，也只是在善化街上向人家租一個店面（中山路 285 番地，今陳茂昆藥房），擺一張桌子。出張員戴輝煌是臺南人，每天早上從臺南搭火車來開門，主要的業務就是收收錢，處理存錢、領錢的事，下午就回臺南了。

　　通常在銀行辦存款簿以後，要領錢就先打電話跟出張人說一聲，讓

他第二天帶來辦理；要存款可以不用事先說。領錢和現今一樣，也要蓋章，會有傳票，正本銀行存查，副本就給個人。我到現在還留著合會時的存簿。

那是個大家都窮的時代，其實有錢可存的人很少，出張員來邀請大家存錢也很少人會存。大家不但沒錢，也沒習慣拿到銀行存，所以眞正存錢、領錢的不多，加上治安又好，出張員每天這樣通勤都不用擔心。

我是因爲在昭和 13 年（1938）成立合資會社孫獎卿，擔任社長需要出資證明，才和銀行有所往來。當時日本政府規定會社要有銀行證明書才可以成立。合資會社孫獎卿本來是我家三兄弟做股東，用我爸爸的名來成立的，因爲是我出資，所以由我做社長。

善化產業組合

善化產業組合最早叫灣裡街信用購買利用組合，也就是善化鎮農會的前身，大約在大正年間成立。

我做代書時因爲賺了點錢，人家來邀我參加，才會加入，不過我只出資，沒有擔任什麼職務。產業組合不是政府的組合，而是地方人士想要將地方資金集中利用，所以產生這樣的組織，任何人都可以參加。那時對參加信用購買利用組合並沒有規定身分，只規定金額。譬如說參加的人一個人只可入 30 口（30 株），一株（股）50 圓，所以一個人最高出資額是 1,500 圓。我以我和兒子孫及梯兩人的名義購買 60 股，共3,000 圓的股份。這是相當於 6 甲土地的價值，也是不少錢了。

產業組合最主要的功能是將大家集資的金錢拿來做生意，如稻穀買賣、配給，也買賣肥料、農產品等。有一部分則拿去借貸，主要借給做穡人。做穡人耕種前需要購買農作相關物品，資金不夠的話，可先來商借，組合就賺利息錢。

日本時代信用組合理事大多由區長、街長或有錢人來當，較健全。

善化產業組合的組合長是善化里東保的區長蘇養。❶蘇養是東勢寮人，也是有錢有勢的人，所以創立之初都是他擔任組合長。總務是楊深江，六分寮人。職員中有一人是日本人片山。因為善化產業組合是民間組織不是會社，所以其組織與會社不同，是先選出代表，再選理事、幹事。

我沒參與善化產業組合的事務，是因為這是責任制的組織，如果辦事的人不認真或有虧空的行為，負責人要擔責任，嚴重的話會被抓去關。一般說來，這裡面份子複雜，什麼樣的人都有。有人想賺錢，有人會歪哥（貪瀆），有人努力用自家人。安插自家人進來組合做事是最普遍的，很多人只想要用自己子弟，結果用了一堆人卻沒事可做，光領薪水的大有人在。這種事情在戰後尤其嚴重。

我因為知道連帶責任的影響，所以我不愛做代表、理事。我安分做好我的代書業，過得單純一點，不願意因為負責任把生活弄得亂糟糟，有人想做就讓別人去做，朋友邀我做，我都不會心動，也不願意做。

產業組合和土礱間（後來稱為精米所、碾米廠）的差別也是有的，一般分別是：產業組合是收各地農人送來的農產品，再加工販賣，碾好的米都堆在倉庫，以便做生意。土礱間是去收稻來碾米的傳統米廠，功能不一樣。

一般來說，公共團體比較正派、有公信力，所以產業組合應該比較具有信用，但實際上會歪哥、會Ａ錢（貪污）的人太多了。政府規定的肥料有 5% 的減損，或是一袋 100 斤的米大概都不會到 100 斤，這中間的差額均給吃去了，好處誰得？當然是職員，這也是為什麼大家要用親信，只有親信才可以一起得到好處。

一個鄉鎮只能有一間產業組合。善化產業組合的位置曾變更好幾次。原來就在善化街上，第一市場右邊、郵便局邊，很小一間，沒工廠。因只收農產品，空間也不用太大。後來搬了幾次，現在的善化農會就在中山路上。

產業組合是集地方上有錢人的錢來做生意，是個穩賺不賠的組合。以前臺灣人大多不懂得買賣股票，所以有錢的人集資參加產業組合。我會做這種投資也只是因為人家來鼓吹，心裡存著幫人贊助的心態幫幫忙、有點錢隨便投資而已。這不是為了賺錢，每年結算既沒有所謂的配股，也沒有紅利，年終只送個幾十圓的紀念品意思意思，真的算不上投資，只能說是贊助公共團體、寄附（捐贈）。擴大一點說，也可以說是行善，因為後來農會也有救濟、獎學金等名目，我們贊助也等於贊助這些項目。

1944 年產業組合改為農會，歪哥之風更嚴重。現在農民借錢更困難，幾乎都被歪光了，而且每個農會都難以倖免，也就不必多說。

郵便局

善化在日本時代就有郵便局。第一代郵便局主要是軍郵，設在下營的茅港尾，後來才在善化媽祖廟頭的復興路口設郵便局，但是昭和年間又搬到中正路代書館對面，大約是我開玉記商行時搬來的。善化只有這家郵便局，服務區域很廣，包括安定、官田、六甲、大內等地。

當時郵便局什麼工作都包，如賣郵票、印花、保險等項目。保險則是簡易保險，並沒有嚴格的檢查身分。此外，郵便局服務的項目還包括所謂的存證信函，那時叫做內容證明，這是經公證確定、內容有法律效力的函件。現在大陸都還沒有存證信函的服務。

日本時代的郵便局雖然是官方設立的，但由局長總包。所有業務費用由他負擔，連員工均由經營者僱請。由於是公務員身分，也給官印，還可以抽成，所以賺得很多，大約一個月可賺 500 圓。

善化郵便局的局長是大石敬一，❷ 就住在玉記商行的對面，常常到玉記來買東西。大石敬一原是軍部高等官，退休後來當郵便局局長，負責善化郵便局。郵便局的職員則以粗工為主。粗工都是臺灣人，日本人

是不做辛苦工作的。這些人大多是住在善化附近的居民。

　　日本時代郵便局沒有交通車或任何配車，送信完全靠雙腳走路，之後才用腳踏車送信。善化郵便局的信共分幾條路線配送，有六分寮、東勢寮線，山上、山內線，還有要送到烏山頭等很遠的地方，早上送去，回來都已天黑了。有一線是送到安定海寮，一線是送到臺南市區，還有一線是送交火車，要配合南下北上的火車班次轉送去他處。

　　臺灣光復後，一般規定郵局的局長要大學畢業才可以。但是有一個人，叫林助，原是土木師傅的徒弟小工，後來轉到郵便局當小工，光復後很大膽地虛報職務，申請郵務佐，之後真的通過，而且還一直高升，升到二等局局長。當時普通郵局最低三等，在郵局工作是金飯碗。一般郵局一個月收幾千件的郵包，可以做多少生意都有一定，可是他很大膽、很敢做，實際上沒做到那麼多郵務成績仍敢虛報，上面以為他成績很好，才會把他一直升等。

　　我曾向林助提過便民意見，建議中央辦理存證信函制度。這是日本時代已有的制度，一般人就不用跑公證處去辦理一些法律文書，很方便。這個建議獲得很大迴響，也讓林助記了兩個大功。林助後來收入很多，賺很多錢，想想他當初在鄉下做工，一個月賺不到一斗米，日子很難過，後來卻過得這麼好，真的是差別很大。

嘉南大圳

　　日本政府對嘉南地區最大的建設是嘉南大圳。嘉南大圳很長，是頭一個大工程。為什麼會有嘉南大圳的出現，❸聽說在更早之前有個農民組合，認為曾文溪底都是沙地，如果不做水溝、讓水流走，水皆聚積在那裡，也無法開墾、種植，問題很多，他們大聲抗議，並且進行動員和請願，才決定要開嘉南大圳。反正百姓有土地，想要開墾的人就要繳納水租、工程費。後來嘉南大圳可灌溉地區都要繳納工程費、水租，有些

地區地勢太高無法灌溉，仍要繳納。連北門地區，因海邊土地鹽分過高，開墾不易，加上靠近海邊，水利灌溉可能對部分地區沒幫助，最後也被強制加入開發、繳納工程費及水費的地區。

嘉南大圳的工程前後共達 10 年，所花費的金錢相當可觀。工程竣工後，灌溉區域以八掌溪為界，以北有 15 萬甲、以南有 10 萬甲，相當廣闊。

嘉南大圳工程的主要幹部當然都是日本人，但真正施工的人是臺灣人。我曾經去參觀過建造工程，因其離善化水源地很近，過去很方便。當時從六甲到大內，就地取大內後堀山的土來造圳護岸，工程車進進出出，也開鐵道，是五分車，主要功能是運土，車道很長。我每次去看，發覺內庄非常熱鬧，不只是測量的、開車的、辦事務的，專做磚的磚仔窯即有 3 家；還有很多店舖，像是賣鋤頭的、賣畚箕的就有 4、5 家；連吃飯休息的菜店都有 4、5 家。

由於工程的關係，出出入入，集中了不少人來，尤其是有錢可賺，很多人會搶著來做生意。或許其中也有一些慰安婦，她們有菜店保護，有錢可賺當然會去，不過那時候很少聽說，而且也不叫慰安婦，這是後來才有的叫法。那時就叫菜店查某，大概是北部下來賺皮肉錢的較多。北部人比較會「笑貧不笑娼」，所以會去從事這種行業，南部人比較純樸，很少人做這行業。他們和軍中的慰安婦其實都一樣，當然也有些人說是被騙去的。

善化的商業活動

善化城

善化有城，很早就有了，應該是清朝時蓋的，我在小孩時曾經看

過。善化城只是用很簡單的土埆磚、三合土建造，只有邊包磚塊而已。善化城有四個門，東門在中山路、進學路過去一點的地方；西門在中山路、三民路再西邊約 100 公尺，往安定的方向；南門在三民路到永福路，也就是牛墟附近，窄窄的；北門在三民路北邊，靠近善化國小南邊的地方。

善化東門城門外到火車站一帶原先都是墓仔埔（墓園）。現在加油站那一帶是很大的墓仔埔，所以有有應公廟，都拜一些沒緣的、沒人主的墓。

臺南縣只有善化有城，麻豆比較早發達、人口比較多，但沒建城。佳里興比較靠海邊，人口不多，也沒有城。我猜大概是因為巡撫司設在

圖10-1：1935年善化城南門殘跡。

善化的緣故，所以善化才有城。雖然郡役所在新化老街，但是許多山裡人，如大目降、安定、玉井、左鎮等 9 個鄉鎮的人，進出都要經過善化，鐵枝路（鐵路）也經過善化，善化還是很熱鬧的。

善化市場

以前，玉井、山上、新市、六甲、安定等地的人都到善化來做生意，溪北則較少。他們通常會到慶安宮來拜拜。牛墟每月 2、5、8 日交關（交易），也會在慶安宮決定抽稅做為公共收入，或入場貼單等事。大正時代善化的市場只有一個，就在慶安宮廟前的廣場上，清朝乾隆時期就有了。

日本時代廟前的中山路還是很小的一條馬路，路邊還有電線杆，窄窄的，巴士開過都會碰到路旁的電線柱。現在馬路已經拓寬過兩次，成 15 米寬的路，沒有以前的問題了。市場在廟埕裡，著名的荷蘭井就在廟埕外面。荷蘭井是荷蘭統治時期開掘的，全臺僅有兩個，一個在臺南，一個即在善化。

善化市場主要是以農產品買賣為主，所以又叫做「番薯籤市」。賣番薯的大多在今廟的西邊偏北的空地上。那時的市場很簡單，店面 3、4 間，大多集中在慶安宮兩旁，廟前庭出去左右兩旁是一些點心攤，也有兩三攤賣魚、賣肉的攤子。市場外面右手邊有 3、4 間籤仔店，賣罐頭等吃食。賣衣服、帽子、襪子的什貨店則在左手邊，有兩間，再過去一點全是私人經營的店，有兩三間布店。以前的布店只賣白布、黑布及棉紗等兩三樣，質料也不好，比較粗。布大多來自日本，都只是簡單需要的布料而已。要買好的、高級一點的布，只有到臺南去。臺南可以買到的也不像現在那麼多、那麼好，但有些是從香港來的，如內衣、細絲衣料；或是好一點的絲棉、棉紗內衣或綢緞，雖然種類還是不多，卻較有選擇。另外，大部分女性喜歡買的布料、胭脂（腮紅，ほおべに）、

圖10-2：1943年善化頂街街景。

粉、繡線、人造花等雜細物品，則有專門的「什細擔」自臺南挑擔到各地兜售，店面則很少。

　　大約我公學校五年級尾、六年級初的時候，善化拆東門城，因此就把第一市場移出來，移到中山路和進學路交口處。原來的第一市場用地改爲粉渣場、乾燥場，是曬日光的天然乾燥場。

　　善化第一市場的建設和現今大不相同。剛搬過來時只有一層樓，也只是搭個篷寮，很寬，但是不高，上面雖有舖蓋，四面卻沒有牆壁，地面舖水泥，四周設有排水溝。

　　當時排水溝不完整，只有市場裡才有。市場排水溝的水都流到日春樓南邊的一窟水池，水一多時全積在那裡。日本時代善化有兩口池塘，一口在這裡，另一口在公醫病院旁邊。善化市場的東南邊有牛灶巷，是屠宰牛畜所在旁邊的巷子。這個巷弄地面很深，約有４、５尺深，但很

窄，昭和年間曾經整理過。

市場裡的點心攤或篏仔店也不多。第一市場剛移走時，有的仍在廟埕賣點心，有蚵嗲、油條、芋粿、鹹粿炸、蔥仔炸、魷魚炸，也有湯類的粿仔湯、鐤邊趖及簡單的飯菜。鐤邊趖的做法應該和北部的做法一樣，都是大鐤煮湯，待水滾後，將米漿舖在鐤邊，熟透後，再以刀鏟鏟起，就成粿板，加金針等各種菜料一起煮成湯，即成鐤邊趖。善化鐤邊趖很有名，很好吃，但我久久才吃到一次，那時經濟不好，很少人會花錢在外面買吃食，所以吃到的機會並不多。如果非在外面吃一餐不可，大多以湯麵為主，就是簡簡單單的豆芽菜麵、擔仔麵而已。只是我們善化的麵湯比較清淡，不像臺南擔仔麵還加肉燥，口味那麼重。那時擔仔麵一碗賣 2 分錢，大概都是生意人、過路人、做工的人才會在小吃攤吃。例如東勢寮人來善化買賣，就會去市場吃一下。

當時會在外面消費的人口比較少，一般人很少在外面吃正餐，大都只有出外人才會在外面解決吃的問題，但也只是在點心攤吃。牛墟的人很少到市場這邊來，大概就在牛墟吃，那裡也有賣吃的和點心攤。

日本時代，大家都很艱苦。即使在製糖會社工作，並不是天天有，一年只能工作半年，採收期時才有工作，下雨天還沒得做，加上工錢很少，一天只 1.5 角，這還是男人工，女人工更少，才 1.2 角。由於賺的錢很少，又要維持一家人的開銷，所以必須省省地用，不會亂花錢。

這還是有製糖會社人際關係的人才有辦法進去工作，沒關係的人根本沒機會。有關係的人還有另一種機會，就是會社要賣地的話，雖然只是畸零地，他也會有消息管道得知和購買，不是隨隨便便的人可以買，一定是有緣故的人才買得到。買得到地的人，家裡才會有地，也才會有農事可做。

即使有農地的人也很辛苦，臺南這裡都是看天田，下雨才會有收成，但是颱風來又會破壞農作物，真的是很可憐，只能看天公吃飯。這

還是自己有農地的，大部分沒地的農家還得去租田，還要看怎樣贌租，有的人贌死租，地主說多少租就是多少，收成夠不夠繳租是佃農家的事。很多人收成不夠，只好先用下一年的收成來抵，結果一年又一年，沒辦法過好日子。

土壟間與精米所

以前經營收購米穀、碾米、賣米的專門店叫做土壟間，也就是後來的精米所。開土壟間要申請馬達特許許可，開精米所更要申請，因為這時大概都已經改為機器處理。我當代書時幫客戶處理很多這種申請。至於什麼時候由土壟間改叫精米所，我也不清楚，反正後來大家都叫精米所。

善化的土壟間很多間，大約有幾十間。大間的土壟間有幾百坪大，而且大多分佈在善化火車站附近，主要做大盤，外銷到日本為主。大規模的土壟間有德記商行、成源商行、德昌商行，小型的精米所也有很多間。

德記商行是王鵠朱、❹胡麒麟所開。胡麒麟曾做過火車站邊的保正。成源商行是陳土城所開，他是第三保保正。德記、成源均是米的大盤商。德昌商行是蔡友平所開，做雜貨買賣，沒有做外銷。有能力開設土壟間，都是家裡很有錢的人，至於會不會做、做得好不好就看個人了。一般做穡人沒錢，不但沒能力開設土壟間，甚至還要到米行借錢或借米，再繳穀來還。

善化土壟間做得很好的，是第三保保正陳土城。那時也是有錢人才會去做保正。他很有錢，開土壟間，又做保正，做得都很成功，後來做大賣，大多和日本人來往、和日商做生意，算是很成功的生意人。

土壟間的運作是農家將稻子收成曬乾後才送來交，通常是現買現賣，實在缺錢的人才會先借錢，等交稻米時再還錢。一般交到土壟間的

米都會要求含水量，要在 6% 以下才算曬乾。也有人根本不管你乾不乾，價錢都由土礱間自己訂。像王鵠朱，常常要佔農家便宜，稻價下降的話，就愛挑剔、計較，強說稻重量不足，硬要多虧（索取）一點量；不然就嫌人家稻穀不夠乾，一定要等到稻穀重曬才肯收。有人就問他，他卻回說：「反正花花賺。」❺ 大家都不喜歡他占人家小便宜。

善化大間的土礱間，如果做米外銷，都是由臺北更大間的米行來收購，之後再一起以海運送到日本銷售。日本的加藤商會是主要的米商，有名的李連春就是加藤商會的職員。

李連春，臺南後壁人，戰後擔任糧食局局長，人很聰明，記憶力很好，數字好像都在他的腦海裡。聽說他很忙，晚上常常要開會，有時候他到各地農會去收米，再遠的地方，像是屏東，也要趕回臺北開會。但是我和他並不熟識。

戰前稻米都是由土礱間收購，戰後則是由農會收購。但是農會不只收購稻穀，功能其實很大，什麼都做。不但販賣所有的農產品，如麻油、龍眼等等，連金錢借貸都有，是很重要的農業事業單位。

我多少買了些地，有些是田地，但盡量不種田，如果實在沒辦法，也叫農家直接交到土礱間結帳。農人很少會精米的，也沒這種設備和機器，所以還是送到土礱間才方便。

善化粉間

善化因為生產番薯多，所以粉間也很多。粉間是製作番薯加工的工廠，譬如粉漿、澱粉等，有的是先將番薯籤曬乾磨粉，有的是先用手搓刷細，再過濾成粉漿，最後沉澱。

我沒有開粉間，因為善化地區澱粉工廠太多，工又便宜，大家都可以開設，但不容易經營，還是要靠家族人口多才好做事。我家選擇做生意。

圖10-3：善化製粉工場。

　　不過，由於我從小在善化，善化製粉業全島有名，我的朋友又有不少是開粉間的，當然也知道如何製粉。一般製粉不是用樹薯，就是用番薯，其中以樹薯最多，因為野生的樹薯比較多。樹薯的黏性很高，製成澱粉前要先泡水，再加稀釋硫酸以去掉黏性，之後經沉澱、曬乾、磨粉等幾番過程，就製成粉。番薯粉和太白粉也是如此製成，不過太白粉的原料是馬鈴薯，或是用粉薑磨成粉也是太白粉的一種。這幾十年來都是這樣製粉的。

檳榔花工廠

　　在蘇哲夫家西邊的第二間有一家檳榔花工廠，也姓蘇，店名就叫檳榔花和，也賣檳榔。其實吃檳榔有分不同口味，像是加石灰的，或加孩兒茶（又稱兒茶）、荖藤、荖葉。檳榔花就是加石灰的；也有吃檳榔葉

（荖葉包檳榔）的、檳榔藤（檳榔夾荖藤）的，佳里較多。一般原住民喜歡有加石灰的。原住民很愛吃檳榔，很早就開始，而且吃很多，有時沒青（生）檳榔時，連檳榔乾都吃。檳榔乾比較便宜，青（生）檳榔就貴很多。

我並不吃檳榔，爸爸也沒吃，但我後母、嬸婆吃，即使年紀大了，甚至沒牙齒了還在吃。那時候老一輩的長輩吃的比較多，鄰居吃檳榔的也很多，但我沒試過。俗語有句話：「吃檳榔沒采（可惜之意）嘴，吃煙像在放屁。」那時吃檳榔就像抽煙一樣，都是送禮互贈或朋友相伴邀約一起吃比較多。

臺灣人吃檳榔就像南洋人吃蒜，聽說有些南洋人把蒜串成整串掛在脖子上，外出碰到人就請人家吃顆蒜，就像敬煙一樣。雖然臺南北門一帶產大蒜，我們也沒整顆整顆吃蒜的，沒聽過也沒見過，那太嚇人了。日本時代少年人很少吃檳榔，我開玉記商行，只賣煙，不賣檳榔。

聽說現在吃檳榔花樣很多，摻很多其他東西，像是麻醉劑一樣，有的吃了還會醉。尤其是冬天，吃了會發汗、發熱、麻醉，和酒有一樣的功效，吃了就不怕冷。據說因為吃檳榔可以提神，開車才不會打瞌睡，很多司機喜歡吃檳榔，所以現在檳榔都是賣給司機，檳榔攤也大多在路邊賣。

以前根本沒有所謂檳榔攤，都是家庭裡自己要吃檳榔自己買材料回來做。很多家庭會準備檳榔，主要是客人來時請客人享用的，現在則是買現成的。檳榔攤應該是很後來才有的 ❻，檳榔西施更是這幾年才出現。

林投帽編織加工廠

以前有用林投葉纖維製作的林投帽，也有用麥桿製造的麥藁稈帽。林投帽比較漂亮，又輕又軟，麥藁稈帽則比較硬，屬於硬帽。林投帽的

製作都是先將林投放進大鑼水中煮，煮到林投變軟後拿出來，然後剝出纖維（即林投絲）瀝乾。因爲林投絲很長，可以編織、加工。日本時代林投帽的需求很大，會做的人很多。

善化只有一間製作林投帽的編織加工廠，就在今安定路路邊，叫草店尾的地方開設。負責人是做生意的林水勝，生意好的時候每天都有十幾人，甚至幾十人在做。這不是以雇工方式請人做，而是會做的人就來一起做，做完看你一天做幾頂林投帽，再算錢給你，也就是按件計酬的方式結算工資。來做的以女工爲主，都是附近的人，且以年輕有力的女子居多，當然4、50歲的人也有一些。後來這家工廠因產量逐漸減少，就直接移出原料，搬到日本去加工。

善化地區種植的林投數量不多，產量不大。臺灣東部海邊種瓊麻，比林投樹更高級。一般不會拿瓊麻來做帽子，都是拿來做麻繩，海船、海纜都要使用麻繩。善化這邊沒有瓊麻林，也沒有瓊麻工廠。

至於大甲帽是大甲一地最特別的特產。大甲帽是用大甲鹹草（三角藺草）製作，好像沒有聽說別的地方還有專門從事這種行業的。

牛墟和豬灶、牛灶

善化有牛墟。每到牛墟市集日，會有很多人來牛墟買牛。我聽說曾經有人遠從高雄岡山坐火車來買牛，買到四頭牛後要坐火車回家，牛个能上火車，只好花幾角錢請賣牛的幫他牽到岡山。這一去要很多時間，買方也不怕賣方不送去。日本時代不但治安好，其實人心也很好。

不只這樣，牛墟臨時市都只逢2、5、8日才開市，有人牽牛來賣，賣不完就寄放在牛墟旁的牛旅社宿夜，代爲臨時飼養。牛只要有草可吃就不會餓死，等下次開市再繼續賣，賣牛的才不必牽來牽去，他們也不怕牛會被偷或走丟。治安好時，這些都不用擔心。

新化也有牛墟，在現在的新化鎮果菜市場。善化的牛墟有一兩百年

圖10-4：戰後善化牛墟交易盛況。

的歷史，原來在三民路上、南門城邊，戰後換到曾文段的中正路上，就在善化國中旁的空地上。日治時期是牛墟的鼎盛時期，現在已經沒落。新化牛墟變成青果市場，善化牛墟現今還在，但變成各種雜貨市場，賣菜、賣水果、賣雞鴨魚肉、花草、農具、也賣衣服等等，有時還賣蛇肉、蛇湯，甚至還有跳脫衣舞的。牛墟現在還是維持2、5、8開市，逢週日更是大市。通常牛墟開市都很早，清晨就有，早上10點就結束。

　　一般說來，臺灣現在幾乎不用牛隻耕作，所以已經不大有牛隻買賣。雖然北港牛墟還有，但都以大陸走私進來的為主。

　　善化還有豬灶（豬隻屠宰場）和牛灶（牛隻屠宰場）。豬灶在善化國小正對面的墓仔埔邊，牛灶在牛墟附近。不管牛或豬，屠宰前都要蓋印，以防漏稅。那時很少人會去偷牽牛、豬，因為捉得很嚴，逃漏稅是很嚴重的事。尤其我們看過臺灣人被日本警察打的情形，每個人都乖乖的，不敢亂來，雖然明令規定，檢察官也說不可以打人，但很多草地警

察常隨便抓人去刑求，大家被教得很服貼。

賣魚苗

　　小時候隨隨爸爸搬到灣裡街，家裡有魚塭，養什麼魚並不清楚，也不知道大人是如何養。現今大社有一個叫陳月德的人，他的爸爸很會養魚，在善化有埤塘一堀，專門在養魚。

　　又有個人叫陳界，下營人，他也在賣魚苗。賣魚苗一次都賣很多，專賺飼料錢就賺不完，但他的魚都長不大。這人很有本事，他說他經過魚塭，只要聽魚跳的聲音就知道這魚塭的魚大約有多大隻。他家養魚至今已4、5代了。他的兒子是大社名人，大兒子在大社做廟裡頭人（管理人），後來擔任大社農會理事長；二兒子是縣議員。孫子有做建築的、有做醫生的。

---

❶ 蘇養，曾擔任灣里第14保保正，經營糖廍及順美號。「臺灣人物誌資料庫」。

❷ 大石敬一（1874-?），靜岡縣人。1896年以臨時雇員身分任職於臺北郵便電信局，1897年為嘉義郵便電信局雇員，同年任臺灣總督府郵便電信書記。後歷任嘉義郵便電信局勤務、臺中郵便電信局、臺灣總督府通信書記補、臺南郵便電信局勤務、臨時臺灣戶口調查委員、鹽水港郵便局勤務、分局主任等職。《臺灣總督府公文類纂》，2466冊25號。

❸ 1917年，臺灣總督府土木部技手八田與一奉命從事嘉義急水溪灌溉水壩建造可行性調查時，發現急水溪蓄水能力不足，難以符合預期灌溉面積。同時，意外發現嘉南平原亟待灌溉的土地多達近10萬甲，於是進而尋找替代急水溪之適當水源，結果在官佃溪上游的烏山頭地方發現適合興建水庫的地點，不但可以改良土地，並一舉解決洪水、乾旱、鹽害等問題，使嘉南平原成為稻米產地。總督府當局認為現代農業技術的傳授是未來灌溉工程完成後農業專家的職責，宜以灌溉工程的建造為當務之急，因此全力支持八田的工程建造計畫，乃有「嘉南大圳」之建造。黃昭堂主編，《八田與一研究》（臺北：現代文化基金會，2002）頁55-57。

❹ 王鵠朱，善化第二保保正，曾計畫於善化電力所宿舍附近創設一宏壯劇場。《臺灣日日新報》夕刊4版，1931年4月24日。

❺ 臺語，「花花賺」有兩種意思，一種是隨便賺，一種是和人打模糊仗，多少騙人家一點。

❻ 清代即有檳榔攤，稱「檳榔桌」或「檳榔案」。

第十一章
日治時期的節慶習俗

重要節日

新年和春節

　　日本人是過西曆新年，和我們過農曆春節不一樣。日本人的新年從 12 月 28 日開始，那一天所有的事務都告一段落，是一年中最後上班日，稱爲「御用納」（ごようおさめ）。❶元月自初一放假到初五，所有的機關單位和商家都公休。初一會找親戚朋友拜年，大多是喝酒聊天；初二到初四也以拜年爲主，自由活動，親戚朋友或有關係、沒關係的人會互相拜年，並沒有太多特別的限制。到了初五就舉行新年宴會，街庄會有團體拜年活動。所以日本的新年主要是初一到初五的公定假日。

　　臺灣人一定要過農曆春節，即使日本時代也要過。大正時代就有「做牙」這種風俗，年初正月的頭牙（初二）和年尾的尾牙（12 月 16 日）。做牙一定要拜拜。做生意的人家更要認眞拜，一個月拜兩次，初二和十六日。沒做生意的人家，一年至少也要拜兩次，就是頭牙和尾

牙。拜完，大家一起吃尾牙，尤其生意人，做牙要請職員吃餐豐盛的料理。傳統上商家一定要準備雞，意味著「起家（家與雞的臺語發音同）」，如果雞頭向著那個職員，就是請他明年不用來上班，被辭頭路（工作）了。

我記得日本時代製糖會社沒有請吃尾牙，因為會社大部分不是完全民營的公司，所以不會請吃尾牙，只有私人公司、做生意的人才會請。那個時代並沒有太多人吃頭路（在公司上班）、出外去做事，所以真正請的並不多，大概在大都市比較多。像我只是開事務所，也不太需要請吃尾牙。現在上班的人比較多，吃尾牙的風氣比較盛。

尾牙之後，就是農曆 12 月 24 日的送神。送神主要是送灶神，這個節日在農曆春節前是很重要的活動。

之後，就是農曆 12 月 29 日晚上的圍爐。二九暝（夜）吃年夜飯，所有的家人聚在一起吃團圓飯，一定要吃的菜有長年菜。各地的長年菜不太一樣，我們這裡是吃韭菜和菠菜。韭菜有長長久久的意義，菠菜洗乾淨，把根部清一清，一定要整棵下去煮，不可以切段，表示有頭有尾、有始有終。

圍爐時還要準備鹹粿、甜粿（年糕）及發粿，這些都是過年過節一定要做來吃的。因為平時吃得並不好，過年過節要拜拜，拜神後人才有機會跟著吃好一點。這些粿糕都是自己家裡製作，很少會到外面去買。

過年圍爐後，要給小孩紅包。紅包的金額是看每個人的能力來給的，沒有一定給多少，也不一定給到幾歲，反正小時候拿紅包，到長大工作後要給父母紅包。有的親友久久相探一次，也會給紅包。

正月初一會放鞭炮，互相拜年，生意人都要拜拜。一般人家在大年初一會上廟裡去拜拜，以前也有「搶頭香」，通常都是先到廟裡的人排在前面，他們就會去搶頭香。我們家也會去廟裡拜拜，都排在 3、4 排後面，不曾搶過頭香。搶頭香主要是搶個好彩頭，祈求一年事業順利。

現在每年搶得這麼嚴重，應該只是個人行為，以前不會這樣。

大年初二回娘家，我的姊姊會回來住好幾天。由於物資缺乏，要回來過夜的話，連棉被都要自己帶，那時到別人家過夜都是這樣。初二要請女婿，到現在還是這樣。我以前的筆生楊石柳，娶了關廟人當太太，後來生了五個女兒，現在住在六分寮。他到現在每年大年初二還要請女婿，因為兒孫眾多，每請一次客就要 7、8 桌，而且還會找我去一起吃。

民俗有歌謠說：「初一早，初二早，初三睏到飽，初四接神，初五隔開，初六挹肥，初七七元。」大概都是那樣。❷

元宵

正月春節過完，接著過元宵暝（夜）。正月十五日元宵也很熱鬧的，在廟前會舉行猜燈謎。通常猜燈謎是由讀書人寫好謎題，擔任主持人，生意人寄附（捐贈）獎品，大家都來參加。猜中謎題就把獎品帶回家。

我們那時代比較沒有花燈，那是現在政府有辦才有，以前根本沒有，我也不曾提過花燈。不過，今日北門三寮灣文物館有展示一些模型，像是白河扛小孩坐篷蓬、化粧遊行等，但是善化並沒有這些活動。

春節過年一直到元宵以後，才開始工作。

媽祖生

3 月最熱鬧的就是媽祖生。3 月 23 日是媽祖生日，慶安宮會舉行大拜拜，媽祖出巡、做醮等熱鬧活動，尤其會和北港、大甲媽祖一起舉行每年的媽祖出巡，善男信女都會隨行刈香參拜。

這時候雖然是 3 月份，但天氣已經很熱了，加上隨行人眾很多、一路鞭炮不斷，空氣不好，很容易中暑。我因為不是很熱中宗教事務，所

以沒有隨行參加過出巡、刈香。

清明

我們這裡的人大多不是清明節時掃墓，而是正月先探墓厝、巡墓地，然後看好日子，找時間先去整理、修理墓地。在 3 月的三月節（農曆三月初三）時掃墓。

臺南地區的禮數比較多，掃墓更是大事，很講究。至於會在三月節掃墓，這是漳州、泉州風俗的差別。❸ 不過，現在好像爲了配合上班休假的關係，都改在國定假日 4 月 5 日清明節掃墓，以方便大家。

清明時要吃潤餅（春捲），不是荣包，也不是刈包，荣包是冬至時吃的，刈包是尾牙時吃的，這是習俗。臺南地區小吃多，每個節日有各種不同的吃食，一直延續到現在，成爲有名的小吃。

端午

五月節就是端午節，要吃粽子。我們那個時代很少在賽龍舟，雖然有臺南運河，但日本時代沒有賽龍舟，那時經濟不好、生活不易，吃飯是最重要的事，很少遊樂的活動。

以前我們吃的粽子都是自己做的。過年過節才會包粽子，因爲要拜拜，會吃好一點，所以會做點不一樣的食物來吃，包粽子就是這樣，平常也不會隨便包來吃。包粽子的餡看個人喜好，有人喜歡吃土豆（花生）粽、有人喜歡吃米粽、有人會加栗子、有人加螺肉，什麼料都有，完全依個人喜愛。那個時候很少人在賣粽子，要吃都是自己包。現在到處有人在賣粽子，也變成小吃的一種，聽說價錢並不便宜。

七夕和普渡

農曆七月，從初一到三十，家家戶戶門口都要點路燈。路燈的形式

依各家形式製作，通常是自己做。有人就只是點著燈芯油，有人用走馬燈。走馬燈最簡單，是用紙張剪些人形、動物形，裡面點一油燈，晚上放在門口，等到油盡燈滅即可。也有人會把走馬燈做得很漂亮，吹一下，轉圈圈，剪的動物就跟著轉，加上油燈的效果，變成很漂亮的走馬燈。做油燈的通常在鄉下比較多，城裡的人比較多是點電燈。點燈的目的是夜裡給好兄弟（亡魂）照明，以免好兄弟走錯路。

農曆七月的禁忌很多。整整一個月，不興嫁娶、不能動土、不能起厝（蓋房子），連出葬等事也不舉行。

七月，還有兩個比較重要的節日是七夕和中元普渡。七夕是七娘媽生，有人叫七巧節，也要拜拜。各地風俗不太一樣，怎樣拜、拜些什麼，習慣不同。臺南市大正町橋下有座七娘媽廟（開隆宮，位於中山路），通常會在七夕這天舉行孩子 16 歲的成年禮，外公外婆還要準備整套的衣帽、鞋襪、金飾等幫忙「做 16 歲」。這是很重要的節日，和現在 18 歲才舉行成年禮不一樣。

農曆七月十五日的中元普渡是大節日，在善化是由各庄輪流拜拜，從善化牛墟、橫頂、糖廠、過溝仔、頂街頭、下街頭到火車站為最後一站，整個一個月，從初一到二十九。我記得善化街上是拜十七、十八日兩天，我住的文昌里在十八日，火車站地區則是二十九日。輪到拜拜那庄，拜完晚上要請客，親朋好友均會來。交遊廣闊的人，一個晚上可能要跑好幾處，從街頭吃到街尾都有。其實還滿浪費的。

還好善化的普渡並沒有所謂「賽豬公」，但是慶安宮廟前有舉行「賽紅龜（紅龜粿）」的比賽。通常七月的普渡都在慶安宮前舉行，家家戶戶都會準備各種祭品去拜拜，而將整條中山路擺滿。整整一條路從慶安宮前面向左、右兩邊排過去，排滿整條街，很是熱鬧。我在代書館開張後，配合風俗習慣，依生意人的做法，每個月初二和十六日都要拜拜，七月的中元普渡也一定要拜。

七月的普渡之外，有時也會舉行夜遊會，俗稱「暗藝」。暗藝都是晚上舉行，有各種遊藝活動，像是踩高蹺、裝蒿蓬、蛤精、蚌精、老阿公揹老阿婆、十八嬈（十八個三八女人所組成的化粧隊伍）等競賽活動。這都是七月才有的，有時候競賽還會分東西方（東、西角）各角頭來競賽，由於拼得很激烈，所以相當熱鬧。

日本時代善化沒有所謂的跳脫衣舞，這是被禁止的。大概戰後才漸漸有脫衣舞，甚至是這幾年才有的。

中秋與重陽

中秋節就是吃月餅，在日本時代也是一樣。中秋晚上一定要吃月餅、文旦、柚子。我們善化地區還有吃土豆、甘蔗、泡茶賞月娘（月亮）的習慣。臺南地區產文旦、柚子，通常在白露過後就可以採收了，就這兩種最多，水梨則很少。日本時代的中秋夜並沒有放煙火，只是簡單的賞月而已。

重陽節是農曆的九月初九。臺南因為沒有什麼高一點的山，所以很少有爬山敬老的儀式。

冬至

農曆的冬至一定要吃湯圓，一般說吃過湯圓就長一歲了。冬至吃的湯圓都是自己做的。日本時代家家戶戶有石磨，做湯圓用的是糯米，糯米加水在石磨裡磨，舀一匙米，加一匙水，不能太多，也不能太少，加了以後就轉動石磨，一圈一圈轉，米漿會從石洞中流出來。將米漿收好放在布袋中，用石頭壓米漿布袋，讓水份慢慢擠出流乾；然後取一小塊粿粹先放在滾水中煮熟，製成粿糰，再放入瀝乾水份的米漿中一起搓揉，就成為米糰，搓好、揉好後，就是湯圓。湯圓通常都煮成甜的和鹹的兩種口味。以前煮湯圓不包餡的，沒有像現在有什麼紅豆餡、綠豆

餡、棗泥餡、芝麻餡。以前有得吃就很好了。

寺廟與廟會

臺灣各地會特別爲當地神明做大拜拜，就叫做「做醮」。善化是以做媽祖生日爲主。但是善化媽祖廟的「大醮」，60年才做一次，歸仁好像是12年或18年，蘇厝3年就做一次。建醮間隔時間不但看各地，也看各廟需要，有的常做，有的很少做。

一般做醮是由委員會決定要不要做，不是隨便說做就做。像善化慶安宮，上次做醮是在大正年間。那時的保正叫陳貝，集合了各庄及慶安宮的委員們開會決定。陳貝是警察退休的，也是地方協議會會員，屬於新派人士，有新知識、不喜歡浪費，又認爲做醮勞民傷財，所以召開會

圖11-1：善化慶安宮。

議，決定慶安宮 60 年做醮一次。

慶安宮屬於臺南大天后宮系統，善化地方上有一兩庄的媽祖廟比較特殊，系統不同，屬於鹿耳門系統，像茄拔一帶就是。這些媽祖廟不只是系統不一樣，佛像的製作方法也有差別。我們系統裡佛像是硬身體的，茄拔的佛像是軟身體的，也就是有關節，關節可以活動。

其實每一次做醮都要花很多錢，因爲除了拜拜之外，還有別的活動，有的會請歌仔戲團或布袋戲團來演戲三天、解厄三天，或其他儀式，像蘇厝 3 年一次做醮、燒王船。這些活動都要花錢，一般人常常得借錢來辦，很勞民傷財。不過，因爲做醮可以讓生意人有錢可賺，所以他們都很贊成做醮。

大正、昭和年間參加慶安宮做醮的共有幾庄，我並不清楚。一個庄又都有幾十個大大小小的轎班參加，所以只知道很熱鬧。

每個地方寺廟做醮除了本廟的活動外，也會邀請角頭廟一起來熱鬧。每個寺廟有多少角頭廟是看平常的交往情形，大廟的角頭廟通常很多，像慶安宮的角頭廟就很多，有土地公廟、王爺公、大道公、陳師爺廟、清水祖師廟，連新市大社的大道公也有交往。慶安宮和大道公有來往，主要是因他們有事都會邀請善化慶安宮三媽前去，所以有往來。新市大道公有三間廟，和臺南大道公一樣。

大正 11 年（1922），依勅令第 407 號第 15 條的規定，廟要登記廟籍，成爲法人。但是法人之外的角頭廟和小廟沒有廟籍的很多。當時各州廳有寺廟名鑑，記錄在籍的寺廟，只有小間的角頭廟才不被認定。善化有廟籍的廟約有十幾間，都是成立人民團體的法人寺廟，當然沒被認定的也很多。

申請了廟籍的廟，會因宗教因素而組成各種組織，如轎班會、老人會、同業會及同友會等。這些在日本時代或之前就成立了，大正 11 年頒布條例以前就有了。有些是從石頭公、樹頭公等慢慢演變來的。一般

這種宗教性質的組織以神明會、轎班會最多。有的地方祭拜的神明如媽祖，後來又由其他地方請來，漸漸有大媽、二媽、三媽、四媽之別，就一起立在旁邊接受信徒祭拜。二媽、三媽、四媽在日本時代就有了，且慢慢有各自的轎班會。在祭典或媽祖出巡時，各轎班會自行負責轎班內的出巡工作和開銷，所以轎班會的成立是各地廟宇很重要的組織。有的還組成基金會，甚至捐款或出錢買土地。不過，轎班會通常沒有廟籍，如二媽、三媽、四媽就沒有廟籍，只是民間團體，而非法人，他們的財產也是屬於團體參加者的。

轎班會通常是自由參加的，一個轎班會都有 3、40 個人，不一定要善化的人，只要你有心加入，應該都可以。每個轎班會的活動是看有哪個角頭廟邀請，就各自安排活動前去參加，轎班會有自己的會腳來扛轎、換班。我因為不是很熱中宗教活動，我家又是從臺南遷移過來，所以並沒有參加轎班會，不過在地人沒參加的也很多。

善化的轎班會很多，其他像大道公、太子爺也成立同樣的組織。除此以外，人民團體的小佛會也不少，如關帝爺、五文昌。反正一般廟裡的各種神祇都有各自的組織，大家照規定來運作，其中媽祖會是最普遍的神明會。

民間還有一種稱為父母會的組織。所謂父母會是因大家都很窮困，也沒錢，怕父母過世時沒經濟能力，又無法雇外人幫忙，所以大家同心協力、互相幫忙，有集資，也有出力一起幫忙抬棺、出殯，這種組織就叫父母會。這是當時社會變通的辦法，慢慢演變成為一種互助組織。我家因為是從臺南移居過來，不算是善化當地人，沒有加入這類組織。臺南當然也有這種組織，甚至還有像三郊組合的大組織，❹那種又不一樣。

媽祖生日或者媽祖出巡以及特別日子，在拜完主神後，都會順便拜主神身邊的隨侍，叫做犒軍。各地叫法不一樣，善化叫賞兵，歸仁叫犒

將，新竹叫犒軍，都是主神有出巡才會賞兵。

慶安宮除了有轎班會徵收會腳的錢外，通常會向在地民眾收取丁口錢（又稱丁仔錢）。這由來已經很久，我也有交，但最近幾年已經沒收了。我想可能是慶安宮本身有很多財產，所以不需要再向民眾徵收費用。

說到慶安宮有錢，真的是財產很多，像善化中山路285號以北的街店共有2、30家，慶安宮是所有權人，另外在新市大營也有土地4、5甲。以前土地並不值錢，慶安宮廟前到進學路、善化火車站原本是墓塚，現的第一市場以前也是墓地，城外當然更大片是墓地。這種地最早根本沒人要，我買了孫外科那塊地時也很便宜，蓋房子時還挖到骨骸。慶安宮都認了這些地，後來這些地值錢了，財產也越來越多。

一般來說，在地寺廟有各自的財產，有些廟的財產還不少，像下營上帝廟有兩三百甲土地。以前海邊的地不值錢，很多人根本不想要，尤其還要繳交地租稅，得不償失，就由寺廟認領，而累積越來越多的土地。現在土地值錢，這些廟財產變得很豐厚。聽說民雄那裡有一間名不見經傳的小廟，土地很多，約有1,000甲土地，捐了4、500甲土地給政府蓋中正大學，還剩下4、500甲地，聽來很驚人。南部很多廟擁有幾百甲土地，這是因為土地原先並不值錢。聽說斗六蕭家有一個女人守寡後，到處隨便唬人，很多人就把地籍報到她名下，說是要讓她繳稅繳到哭死，結果她名下擁有幾百甲土地。辜顯榮也是擁有很多財產的地主，聽說在里港就有300多甲土地。

善化的大地主很少，只有陳子鏞有幾千甲土地。善化有句話說：「北仔店圭角哥，小新營李淵波。」（Pak-á-tiàm ke-kak-ko Sió-sin-iâⁿ Lí ian-pho）指的是北仔店的陳圭角，他就是陳子鏞的父親。小新營的李淵波是臺大教授李俊仁的祖父。他們家曾發生一件趣事，就是嘉義有一個姓李的人打死人，被害家屬卻來到小新營找姓李的討賠償。他說我就

是小新營李家的人，但不是所有姓李的都是小新營李家啊！這件事被笑談了好幾年。

日本節慶

日本時代過節主要還是過臺灣古早的節日，不過因日本人統治，也會過日本人的節日，像紀元節、天長節、始政紀念日等。

紀元節是日本神武天皇登基紀念節日，通常都在 2 月 11 日。❺ 政府機關在這天都會排一整天的節目，像是拿花燈上街遊行，也有各種表演、集會。每個地方的活動要看當地機關的安排，有的也有敬老活動。

天長節是日本明治天皇的生日，和紀元節一樣，會有簡單形式的遊街或表演等小活動。通常天長節會找社會人士、公司團體或學生參加。

始政紀念日是日本始政後每年 6 月 17 日舉行，也一樣有節日活動儀式。始政 40 週年紀念日有大型活動，❻ 在臺北和臺南都舉行展覽會，展出一些古物，如林森在嘉義法院擔任書記官（司法官）的紀錄、清代太子太保王得祿的考卷和奏摺等各種名人物事。展覽會共舉行了一個月，會場就在今臺南歷史博物館，免費自由參觀。新聞社均大作廣告，所以大家都知道，也會抽空去參觀。

參觀展覽還有抽獎，由各界、鄉紳人士贊助。我去參觀後還抽到三等獎，獎品是伊藤博文刻在臺北城門牆壁上的複刻字：「一視同仁，無清日，無暗日」。這本來是買報紙會隨報贈送的複印本，卻被報社拿去當作贊助三等獎的獎品。

日本時代日本的節慶會舉行儀式，和農曆的節慶一樣過，但臺灣人通常不過西洋節慶。像聖誕節，大概只有信基督教或天主教的人才會過，一般人不太熱中，而且如果有過應該也是戰後才漸漸有，戰前根本沒聽過。

日本時代提倡神社信仰。善化沒有神社，臺南則有，在今臺南地方法院對面，就叫臺南神社，只是中等規模的神社。臺灣最大的神社是圓山的臺灣神社，不只鳥居最大，神官的地位也很高。我們很少去神社，都到廟裡去玩而已。戰爭末期，新化郡也設立神社，是官方令郡守花 5 萬圓（約值 100 甲土地）蓋的。❼

日本人認為祖先過世後就成為神，所以要設立神社，其實是拜他們的祖先，明治維新以後更供奉天照大帝。❽ 佛教不是這樣的，所以我們連玩都很少去神社玩，只有做官的人才會去神社參拜。有些人也會拜日本的神照（天照）大帝，我們家沒拜。

父親的葬禮

昭和 9 年（1934），我的父親孫湖過世。出殯行列陣容算大，許多禮儀和今天出殯有很多已經不一樣。那時抬棺者就有 48 人。一般是 8 人抬，也有 16 人抬，最大的是 48 人。告別式後，要送街，也就是送殯者要送到出街路。家人和孝男則一定要送到山上墓地，親戚朋友可以只送到厝街路邊，有的人也會在告別式後就先離開。由於我住在善化中山路，所以送街行列就在中山路。

出殯時都會有樂隊助陣，但沒有特別說要幾團樂隊。我父親的喪禮有 3 團樂隊，大多是親友出錢雇請來湊熱鬧的，不一定都是喪家出錢請的陣容。要知道，任何紅白事都是要花錢的，俗話說：「死一個人要窮幾年。」（si-chit-ê-laṅg-ái-sán-kúi-ā-ñi）不論有沒有能力，家裡有長輩過世都要盡力。一般人寧可平時隨便吃，碰到喪事時，常常是借錢也要好好辦場後事，所以民間才會有「賣身葬父」的故事。

我父親過世時的陣容，不能算是善化最大排場。善化大戶很多，這些人都很有錢，家人眾多，論起各種排場就更大了。

　　昭和年間出殯行列中有人力車、三輪車，這是給道士坐的，有的是給點主官坐。那時都會請有名望的人，如街長、郡長等來當點神主官。爲了禮遇他們，喪家要雇請人力車、三輪車給他們坐。

　　出殯行列中有扛輓聯隊。當時任何重要人物送的輓聯都要披掛在竹竿上，隨行展示，以展現喪家的影響力和出殯的規模。輓聯隊送到山上墓地後，會隨冥紙等燒化給死者。

圖11-2：1934年孫湖出殯行列。

　　行列中有踩高蹺、蚌精、蛤精、老阿公揹老阿婆、小旦等化粧行列，也有扛桌、扛獨腳輪打轉等技術表演者，還有唱牽亡歌、孝女白琴、樂隊、牛犁陣的陣頭，甚至有紅頭師公等。❾這些都是親友出錢雇請來湊熱鬧的。如果有這種行列時，全庄頭的人都會出來看熱鬧。不過，也不是隨隨便便就可以這樣熱鬧的。我父親是年紀大才過世的，算是喜喪，所以才有這種表演的陣頭。

圖11-3：1934年孫湖出殯行列。

　　我們南部通常只有土葬，沒有水葬，更不能野葬。水葬是送到海裡，野葬則給禽獸野狗亂咬，這不行的，一定要埋葬才可以。以前有句俚語：

圖11-4：1934年孫湖出殯行列。

「在生蘇杭二州，在死福建泉州。」意思是說：蘇州、杭州兩地比較富庶，生活在那裡可以穿綾羅綢緞，所以在那邊生活比較好；福建泉州的人比較看重喪禮，而且一定採土葬，在那裡死去則比較好。

我們這裡說來也很重視喪禮。一般人過世後都要做七旬。七天一旬，從做頭旬到七旬，喪家都要請客。這是因為以前喪事都是親戚朋友過來幫忙，喪家準備祭品祭拜、做法事之後，要請大家吃飯。一般頭旬是兒子做，所以由兒子請，二旬由孫輩做，就由孫輩請，三旬由女兒做，又叫女兒旬。女兒要出灰土錢，除了要包白包（奠儀）外，也要買祭品回娘家來祭拜，祭拜後女婿要出錢請客。媳婦的娘家則要出淡餞餅（taⁿg-sián-piáⁿ）。這樣一直做滿七旬，禮數繁多。對年 ❿ 之前的冬至，喪家不做粽子、粿，因此親戚要帶粽子、甜粿來。

如果是母親過世，孝男要到母親的後頭厝（母親娘家，即舅舅家）報喪。報喪時要跪哭，而且不可以進入屋內，一直要到舅家拿水給孝男喝過，並隨孝男回去看視、過目後，才可以蓋棺。有的人說後頭厝的親人來後，死者會流出鼻血，我有看過。我想應該是屍體移動所造成的，真實情況就不清楚。

以前聽說有錢的人年紀大了以後會先買棺材回家，就放在家裡，叫做「壽棺」。壽棺桶上還要先漆紅漆。那是以前交通不便，怕過世後來不及買棺材下葬，所以才會先買起來放。我覺得這是有錢沒地方花，才會這樣做。聽說中國、福建、澎湖比較多這種事，臺灣就比較少。

以前人過世後，有的不能馬上下葬，所以有所謂的「打桶」，也就是以石灰等天然防腐劑將棺木四周封死，防止空氣進入造成屍體快速腐敗，也防屍水腐味流出。這種技術現在很少了。不能馬上下葬的原因很多，有的是因為家產太多分不清，有的因娶太多個太太擺不平，所以不讓下葬，有的一放好幾年都有。最有名的像陳查某家、❶ 大同林挺生家。❷ 還有所謂「姑爺廟」，指的是祭祀鄭成功妹婿 ❸（被稱為姑爺）

的寺廟。

---

❶ 12 月 28 日，政府機關歲末最後一天的辦公日。

❷ 初八之後是：初八完全；初九天公生，初十吃食；十一請子婿，十二查某子返來食
泔糜配芥菜；十三關老爺生，十四月光，十五元宵暝。

❸ 漳州人習慣於農曆三月初三掃墓。

❹ 三郊組合就是批發商（卸賣商）的意思。

❺ 神武天皇為日本第一代天皇。明治 5 年（1872）太陽曆頒行之際，太政官宣佈定神
武天皇即位之時為紀元，稱皇紀，並定為宮中大祭，以示永世不忘之意。是日，天
皇率文武百官，於宮中三殿舉行大祭，夜晚於皇靈殿舉行神樂之儀。此祭為明治天
皇所制定，意義為崇仰神武天皇肇國大業，而向皇祖及天神地祇祈願皇室寶祚無窮
及國運昌隆。王學新，〈日本國家神道與集團意識：由宗教層面探討日本邁向軍國
主義之路〉（臺北：淡江大學日本研究所碩士論文，1987），頁 72。

❻ 1895 年 6 月 17 日臺灣總督府舉行盛大的「始政紀念祝典」。其後在日本統治的 50
年間，每年 6 月 17 日即被稱為「始政紀念日」。1935 年 6 月 17 日，即始政四十週
年紀念日，臺灣總督府並於當年舉行盛大的臺灣博覽會，稱始政四十週年紀念博覽
會。

❼ 新化神社，於 1940 年 11 月動工，至 1943 年 9 月建成。神社內苑 1 萬 8 千坪，外
苑 2 萬 5 千坪，共 4 萬 3 千坪，總工費約 20 萬圓。《臺灣日日新報》，1941 年 1 月
17 日，4 版、1943 年 9 月 5 日，4 版、9 月 23 日，4 版。

❽ 天照大神，又稱天照大御神，位居眾神的頂峰，日本天皇將其尊奉為皇室的祖神，
供奉在伊勢神宮。天照大神神體是一面八咫鏡，按照神道的觀念，八咫鏡象徵太陽
神，故又被日本人奉為太陽女神。

❾ 臺灣民間稱道士為「紅頭」，又名「紅頭仔」。

❿ 往生者死亡當天，農曆稱忌日，死亡滿 1 週年為對年。

⓫ 陳查某（?-1993），連惠心的公公，早年經營香蕉運銷，成功打入日本、中國市
場，贏得「香蕉大王」名號，並涉足紡織、貿易業。

⓬ 林挺生（1919-2006），臺北市人。前中興公司董事長、大同公司董事長、大同大
學、大同高中校長，歷任中國國民黨中央常務委員、中國國民黨臺北市委員會主任
委員、中國青年反共救國團臺北市團務委員會主任委員、臺北市議會議長、總統府
資政等黨政要職。參考「臺灣當代人物誌資料庫」。

⓭ 據傳泉州南安縣楊氏五兄弟隨鄭成功來臺開墾，而五兄弟中的楊瑞璉娶鄭成功妹鄭
婉，因而人稱「楊姑爺」。林聖欽等撰述，《臺灣地名辭書，卷七，臺南縣》（南投：
省文獻會，1999），頁 148。

第十二章
日治時代的社會百態

治安

　　日本時代治安較好，一個地方的警察派出所警員只有一個，不像現在都幾十人、上百人。當時也沒什麼幫派問題，一般都只有拳頭師傅比較有流氓氣，或者偶爾有些比較野蠻的人，不過還是很少，看地方而不同。

　　賭博的人也有。善化有賭博間，不過和我交往的人或鄰居很少去賭博間，所以情形也不是很清楚，只知道賭博間是不合法的。

　　至於合法的遊技場，善化共有兩間，也有射擊等項目，應該是比較黑社會的人出入，警察也會去巡視。這兩間都在中山路上，是外地人來經營的，應該是隨別地轉過來的警察來到善化，才有這樣的行業。當時的日本警察還算正直，不會亂來，不過刑事會和壞人相處，也有線民，這種情況就不是很清楚了。

　　善化有一間日本料理店是日本人山下泰三開的，其實是娼妓店。這家店也和刑事單位有所往來，因為都是他在送飯菜給犯人吃。

病院與就醫

日本時代醫生很多是公醫，曾經聽說過有一個臺大醫生是公醫，開刀沒用麻醉藥，患者痛得大聲叫。我有一個堂弟，戰爭時期被流彈打到，腿受傷，送去就醫，醫生也說沒有麻醉藥，直接手術。我兒子是學醫的，我知道那時醫藥很缺乏。

臺南病院在日本時代的醫術其實很差。我父親眼睛痛，浮紅筋，一直無法退瘴（消炎），只好去看醫生。有個眼科醫生，姓尾崎，還是醫學博士、眼科部長，不知怎麼醫治的，說是得砂眼，沒開刀，就只刮砂眼，卻無效。後來還是在臺南清水町一間很大的病院看好的，醫了 6 個月，有一隻眼睛開刀，才消除紅腫。

那時藥很貴，大概要幾角錢。注射的話，打一支針要 1 圓。生病住院也沒營養劑，但是醫院裡面的福利社有人在賣，小小一盒賣 1 角，當時啤酒是三合 8 角。其實所謂營養劑，不過就是罐裝的焢雞骨湯而已，賣這麼貴。我父親住院 6 個月，家人沒空去照顧，就我一個人照顧。每天晚上住在丙等病房，舖草蓆睡地上，6 個月下來也花了不少錢。

那時一般人看病都很簡單，大多以臭水（ぶろむかり，即安定劑）醫治，但是副作用很大。也有人家是用寄藥包的方式用藥，也就是家庭便藥（成藥），一袋一袋裝好，裡面共有十幾種成藥。寄藥者一個月到家裡去巡一次，看看用了什麼藥，花多少錢，也順便換一下藥或添加一些藥。現在日本還有一些地方還是使用這種家庭便藥的藥袋方式用藥，尤其是山裡、交通不便的地方。這對臨時需要，像頭痛、胃痛、拉肚子、消毒等用藥，算是最方便的。

我們如果感冒，通常還是以看中醫為主，或是便藥（成藥）吃一吃，大概也好了一半。那時其實很簡單，感冒、拉肚子的比較多，到醫生館看醫生都是看痢疾這種嚴重病症的患者。

　　說到藥，新化的李朝泉製造便藥，也很會賣藥，賺很多錢。他的藥有名的很多，像虎力士（Lalumei，興奮劑）、デルビソ（瀉藥），還有出百免（防腐劑）等，都賣到韓國、日本。

　　善化有兩個西醫：蘇師陀和劉侹。蘇師陀是臺南人，讀臺北醫專畢業，在中山路開業。劉侹是柳營人，也是臺北醫專畢業，也在中山路開業，是詩人和藥種商。❶ 兩個人都是看專科，生意都很好。

　　善化藥種商有蘇建琳，很會做詩，後來在慶安宮廟前開業。以前讀書人都會吟詩，漢醫要寫藥籤，藥籤常有籤詩，因此漢醫比較會吟詩。由於他頭腦很好，知道很多，人家稱他為「大知琳」。不過，「知」字和「豬」字臺語發音同，「豬」有愚呆、不聰明的意思，所以他很忌諱別人稱他為「大知琳」。

　　日本時代大家比較喜歡讀醫，讀臺北帝國大學高校預科入學可直升至大學畢業，但是考高等學校不容易，一年取兩名臺灣人，只是意思意思，表示殖民地也有人考上。有一年善化兩個人考上高等學校，這就很不容易。其中一個叫劉育奇，是醫師劉侹的兒子，是文科的。另一個是蘇銀河，蘇東岳的兒子，讀醫科。自那年度起，善化公學校就成為教學的示範學校，每週都有全臺灣各地公學校來觀摩。那時善化公學校校長是鄭金宗。

　　說到詩，善化早在鄭成功時代就有詩社的成立，那時叫「東吟社」，沈光文過世後改稱為「淡如詩社」。❷ 後來在 120 年前為紀念沈光文，故將詩社改為「光文詩社」。一般說來，善化的文化比較高，當然意見比較多，所以高等刑事也多。

　　這些高等刑事都是日本人，不過後來慢慢高升，升去北部。警察（含高等刑事）就地看病大概都是由在地醫師施震炎免費優待看病。高等刑事猶崎的幼兒患先天性小兒麻痺，請施震炎醫師免費診療。小兒麻痺在當時是難救的絕症，數個月後，延命治療仍無效的很多。有一個寒

天深夜，他到施醫師診療樓下往診求救。施震炎認爲這是無法可治的慢性病，日間已有往診、投藥，因此回話說日間已給藥，除了服用那藥外，並無別法，因而不出門。後來那個孩子死去，猶崎不但對施醫生的免費治療不感恩，反而懷恨在心。

高等刑事很麻煩，尤其選協議會員時，雖然協議會只是諮詢機關，沒人競爭，一定可以選得上，但是常被高等刑事監視。高等刑事猶崎每天晚上吃飽飯就來找我聊天，有時我不方便，他就說我方便時去。有天晚餐時間，我以鄰近施震炎醫師有約聚餐爲由，告訴他不方便，他隨即去附近餐廳向搬運人員查問施震炎醫師處聚餐的人員及有關事項。隔日開始做報告，說是有賄選嫌疑而向法院告發，最後檢察官起訴成案。我們這次一同聚餐的人員，包括施震炎、我、施震炎之妻弟、梁國材、登

圖12-1：1936年善化淡如吟社成立5週年。右一即爲蘇東岳。

記為選舉運動員的退休警察員、鄰近商人登記為運動員的梁曜共 6 人，被認為有賄選嫌疑。施醫師和我們住在中山路，由於大家是每天見面的人，選舉時就登記為運動員。那時猶崎卻以誘導方式訊問：「聚餐時施醫師有說選舉工作勞苦的謝詞嗎？這是正確的嗎？」被訊問人最後送警察局，結果以微罪不罰、猶豫起訴而終案。

過了一段時間後，猶崎升為北部警部級高官。有次他來到臺南地方法院，回程專程來訪。他自己懺悔說，青年時血氣旺盛，愧對施震炎醫師，恩惠不報，反惹事生端，精神上相當自責。

臺日通婚

日本時代，最早是禁止臺日通婚的，一直到大正年間以後才開放可

圖12-2：1937年善化新春聯吟會暨沈光文渡臺275年紀念。

以通婚。之後就有一些臺灣人和日本人結婚的例子。大多是臺灣人去日本讀書求學，然後娶日本女子回臺，很少聽到臺灣女子嫁給日本男子。

善化這裡也一樣，娶日本太太的人很多。有一個在糖廠服務的郭再興，就娶日本太太。他是到日本當兵時，遇到當護士的太太，兩個人結婚後才回臺灣。善化名人蔡友平，在善化開碾米廠，送兒子去日本讀書，後來也娶了日本太太回來。林耿棠，家族企業在善化是數一數二的，家裡的小孩每個都是去日本讀書。他就是去日本讀書後，娶了日本太太回來。王鼎勳的叔父王變遷，❸ 是個醫生，太太姓中村，也是日本讀書時結婚的。還有一個姓林的，開設鐵工廠，他原是去日本做工，後來娶了個琉球人回來。

臺灣女性嫁給日本人比較少。其實不論是嫁日本人或娶日本人，就和嫁外省人或娶外省人一樣，在善化這樣保守的地方，很容易讓人覺得不順眼，不容易接受，所以異國通婚並不普遍。尤其聽說有一些比較不好的例子，例如臺北有個女人很漂亮，嫁給日本人，也享受榮華富貴，還生了小孩。後來丈夫回去日本，自己一個孤苦伶仃，常常 6、7 天都沒東西吃，很可憐，後來還被賣了。所以和日本人通婚也不是那麼好。

茶店和「貸座敷」

一般叫茶店，就是指有女人服務的吃飯館子。戰爭中，地方政府的殖產課管理統制、生意等事情。我因為做生意的關係，加上參與幾個統制會社需要討論原料的事，常常被找去開會。開完會後，都會招待吃飯，人很多時才會找師傅出來做外燴，不然大多到茶店去吃，較少去飯館。有時一天去個 3、4 次皆有，常去到連自己都會不好意思。

茶店通常較大，有女人陪酒，一個客人叫一次約要 1 圓。她可以一直跑攤，一天下來也賺不少錢。如果帶出場或過夜，當然價錢另計。我

去茱店都是隨大家一起去吃飯的多，不會對那裡的女人放感情，逢場作戲可以，不要讓自己被騙。和她們交往，是讓自己降格。

茱店裡的女人也分臺灣人或日本人，有些店裡只有日本女人。通常我們會去的都是臺灣人的店。善化最有名的是昭和樓。昭和樓是戰爭中開的，老闆是歐金居。他是善化第一名人，本來開粉間，一共開過兩次。開第一次失敗後曾賣給別人，後來向糖廠、左鎮街長、原料委員借錢，又開一次。他最有名的事蹟是大正10年（1921），將一張八十幾年的大石桌捐給慶安宮，現在放在廟裡媽祖前的大供桌就是他捐的。他有七個小妾，昭和樓是登記在他細姨（妾）的名下。這個細姨叫陳累，大家都叫她阿尾，很會做生意。

昭和樓一共有三層樓，每層都有總間，也有隔間。聽說蓋那棟樓花了5萬圓，大約是100甲土地的錢來蓋的。不過歐金居做粉間失敗，沒給番薯錢，所以大家也將昭和樓叫做番薯樓。我雖常去昭和樓吃飯，但是不認識那裡的總舖師傅、料理頭。我想也是整組人馬在煮茱，跑桌（小工）有跑桌頭和好幾個囝仔小輩。跑桌沒有薪水，所以必須給小費，但不用給到一成。

昭和樓在戰爭時做了不少生意，後來在戰爭末期也被徵收。先是官廳徵用，被殖產局收去當酒精倉庫。歐金居因此換得去當御用商人，賺得更多。戰後，公所將昭和樓當做辦公廳，就在裡面辦公。

除了昭和樓外，善化還有一些茱店，像有名的廣昇樓、日春閣，大大小小約有4、5家。廣昇樓在第一市場南邊，福州人劉大妹（男性）開的。這家很早就有了，大正年間已存在，後來遷到臺南，所以廣昇樓很早就拆了。一個地方通常都是外地人來開茱店，在地人比較不愛開，這些外地人又以福州人比較多。

說到茱店，臺南當然比較多，還分不同種類的，如臺茱、日式料理店、臺茱兼日式料理的；也有專吃飯的或可叫女人陪酒吃飯的。臺南有

名的菜店有松竹、寶美樓，都有女人陪酒。

菜店和酒樓的差別其實不大，就是較高級和較簡單的差別。臺南寶美樓算是高級的菜店，和草地（鄉下）的簡單菜店有點不一樣，但一樣都有賣身的女人陪酒。菜店的女人又分很多種，有需學曲唱藝的藝姐、只斟酒陪客的酌婦及賣身的女人。

寶美樓賣臺菜，開在西門圓環西南角（今民族路與西門路交叉口），因為坐西向東，門開在東北方，聽說是犯鬼門關，位置不好，所以本來是臺南最好的建築物，但是生意都做不長久，老闆換過很多人，幾乎常常在換老闆。有人說臺南林百貨店也犯鬼門關，一直換老闆，後來被鹽務局徵收，現在是港務局辦公廳，只剩下空殼建築物。

除了菜店之外，還有專門的查某間（茶店仔，妓院），在臺南新町，日本人稱「遊廓」（ゆうかく）或「貸座敷」（かしざしき），❹其實就是花街柳巷。有的還有名到不只男性會去，連女性也會去參觀。最有名的一家是真花園，❺較高級，為藝姐間。

通常一家查某間裡都有幾十個女人，進去就是先點茶喝，不吃飯，這叫「點煙盤」。盤裡裝著各式點心，像蜜餞、瓜子等，然後可以點陪客的女人。女人還分幾種，一種是比較高級、只賣藝的藝姐，有的是唱曲、有的是拉絃。還有一種叫酌婦，專門陪喝酒、斟酒、敬酒，這也是不賣身的。有一種專門賣身的，就看一段時間多少錢，如果帶出局則價格另計，過夜看多少時間，價格更貴。

有一種店，雖叫「茶館」，卻沒茶喝，完全靠女人陪酒、陪宿來賺錢。這些女人有的只是 14、15 歲的小女孩，老鴇也不管她年紀多大，就逼她們接客。有的更過分，還專門買養女回來做這件事，賺這種錢。聽說廣昇樓有個女人叫夜茉莉（やもり），臺灣人，一天陪 3、40 個客人，必須打西德製一支 6 圓的聖藥，預防性病。後來她開了一家查某間，很會賺錢，就是純做茶館生意。

販仔間

　　所謂販仔間就是低級、底層小生意人投宿的最便宜的旅社。這些人大多是賣牛牛販、小販、算命師以及粗人等，才會選擇住販仔間。販仔間一般只提供睡覺，以通舖居多，偶爾也有隔間。一間店面不會很大，3、40坪，草席往木造床架上舖一舖就可以躺著睡了，一間通舖則睡個十幾人。

　　住販仔間一天，大概幾分錢，但不提供吃食，住的人要吃三餐就到市場解決。販仔間只單純讓人有個睡覺的地方而已。

　　販仔間幾乎每一埠頭（村鎮）都有，山內比較少。山內人較熱情好客，看到陌生人去都會招待，所以販仔間很難存在。善化也有一家販仔間，是外地的臺灣人來開的，在慶安宮西邊三叉路的復興路和橫街上，好像我很小就有了，麻豆也有。

　　大正15年（1926），大約是日本天皇過世的那一年，我因為做生意的關係去東港。想說來到東港，不如就去小琉球龍蝦洞看看、玩玩，因為到小琉球一定要從東港搭船過去，反正邊做生意邊玩，「一兼二顧，摸蜆仔兼洗褲」（it-kiam-jī-kò., bong la̍h-á-kiam-sé-khò.），這就是做生意人的好處。當天晚上我就在東港找了一家旅社住，結果被跳蚤咬得一個晚上都沒辦法睡覺，很慘。這種小旅社也只是純住宿，有幾個房間，沒有叫女人的，算很單純。這是我唯一住過比較像販仔間的小旅社，以後再也不敢住了。

公共澡堂與便所

　　以前的人很少洗澡，據說：有人一生只洗三次澡，出生時一次、結婚時一次、死時一次。很多人家裡沒有浴桶、浴室，都到公共澡堂洗

澡。

臺南大正町（中山路一帶）有一家公共澡堂，臺灣人開的，洗一次要5角。我家因為有浴桶，所以我有天天洗澡的習慣。也由於天天洗，因此很少去公共澡堂。

那時洗澡大概都是全家人用一桶水。日式浴桶是木桶，很大一桶，高度約一個小孩高。一桶水裝滿要用掉很多水，且都用井水，挑井水回來燒熱才能洗熱水澡。挑水很辛苦，我家附近有一口井，家裡有空的人就要去挑水。

以前取水並不容易，所以大部分人家很少洗澡，甚至連洗臉也一樣，常常是一盆水做很多用途，或一家人用同一盆水洗臉。請客吃飯時，全部的客人也常用同一條毛巾，同一盆水。

便所也是一樣，大部分人家裡面是沒有廁所的。很少人會在家裡設便所，都到公共便所解決大小便問題。公共便所設在市場邊。有的婦女會在紅眠床旁邊張個門簾，隔個小間，換衣服、揉身體，裡面也放一個尿桶，白天晚上比較方便，但就造成氣味難聞、衛生不好的環境。

如果家裡有便所的，大概都設在屋外。便所的汙肥，也是很多農家搶著要的。通常會固定給某一家，還不可以隨便去取。

戲班與講古

善化戲班只有一團，是一個姓陳的人當班長，通常叫他「做戲班的」。他旗下有7、8個到13個不等的演員，也分生、旦、丑角、扮仙，大多由他兩個弟弟扮一旦一生。他們隨便什麼都能演，反正演的都是用臺語說的臺灣民戲。一般民家很少會請戲班來家裡演戲，戲班大多在廟會時才演，也沒太多戲碼，曾經在善化演過「陳三五娘」。他們並不在固定地方演戲，有人請才去當地演。

　　除了戲班，子弟戲比較多，都是民間業餘團體。以寺廟爲中心，有不少團，也有不少人，一團約有 2、30 人。通常我們稱子弟戲是指南管，善化的南管稱爲「聚玄社」，由林應時任御前清客，❻也有月琴演奏。北管則稱正音，以蘇建琳等人爲主。

　　善化沒有日本戲，大概只有臺南有日本戲的演出。我小時候看過日本馬戲團。大正年間，我還是小孩時，我爸爸帶我去看過。

　　日本 2600 年（西元 1940，昭和 15 年）時，善化也有慶祝活動，但只是簡單的提燈行列，也唱了歌，歌詞我忘了。這一年，我印象比較深刻是因爲我家兄弟在此年分家。

　　臺南是古都，講古這行業也是很時興的，尤其在廟邊講古，通常也會備有椅子、瓜子，一聽就是半天，花費只要 1.5 錢，算是很便宜的消費。不過，我並沒有去過，我二姊夫有去過，我是聽他說的。

---

❶ 蘇師陀是臺北醫專第 6 屆畢業生，1907 年畢；劉侹是臺北醫專第 12 屆畢業生，1923 年畢。

❷ 由照片可見，善化淡如詩社成立於 1931 年。

❸ 王鼎勳，善化人，東京醫科大學畢業。曾任臺南縣議會議員、副議長、議長、國大代表、臺灣水泥股份有限公司監察人、國際扶輪社新營社社長、臺灣省自治協會理事、臺灣省私立臺南仁愛之家（救濟院）董事、鼎立工業有限公司董事長、嘉南農田水利會代表、臺南縣善化鎮新玉美製粉工廠廠長、糖粉商行經理。「臺灣當代人物誌資料庫」。

❹ 明治 44 年（1911）「臺南市區改正計畫」完成後，市府公告以濱町及南廠西方之大片新生地爲「新町遊廓」，做爲酒家、妓女戶的集中區，稱爲貸座敷指定地。其中，以保安路上之南幹線大排水溝爲界，以北爲日、韓人爲主的內地人遊廓地，以南則爲本島人遊廓。大正 11 年（1922）日人將原本聚於粗糠崎附近的特種營業戶，悉數遷移至此集中管理，使此地成爲日治至戰後初期府城最主要且馳名全臺的風化區。許淑娟、李明賢、鄭全玄、孔慶麗撰述，《臺灣地名辭書，卷二十一，臺南市》（南投：省文獻會，1999），頁 227。

❺ 真花園位於臺南市康樂街旁，爲新町遊廓經營最爲長久的特種營業戶。同上註。

❻ 清代康熙皇帝 60 壽誕，大學士李光地（福建人），特地派人回閩南找到南管名家吳志等 5 人進京演奏南曲爲康熙祝賀。演奏之時聲調和諧，婉轉悠揚。康熙讚賞之餘，便要給吳志等人封官，但他們不願當官，寧願回家鄉演奏南曲。康熙於是改賜爲「御前清客」，並賜予宮燈、涼傘。所以直到現在，他們演出時總會擺上宮燈、

涼傘，表示皇帝賜封的尊榮。現「御前清客」一詞，指南管演奏家。參考網站
http://www.boe.ylc.edu.tw/~ylc04/mu/T07/folkmusic/index.html

第十三章
戰後初期的政治社會

中國兵來接收

二次大戰日本戰敗，中國取得勝利，接著中國人就來到臺灣。中國人來時，大家都很歡喜，但善化地區並沒有特別的慶祝活動。

最早一批到善化的中國人是福州人，有些還綁著棕簑、拿著棉被，就來到善化。我對中國人來接收的印象比較深。我曾聽說有一個姓白的香港人，本來很有勢力，但因為比較晚才來臺灣接收，最後只派到警局當三等警員。大概他心裡很不甘願，覺得被歧視，到處得罪人。有個新化區區長王其昆，還是學生，尚未畢業，就被派來做區長。

聽說臺南世界館接收時，中國兵都去搜查，如果有東西被搜到，他們才會放過，如果搜不到東西還不行，任何東西他們都不放過。他們搜查時會帶一條鍊子去，搜到東西就用鍊子拖走。剛開始一般老百姓也會怕，根本不敢和中國兵往來。聽說中國兵很多是沒讀書、不識字、被抓去當兵的，所以都會擔心。有時天色晚一點也不敢從軍隊駐紮地經過，尤其是婦女，怕會有安全上的問題，所以中國兵和一般民眾幾乎沒有任何交集。反正來往少，衝突就少，也比較沒事。

　　中國兵來到善化，應該是在二二八事件以後。最早一批是鐵道兵，那時是住在善化國校。後來長期駐紮在善化的是軍官團，就住在烏橋（善化鎮胡厝寮的烏橋），也就是在安定和胡厝寮中間，即今新警察局一帶，還有眷村存在。就我所知，這一團全部都是軍官，沒有兵。軍官團和善化人民的接觸很有限，他們有自己的伙食、配給，幾乎不必到善化來採購、買東西。

　　這個軍官團裡有人曾因生病到我兒子開的孫外科來看病、就診過。軍官團裡面也有人很有學問。有一個人，因為我兒子把他的病治好，還寫了字畫送來。當然軍官團裡面也有沒讀書、不識字的。不過，他們給我們最大的觀感是，和日本軍官很不一樣。日本軍官通常是非常嬌擺（hiâu-pai，霸道）、驕縱的。例如臺南聯隊駐紮在臺南火車站後面（今成功大學所在地），日本少尉出門都有四個隨從跟著，買東西、挑東西全部都是隨從的工作。中國軍官則完全不同，他們官階大到像上校這樣的軍官，上街或到市場都是自己來買、自己挑回家，很少叫屬下來挑的。雖然如此，臺灣人觀念裡還是認為他們只吃餉糧不做事，簡單講就是米蟲，根本不相往來。這個軍官團在烏橋住了幾十年，最近才撤走。

　　除了烏橋軍官團外，中國兵來善化多少有一些，但不多。大內到善化之間共有三個營區和三個眷村。他們很少和當地人來往，也很少和臺灣人通婚，但有的會娶原住民。

　　我記得有段時間軍隊曾經駐紮在學校，使用學校教室，要討都討不回來。那時我孫女在善化國校讀書，我是家長會委員，和省議員王雲龍認識，❶就去找他說。他算很努力，也很有能力，去反映後馬上有結果。他向財政部要三間教室，錢馬上撥下來。王雲龍是王鵠朱的兒子，公學校和我同學，後來他去日本讀書，學經濟，曾經到南洋做三井株式會社總代理，戰後擔任省議會財政組召集人。王雲龍的哥哥王清風也到日本讀書，學的是法律，擔任辯護士（律師）、推事。他們都算是知識

菁英，還好是在二二八事件以後才回到臺灣，所以並沒有受到任何影響，以後事業順遂，二二八以後還擔任省議員。

二二八事件

二二八事件發生時，讓我印象很深刻，因為我當時正好是鎮民代表會主席。

臺灣光復之後，於民國 35 年（1946）各鄉鎮地區成立鎮民代表會，選鎮民代表。開了代表會議後，我被選為第一屆主席。我提出辭意，卻沒能辭掉，但我不喜歡和政治扯上關係，第二次堅持辭掉，才沒繼續擔任主席。可是就在辭後、尚未交接之際，二二八事件發生了。

二二八事件本來在臺北發生，慢慢蔓延到南部來。有一天早上，我碰到茉店的小弟，拿著銅鑼宣傳二二八事件爆發，還拿著茉刀，說要帶隊去嘉義援助，後來也只到曾文溪就沒再前進了。還有一個叫胡金鳳的，帶著十幾個人說要去接收善化糖廠。❷臺灣光復後，來糖廠接收的都是外省人。這些外省人很多是外行，廠長連糖一包重達 100 公斤都不知道，還問下面的人說糖一包幾兩重？讓一些臺灣人很不滿。因此，一聽說二二八事件發生，就說要到糖廠去接收。去到糖廠，這些人叫囂著交出印信和鑰匙，但要接收什麼，其實根本就「霧煞煞」，什麼也不清楚，既沒有破壞，也沒拿走什麼東西，根本連亂動都沒有。但是後來這些人都被捉去關，經過判決，說他們是「意圖顛覆政府」，十幾個人都被關，有的還被連坐，連糖廠的人也有因交出鑰匙而被判刑的。

二二八事件時，善化除了接收糖廠一事外，幾乎沒有發生任何事。當時聽說有人要去破壞曾文溪南、東勢寮至番仔田（隆田）的臺鐵鐵橋，以便阻礙國軍的南下，可是因為沒有人帶頭，也就不了了之。反正都是烏合之眾，又無正經人當頭，無法成事。善化其他地方就更沒事

了，算是很平靜，不像嘉義這麼激烈。

在事件發生之前，我看臺灣局勢已經很亂，在主持代表會的會議上曾經提出，但因為代表會不是正式的政府組織，代表會的會議也不是官方會議，所以不了了之。我辭掉主席一職後，也就不管那麼多了。後來我看局勢根本擋不住，有人想惹事，這些人又不曾用過槍，說要暴動，我看根本就是「雞蛋碰石頭」，穩死的，無濟於事，所以一聽說有人要去援助，就知大事不妙，趕緊離開善化，到臺南去躲起來了。

二二八事件之後，因為善化並沒有發生什麼事，軍隊也沒有進來。事後政府成立二二八處理委員會，我不想管，也辭了鎮民代表會。我不想插手政治，是因為日本時代成立善化商工協會時得罪過糖廠，被害得很慘，只差沒被關，所以我後來都不願意再參與和政治有關的事，也很堅決地辭掉委員會的工作。

二二八事件在臺灣犧牲比較大、被殺得比較厲害的都是後來政府叫出來組處理委員會的委員。這些維持治安的社會菁英、地方士紳，犧牲較多，幾乎都被殺。像林茂生，後來被說成是煽動者、「壞人」，連怎麼死的、死在哪裡，到現在都不知道。有聽說是在南港被槍殺，但到現在都找不到任何證據。

臺南有一個律師叫湯德章，父親是日本人，母親是玉井楠西人。他頭腦相當好，日本時代曾經做過司法警部補、主任，主要辦刑事案件。我因為擔任代書，所以認識他。我知道他在二二八時是出來幫忙維持治安，和林茂生一樣。他後來也被捉去槍殺，就在國民軍來了以後。槍殺前還被插上黑令旗，在臺南遊街，在今臺南民生綠園示眾三天。大家都在說，我根本不敢去看。

聽說臺南很多人被殺，但我大多不認識。我只知道嘉義因為反抗比較激烈，結果也比較嚴重。聽說朴子一個街長被槍殺，反正比較有勢或常出頭的人較容易出事。

當然也有一些特別的例子。例如臺南有一個叫歐清石的人，❸是個律師，很有錢，房子很大，他在戰爭時也是防衛團團員，因和日本人幹部有不同意見，被日本人幹部陷害。由於他頭腦很好，日本人不願意看到臺灣人出頭，所以想盡辦法要排除異己，結果他的房子和財產都被沒收，也被判刑，判決理由是「他沒有皇民精神」。反正要陷害他，理由隨便找都有。他被判了刑後，被抓去關，後來美軍空襲時，被炸死於監獄。臺灣光復後，他突然變成抗日英雄，房子也歸還給他。時勢造英雄，人的命運很奇妙。

土地改革

中國人來了以後，有一些改變是日本時代所沒有的，像是三七五減租、耕地放領、耕者有其田等。這對大部分的臺灣人影響很大。

三七五減租在實施前已經提了很久，大家都知道政府要實施這個政策，也都知道大概怎麼處理。依規定是地主放領後剩餘的土地，如果是水田不得超過 3 甲，旱田則不得超過 5 甲，如果有水田和旱田，則各不得超過一半，即水田 1.5 甲、旱田 2.5 甲。土地放領時，被徵收土地的價值是以收成來換算的，大約是番薯 1 萬斤換 4 千斤、稻子幾千斤僅可以換幾百斤這樣的價值比去兌給地主，其實真正吃虧的還是地主。亦即以土地實收產量減 60%，再以 375/1000 計算，0.4×0.375=0.15 後，將半額給公司股票，半額分 10 年攤給。就我知道，換到後來，地主剩很少了。

我在知道政府要這樣解決土地後，就開始處分我的土地。我因為當代書的關係，常會將人家不要的畸零地或馬路邊地買下來，時間一久後也積有一些地。我後來就去找客戶，像是佃農，我和他們協議以三分之二的地價賣給他們，他們如果沒有那麼多現金，也可以讓他們欠錢，再

分期攤還，反正多少收一些錢回來。所以我在政府實施三七五減租前，已經將土地都處分好了，能賣的都賣掉了。俗俗賣（便宜賣）時，相差不及半額。

我知道幾乎沒有人像我這樣處理土地問題的，因為損失減少太多了，以至於有人就看我不順眼數落我，說我做壞榜樣，賣土地還賺了錢。我說我和他不一樣，他是有錢人，曾經做過善化第一任街長，家裡土地很多，被政府徵收後，給予 10 年分攤現金及股票權，雖是很少，僅 0.15，但積少成多，留著也吃不完。不像我，我都是一分一釐辛辛苦苦賺來的、存來的，我沒有本錢損失。賣了土地，我還要去做別的投資才能維持，所以我和他立場不同、情況不同，不能比的。如果我像他，或像我的親戚一樣，是擁有幾千甲、幾百甲土地的人，我就不怕政府實施三七五減租。被「三七五」後還可以剩下很多，當然不用擔心了。他才沒話可說。

這個人這樣數落我，還真讓我不服氣，因為他家財大勢眾，影響不大。後來他兒子還是臺灣水泥公司的董事，有利益、有配股，臺泥賺錢還可以分紅，當然沒什麼損失，和我這辛苦賺錢的人真的不一樣。他兒子在臺泥擔任董事好像也沒做太久，因為他將水泥一包 20 元賣到 45 元（公司特殊身分人賣出的價格是 20 元，市面或黑市價格是 45 元），賺得太多，董事都有慰勞 20% 配股，他還主張要特別權利，所以一年後就被剔除資格了。後來他當選為臺南縣議員、議長，也當選為國民大會代表、國民黨主席團團員。李登輝選總統時，他就是那時候的國代。

我知道很多人從知道要實施三七五減租後就在煩惱這個問題，大家也都知道土地要像我這樣處理才不會有太大的損失，但是很多人都下不了決心「俗賣」土地給佃農。有些人是因為土地是祖先遺產，有些是因為捨不得將辛苦得來的土地賣掉，所以最後會賣的人很少。當然有土地的人不會賣，有錢的人也不會在實施三七五減租前再買土地，要能賣掉

土地還是要有些門路，很多人想賣也不知道要賣給誰，能賣掉其實也不容易。當時真要賣土地，也要做好會有些損失的覺悟，像我大約損失半數以上。有的人不願被拖欠多年，真的賣不下去。要像我一樣放得下、賣掉土地的人，確實沒有幾個人。

我除了賣掉大部分土地之外，當然還有一些土地也被三七五減租，或是在實施耕者有其田時，土地被徵收。耕者有其田政策是土地歸耕種者所有，所以只要是承租的地，都可以變成是佃農的，公證也來不及了，許多地就這樣沒了。這些土地換回來一些四大公司的零星小股票，有臺泥、臺紙、農林、工礦公司的股票，都不多，也不值什麼錢。像臺泥才 39 股，能做什麼？因此，雖然說是給了股票，其實等於什麼都沒得到。要知道政府是先來估土地價值，當然都低估，因為以收成多寡來估，都會將收成低估來算，之後再換成股票價值，然後發放一半現金、一半股票。田地原先卻是以錢計價買來的，現在只拿回現金一點點，而且股票只是票證，無法等同於現金，這中間的損失是很難計算的，等於土地賣了不值兩成的價值，比我賣給佃農三分之二的價格還差得很多。

三七五減租是強制執行的政策，實行時算很成功，這也是中國唯一成功施行的土地改革。但在地方上，或者說是實際施行中，也產生不少糾紛，主要是地主和佃農間的糾紛。以我自身經驗為例，我原有一塊 2 甲多的土地租佃給蘇朝日。這人很搞怪（很難搞定），他的祖父是醫生，有事我常幫他忙，他的孩子我也很照顧。本想交情很夠，把地租佃給他應該沒問題，但是約定交稻子抵錢後，對方就是不照約定繳交，後來經由胎權（抵押權），他要交違約金 2%，可是他還是不繳，欠了幾十年。聽說他無法還我錢，是因為他把錢拿去養婚外女性。我就去找他兄長商議欠我的那條錢，經過多次協商，該還我的部分就由我和他對半分，各犧牲一些，也打好契約，約定好要分期攤還，結果還是沒還。一個牛販還惡意地到處說我壞話，向人家說我野蠻，偷偷將土地登記在我

自己名下等亂七八糟的話。土地的事，明明無法假造，都有證人，怎麼可能偷偷登記、更改？我就找他和他母舅到慶安宮來對質說清楚，結果他不敢來。之後又說要立契約，叫母舅來說，也沒履行。後來他被兩輛自用車（汽車）壓死，車禍過世。這是報應，因果關係，做人還是要正直才是。

三七五減租實施後，一般都想有政府接收就好，土地根本沒人要買賣了，耕地放領、耕者有其田時也一樣。但其實許多問題都是後來才逐漸產生，譬如管理問題。很多佃農有了土地以後，不會管理，最後還是把土地賣回去給地主。照規定，這樣是不可以的，但政府已經強制實施過，無法再強制要求耕種者擁有土地，所以又恢復和原來一樣狀況的不少。尤其是有心人，還會去收買這些無法經營的土地。認真經營、懂得處理的人還是有，有人就在安定的港口買了幾十甲土地。

當然還是有一些得到土地的佃農，很會經營管理。如果佃農有錢的話，也可以提前繳納地價金。完全繳納完畢後，土地所有權就歸佃農私有，可以自行處理，不用分 10 年繳納、拖 10 年後才取得土地。

三七五減租實施後，產生不少土地糾紛。為因應這種狀況，各地方鄉鎮公所成立了處理委員會，所以現在鄉鎮公所的調解課中除了設有一般鄉鎮調解委員會外，還有三七五調解委員會，由農業課擔任，也造有清冊。普通鄉鎮調解委員會是沒有權力管到三七五的土地糾紛，只有三七五調解委員會可以處理保留地的問題。委員會調解土地糾紛如果百分之百不成，土地仍不准收回，要再經過法院判決才可以成立。這些都有明文規定，一切都照規定執行，而且嚴格執行，還要簽訂契約才可以。契約規定佃農不得隨便放棄權利。如果犯法，還是要強制執行，是屬於刑事，會判決，違反者會被收押、捉去關。三七五調解委員會到現在還有，也就是說三七五減租後的土地問題還存在，因為只要還有人繼續繳納三七五租稅就有調解的需要。

農會

　　戰後臺灣社會部分單位的經營型態有所轉變，如農會和合作社的轉型。日本時代成立的信用購買利用組合在戰後分成兩種不同的經營路線，草地（鄉下）是農會與合作社合併，改以農會信用部為主，都市則以信用合作社居多。從戰爭末期開始，臺灣的信用購買組合以類似現在的股東股份的方式吸收有錢人出資經營。當時並沒有人專門在「玩股票」、「炒股票」，可是實質上有股份、股東及股票。政府規定信用購買利用組合的股票一股 50 圓，每人最高不得超過 30 股，所以一個人入股最多也只不過 1,500 圓。我以我和兒子孫及梯兩人的名義購買 60 股，共 3,000 圓的股份。

　　戰後，善化信用購買利用組合改成善化農會，會員的參加資格和身分都變了。像我們這些原本加入且有股份的人不一定有資格，因此股權化為無、變成空，失去權利，完全沒有補償給我們。

　　農會成立後，規定只有農家或是有農民身分的人才得以加入農會，成為農會會員，如果不是農家或有農民身分的要加入，只能稱為贊助會員。像生意人，或是我們這些在日本時代就入股信用利用組合的人如果想要加入，就必須重新繳交會費才得以成為贊助會員。一般而言，贊助會員不具備選舉與被選舉為理事或代表的資格，但有監事（常務監事）的選舉資格，且一年招待出外遊覽（旅遊）一次。我因為不喜歡涉入這種以政治導向為主的團體，後來就沒再加入。

　　一般來說，農會理事或代表的權力都很高張、說話很有力，人事權和借貸權很高。一旦擔任理事或代表，要借錢就很容易，也可以介紹或聘用自己人來農會任職。這也造成農會的包袱，多年下來，農會人事權濫用的結果，農會裡面幾乎沒有專業人員，雇員又只有增加，無法裁減或辭退，所以問題一大堆。最誇張的是楠西農會，農會總幹事由理監

圖13-1：1951年善化農會會議廳落成。

圖13-2：1952年善化鎮農會的催告書。

事、職員等都用自己親信來擔任，聽說有一個職員曾經一天辦不到一張傳票，也就是業務量少到連辦理貸款的傳票都做不到一筆，錢卻一直花掉，最後爆發出來，均一一被調查。

臺南縣農會也是一樣，還曾經爆發一件比較嚴重的事。這是在光復後沒多久，軍部糧食局等 4、5 個單位來找農會做脫水蔬菜，像鳳梨、高麗菜，說要製成罐頭供給軍糧，所以量要很大，軍部再申請美援 70 萬美金來支付。那時以 1：5 兌換美金比率申請到美援，後來臺幣價值一直下降，新臺幣的匯率到 1：42 之譜，這中間的差價利潤很高。可是之後因周轉不靈，無法交差，只好以拍賣農會役員財產來解決。很多縣農會人員因此被差押，查封資產，有責任要負的職員也被差押，沒事的人就轉走，有人轉到鄉鎮農會去工作。最後裁撤縣農會，只剩下鄉鎮農會可以運作。

我知道有責任的職員是要負連帶責任的，嚴重的話還會影響到一個人的身家財產。我舉個例子：有一個農會理事長，應該是山上鄉農會理事長黃清泉，他的養父黃白有很多土地，曾經來找過我幫忙。他說以前曾贈與土地在兒子黃清泉名義下，但附有條件是要養父親到老死。後來黃清泉因擔任農會理事長，又和人合夥做生意，產生糾紛，要負連帶責任，甚至連財產都要被處分。養父黃白來找我，問我要怎麼辦？本來是要養子養他到終老，現在卻因為做農會理事長做到人家要差押，怎麼辦？後來我還是幫他處理。我幫他想到的辦法是取消過戶，先辦理恢復登記，理由就是當初過戶到他名下有要求要他養一輩子到終老，現在無法養育，所以要辦理恢復登記。恢復登記之後就可以取消過戶，縱使他養子被差押，也不會影響到那些土地。

很多人喜歡搶著做農會總幹事。每次選農會總幹事都要花幾十萬，甚至上百萬來爭取，可是我覺得有能力的人才不會去做什麼農會總幹事或理事長。一般規定，農會理事長也負有法律連帶責任，如果農會借貸

中有人倒債，理事長也要負責任，甚至要自己賠錢。雖然如此，想當農會理事長的人還是很多，那是因為理事長有權力，可以控制很多地方事務，像是影響一般政治選舉等。南部的農會很多資源都是國民黨在掌握，所以國民黨會派人爭取擔任理事長和總幹事。這其中也有不少黑道人士會介入。當然，在南部，不只是農會，連縣市議員選舉、鄉鎮市長選舉、甚至只是里民幹事之類的各種選舉都有黑道介入。這些例子太多了，不勝枚舉。黑道介入選舉這種事，在日本時代比較少有。

---

❶ 王雲龍，臺南縣人，日本早稻田大學經濟學部經濟學科畢業，曾任臺灣省省議員、臺灣區生產事業管理委員會常務委員、省政府顧問、工礦公司董事。「臺灣當代人物誌資料庫」。

❷ 據前臺灣省警備總司令及國軍二十一師委任代核「二二八」事變案件人犯名冊所錄，胡金鳳等預備以非法方法顛覆政府之內亂罪，遭高雄要塞司令部判處有期徒刑2年、褫奪公權2年，但後因事實未明，撤銷原判，飭移法院辦理或准辦理自新。中央研究院近代史研究所，《二二八事件資料選輯（六）》（臺北：中央研究院近代史研究所，1997），頁448。

❸ 歐清石（1897-1945），字寓浪，澎湖馬公人。1917年臺灣總督府國語學校乙科師範部畢業後，任職澎湖公學校訓導及澎湖郡役所，1928年負笈日本留學。1930年日本早稻田大學專門部法律科畢業，旋於翌年通過日本高等文官行政科及司法科考試。返臺後，於臺南市開業擔任辯護士。1935年當選為臺南市會議員。1941年被懷疑與郭國基等人陰謀引導中國軍登陸，株連一百多人，稱為東港事件，遂於1942年被捕，以違反治安維持法治罪，宣判無期徒刑，羈囚臺北監獄。1945年5月美機轟炸，臺北監獄中彈，不幸被炸死。1953年以抗日殉難事蹟入祀澎湖忠烈祠。許雪姬總策畫，《臺灣歷史辭典》（臺北：行政院文化建設委員會、中研院近史所、遠流出版公司，2004），頁1214；許雪姬，《續修澎湖縣志》人物志（澎湖：澎湖縣政府，2005），頁135-137。

第十四章

戰後的事業與活動

代書事務所業務的轉變

從司法書士到司法書記

　　戰後代書適用的法律雖然不同，還要去買書來參考，不過中華民國的法律大多是從日本抄來的，仿日本民法，條文都差不多。中華民國時代的訴狀跟日本時代也沒差多少，都是寫請求主旨、事實、理由等。我也從來沒有買過中國方面出版有關如何寫訴狀的書，直接用日本時代的經驗來寫就可以了。

　　土地法令方面，如有疑問，就寫公函去地政機關請示。我曾遇到地政局以內部行政命令或內部作業的通知，在沒有法律作依據下，就要剝奪人民的權利，為此我還曾向地政局建議改進。

　　由於我以前讀過漢文，公學校什麼科目都有，像是修身、工藝、勞作、運動、唱歌、算術、理科、地理、寫作，每一樣多少懂一些，又有漢文科，所以戰後語言改變對我來說，並沒有太大困難，對業務也不會有太大影響。雖然我書寫上沒問題，但口說就不太行。戰後初期學北京

話的地方很多，也有老師來教，我沒去學說北京話，都是高雄陳啓川「害」的。陳啓川跟我說不用學外省人的話，他們來我們這邊，就要學我們的話，我們學他們話做什麼！這害我放鬆下來，就沒有去學。

戰後的代書漸漸跟法院沒有太大的關係，不少法院的業務都劃歸行政機關。司法書士在光復之後改作司法書記，分為土地代書跟一般代書。我在善化慶安宮的文物館有寄附（kià-hù，捐贈）我開業的招牌，一面是寫「司法書士」，換朝代後，背面就改寫「司法書記」。因為司法書記制度是從日本接管而來，中國並沒有代書制度，戰後國民政府對日本時代的代書業制度也不太清楚。

戰後我做司法書記時，依舊替人寫狀紙，也有在臺南地方法院替沒

圖14-1：1959年9月6日於臺南市醫師公會辦事處，臺南司法書記公會會員同志合照。前排由右而左：王木藤、鐘木琴、孫江淮、卓柏村（常務理事）、洪大砥、李木、陳恭、林春海。後排由右而左：蔡榮華、李梱、吳源興、王耀鴻、邱棟奢、黃水池、林登祿、簡澄洋、黃少、陳丙寅、李麒麟。

錢的人免費寫扶助案件的狀紙。但是我的業務和法院有關的案件比較少，有關土地的案件比較多。❶雖然是草地所在走法院的案件比較少，但「敢做」的人反而多。

日本時代同樣是土地和行政方面的業務比較多。當時在臺南地方法院還有兩位構內代書。構內代書不是法院僱請，而是事務所駐在法院中的代書，方便一般人使用。訴狀之外，代書也經常幫人寫存證信函。在中國是沒有存證信函這個制度的，存證信函在日本時代叫內容證明（ないようしょうめい），原本就是郵便局在處理，郵便局也有提供「公證處」和「確定日付」（かくていひづけ）服務。「確定日付」是由郵局證明這張證書是今天所作成的書類。光復後我提出相關資料，向善化郵局局長林助建議採用這個制度，讓郵局賺了很多錢，林助還因此記兩大功。

代書當時是臺灣人在做的工作，外省人很少做，因為語言不通，加上代書工作是非常繁瑣的事情，賺不了什麼大錢。外省人比較喜歡做律師，戰後臺南有不少律師，卻是由沒讀什麼書的軍法官在做。律師外省人比較多，不過外省律師仍有用本省人替他做牽猴仔和擔任事務員，幫忙通譯臺灣話。但律師不太會認為代書搶他們生意，我跟律師只有學術上的研究往來，牽涉利害關係的案件非常之少，若是有一些案件也會介紹給律師。

當年陳水扁還在臺北當律師時，我曾經提供跟舊慣有關的事情給他參考，有過一些文書的來往。戰後還有一位也是臺南官田出身，後來到臺北執業的律師陳永祥。如果有人把案件拿去請教他，他沒有引受（ひきうけ，接受）這件，當另一方也跑來找他時，他會跟對方表示對手已來找過，也聽過他所告訴我的實情，故不能接你的案子。所以也有像陳永祥這樣特別的律師。

光復後沒多久，縣政府地政科科長說土地代書人需要考試，當時叫

一位在新化地政事務所當雇員的朱慶濤擔任主考官，考試地點在公會堂，差不多有 200 多位去赴考。考完就馬上在現場閱卷，我趨前一看，一半以上的人沒寫半字交白卷，文不對題的也很多。看得出來都是外行人來考，以前實際有在做代書的其實沒幾個人來考，外行比內行人還多。考完試之後，考試結果竟然放了快兩年，一直都沒有發牌照，意思好像在等紅包，但都沒有人知道要去走後門，一氣之下，所有來考試的人全部都發牌，連交白卷的也發。所以戰後土地代書人的素質比日本時代差很多，連不懂的人也去請牌，只要交會費就可以請領牌照。

土地代書的收費是以案件來計算，一件買賣收 4-6 千元，也有一件上萬元。我太太的一位親戚，高中畢業找不到工作，當時做代書不用牌照，就去學做代書。他先辦自己家裡面汽水公司向銀行用根擔保借錢的往來案件，由於銀行那麼多間，去接 3、4 件案子，給銀行一些佣金，幫銀行辦胎權，就這樣弄到現在。他的事務所內雇 7、8 個人，連會計師的工作也在做，還買了十幾間房子。他是先做了代書，後來再去請代書牌。以前在新化地政事務所一位雇員，不知是正職還是臨時雇員，也不是讀法律，半路出家就去當代書，也在臺北賺了不少錢。戰後代書業的問題就是沒有管制，誰敢，就去做、去賺。

經過兩個不同時代，現在一般人對代書的印象都是犯罪的負面印象比較多。原因是有代書習慣讓當事人寄放印鑑與金錢，不免會發生亂蓋印鑑之事；寄放金錢的原因是登記還沒完成，買受人還有一半的錢寄放在代書這邊，但出賣人如果說急需要用錢，這筆錢給不給他都很麻煩，不給他錢會得罪他，給了又怕自己有責任。所以不讓人寄放印鑑與錢是我執業的原則。如果怕說登記不成，也可以用「假登記」來處理，書類還未齊備前可先辦假登記，登載在登記簿上，戰前、戰後都有這種預告登記制度。

戰後代書的形象跟日本時代比起來差很多，甚至有不少代書用假的

所有權狀做假的登記。比較起來，日本時代代書收入還算不錯，日子比較好過，收入好比較不會有犯罪行為，也沒有人願意做壞事。人都是有時被經濟問題壓迫到不能生活時，就不得不這麼做。

改朝換代，一切胡來

因為一換朝代，土地就要重新確定，使得日本時代的土地調查就沒有用了，新的政府再來一次土地總登記，但都是外行人來處理。國民政府以前在大陸時都沒做過，當時換所有權狀是由代書在辦理。戰後土地總登記有些做法實在非常不應該。照理應該是人民要向政府申報，經過政府查定，公告後確定，這樣的做法才正確。一開始有照這樣在做，但後來對於沒有來申報者，在沒有查定結果作標準下，就直接搬舊的登記簿，抄到新的登記簿。這是非常不合理的事情，因為日本時代後期是登記對抗，這會把錢已經還完而消滅的債權，又搬到新的登記簿內，並沒有抹消上面的債權登記。土地總登記就在沒有依照申報、查定為結果的標準下，把一些過去的贌耕權也搬到新的登記簿。❷ 這些地政事務所的人不懂法律，不按照規定，又怕有責任，把沒有來申報人的土地，直接從舊的登記簿轉到新的。

當時不來申報土地的原因，是有人覺得土地沒有價值，不願意申報納稅。戰後我曾經幫一位住在臺南市姓白的臺灣人，辦過一件在日本時代有共有權持分，但是當時未辦理登記，所以登記簿上沒有登記的案子。戰後去申報時，因為他有相關文件證明，地政事務所也把土地查定給他。

關於會社登記問題，政府首先要查有無日本人投資，若無就發一張證明，如果有日人投資就會變成敵產被沒收。之後如果會社要變成公司，還要去辦公司登記。❸ 日本時代我自己有一間孫獎卿土地合資會社，如果遇到別人不要買或是在大馬路旁邊有將來性的小塊土地，我會

把賺到的錢拿來買，大小塊土地都買，還有幾塊土地從日本時代放到現在。戰後我這間會社沒有去登記為公司，就這樣放著。我只有把原本登記是合資會社孫獎卿所有的一些土地，變更成為出資人的名字，成為個人所有，但到現在北門區還有十幾筆的土地沒有變更。這些大多是百餘坪的小塊土地，都是在日本時代從法院拍賣標來的，土地所有權者還是合資會社孫獎卿。照理來說，是可以辦理變更，但以前我去辦的時候，還要我繳土地增值稅，我就想算了。但實際上土地所有權是連續的，都是同一個人，又不是移轉，是附記登記，還要繳增值稅，真的是亂來。

戰後這類不合理的事情非常之多，像是申請印鑑證明，還要里長開證明，證明委託書是他本人所寫的，怕人偷領印鑑證明。日本時代自己去申請就可以了，不需要誰證明，誰偽造就抓誰去關。戰後需要里長證明，目的是要讓里長負責。還有，辦登記時原則上要本人出頭（しゅっとう，出席），但可以委託他人。若不是代書經手，連父子、夫妻要去代理辦登記時，地政事務所硬性規定一年限兩件，超過兩件就不可以，一定要給土地代書辦理才行。這個規定也毫無道理。

有法無治，亂七八糟

日本時代糖廠會社在買土地時，非常慷慨，不分好壞，什麼都買，買了一大堆土地，只要土地係的土地補助員說妥，錢就馬上給對方。會社購買土地時，大部分的登記書類都是自己寫，遇到比較疑難登記，才會去找代書，當時也有來找我，我為了交陪（交情），也不拿錢。戰爭結束後，這位土地補助員跑來找我，說欠我人情，也聽說高雄橋仔頭的余登發向會社買了不少土地，❹當時市價一甲要賣 1,000 圓，余登發只用半價的行情買了不少。他準備向會社登記 50 甲的土地賣給我。最後這件買賣層層上報到屏東臺灣製糖會社社長山本悌次郎，❺總共蓋 9 個印章才決裁，證明這樁土地買賣是戰時中 4 月完成，是 8 月 15 日終戰

以前的買賣。那時一甲算我 400 圓，但是最後我不敢買。當時我這邊有一位在綁蓑衣的福州仔，拿一張板凳去市場大小聲叫，說他知道誰跟日本人湊（tàu，私通）買會社的東西，違反國家總動員法，抓去會槍斃！余登發他就敢買。他的土地是會社低價賣給他的。以後他四處去運動，去當水利會的會長、國大代表從事政治運動，對政治很有興趣。

高雄的陳啟川當時有一間粉間在佳里，❻ 跟善化這邊的粉間業者也很熟識，光復後他從善化糖廠買了 3,000 包糖，要我協助用鐵道將糖運到在善化民人家中存放。後來一位從大陸回來的人去告他，說戰敗國的財產是戰勝國的，告陳啟川和我共同向糖廠買糖，違反戰時的動員令。我當時怕得要死，陳啟川卻一點不緊張，神經很大條。我被臺南地方法院檢察官陳璋生叫去問了十幾次，直到陳儀來臺灣，這個案件才被「赦免」，不了了之。

中華民國的法制實在是亂七八糟，在民國 37 年（1948）大陸尚未陷落之前，曾規定如果有 3 年執業經驗，就可以來申請醫生執照，後來政府遷到臺灣，廢止了這個法律。而考試院曾經做了一本假清冊，說當中有兩百多位的醫生來申請執照，實際上並沒有人來申請。清冊中寫著像是王德明、許德瑞等比較好聽、文雅的名字，還有授予號碼。這一個名字值 5 兩金子，去申請的同時，只要找別的醫生證明清冊中的名字是他讀書寫字所用的名字，或是將戶籍中的名字改成清冊中的姓名，證書上寫上出生年月日，貼張照片，醫生執照就到手了。

後來我曾去找臺南醫院院長劉清井說這件事，❼ 我說劉博士你應該很瞭解臺灣醫政，搞成這樣 5 兩金子換一張牌照，你難道沒有什麼意見嗎？劉清井點了個頭說我有所不知，以前在大陸根本沒有醫師管制制度，像是吉林省的人口是臺灣的五倍多，正式領有醫生牌照的才三位。你反而要這樣想，如果這些人想要讓政府管，就是好事，牌照就要發給他。就這樣，200 張牌照就通通發出去。我知道我們善化這邊也有兩三

位。

戰後許多制度都是因人設法，沒有確立法制。像善化這邊有一位胡龍寶先生，❽當年要去當臺灣省農會的總幹事時，照規定不能超過 55 歲，但他已經 50 多歲，爲了他，政府就把年齡限制的規定改成 60 歲。❾

日本時代臺南這邊保甲內並無連坐法，連坐是中國式的，警察若是要罰你，隨便就可以找得到理由。❿光復後民國 34、35 年間，有所謂 5 人連保。譬如想要找工作，就職時就要找 5 個人連保，寫連坐宣誓書，宣誓這 5 人中其中若有一人犯罪，5 個人都要受罰。這目的在相互監視，互相連累。犯法就把你冠罪名，若是思想犯，就說你違反國家總動員法，或說成是匪諜等。欲加之罪，何患無詞？

法院與地政機關不三不四

以前日本時代法院的卷宗、記錄可以提供閱覽；光復之後，臺南地方法院院長涂懷楷生平第一次看到民眾在法院閱覽卷宗，⓫大吃一驚！便把卷宗搶去，大聲說：如果卷宗被人撕掉帶走，該怎麼辦？但在日本時代，卷宗公開提供閱覽無甚要緊，既沒有派人在監督，也不怕你毀滅卷宗。又如當時檢察官陳璋生官舍很大間卻不去住，⓬竟然把用來問訊的偵查庭隔一半當住家，在柱子間拉線，家人衣褲就晾在偵查庭內。這樣的做法對不對，我們也不知道，他就是有權，要怎樣做只能由他。

我兒子戰後在臺南醫院當外科主治醫師兼法醫，常跟臺南地方法院檢察官巴天鐸一起去驗屍。巴天鐸跟我很熟，也曾經來過我店裡，一起吃過飯。那時善化有一位糖廠退休的人，拿退休金跟人合夥做生意，結果錢被對方吃掉，非常不甘願。後來不知怎麼知道對方最近有一筆錢，在半路上搶走他的錢，而被控告強盜。被搶的人來事務所找我寫狀紙，但這種囉唆的案件，我不願幫他寫，就說我很忙，你去別的地方找人

寫，法院也有訴訟輔佐，或請法院構內代書幫忙。後來檢察官巴天鐸就找我去問話，說事發後當事人有去找你，就要我提供書證，但我沒有引受這件，怎麼提供書證？巴天鐸又叫我去問話，要我「認定」事情發生經過，我告訴他我又不是判官，也沒有接案，根本沒印象。就這樣連續找我去問了三次。第四次再找我去，我人身體剛好不舒服，就跟他說你找我來問四遍了，我就真的不知道，我跟這個案件毫無關係，結果他竟然兇起來，把我趕出去。巴天鐸硬是強逼我當證人，隨便行使職權。他後來因貪污罪被抓去關，❸在監獄內聽說被其他受刑犯吐口水，糟蹋得很慘。

戰後法院執行官做事很馬虎，告到三審定讞，也不敢執行，判決確定後沒有執行的很多。如臺南銀座附近有一間醉僊閣料理店被空軍佔著，主人古番薯上告到第三審，判決勝訴，但法院也不敢執行。日本時代執行時比較徹底，非常有威嚴，不像現在執行兩遍、三遍，每次都讓當事人猶予（ゆうよ，延期），看面子不肯執行，比較沒有擔當，不敢貫徹，不敢得罪人。

此時一般人認為上法院就是災殃，盡量不要涉訟，因為訴訟不是輸就是贏，就有人開玩笑說：人互相告來告去，最後都是法院賺走，法院賺中人的錢，判人輸贏而已，法官順便賺外快。戰後雖說沒有日本時代適用舊慣的問題，但一般正經的人都不願意訴訟，中華民國的民法影響相對比較小。縱然民法規定女子可分財產，但是也沒有人敢分，至今也還有這樣的狀況，怕人說閒話。

戰後的地政事務所連「分別共有」和「公同共有」都分不清楚，素質跟日本時代相比，相差太遠了。地政事務所內有些不三不四的人，都是縣政府隨便雇用。後來我自己對土地登記的業務比較鬆懈，加上去登記時，地政事務所內的小職員都會跟我討人情，只要登記一件就說我幫你多少忙，跟我討小便宜，非常麻煩，我也覺得不耐煩。又如在建築方

圖14-2：1950年新化地政事務所成立四週年。前排左五為孫江淮。

面，以前規定建蔽率是 60％，10,000 坪只能蓋 6,000 坪，就有建商蓋了 6,000 坪之後，進行土地分筆，剩下 4,000 坪的土地又可以蓋六成，以同樣手法把土地全部蓋滿。地政事務所也敢讓建商進行分筆登記，在臺北被人稱為「違章大王」的胡姓建商，他一張嘴巴很厲害，就跟地政事務所的人說，一間 2,000 元讓你賺，房間有千餘間，200 萬給你賺；你退休金才幾十萬而已，如果你不幫我辦，我再重新申請，案子分給別人辦，到時候讓別人賺去。所以地政事務所中膽子大的人，就敢去賺這種錢。這位胡某後來跟永豐紙業買了不少土地起厝（khí-chhù，建屋），當房子蓋好，土地和建物要賣給厝腳（chhù-kha，承買者）時，需要申報增值稅，地政事務所說要繳將近 800 萬的土地增值稅；事務所的人說可以幫忙處理，但差額要對半分，後來增值稅只繳了 400 萬，不過他還

擔心事務所的人會不會黑吃黑，怕後來又要追徵。

調解委員會與司法保護委員會

調解委員會

　　戰後我長期當法院的觀護人以及鄉鎮調解委員會委員，❶這些職務是由鎮長推薦，都沒有拿薪水，我因為對法律有瞭解，也算是地方前輩而被選出。

　　臺灣在戰前就有州廳設立的調解課，專門負責民事調解事務，屬於政府單位。調停官、通譯和書記各一名，是三人一組所組成的一個課。到了戰後，鄉鎮調解條例裡規定各鄉鎮要設立調解委員會，功能和日本時代的州廳調解課相同，調節的結果若符合法律，就不能重新翻案。

　　調解委員會的功能是在鄉鎮民眾中如有未能處理的案件，例如刑事告訴乃論的案件，或民事租賃、借貸、土地糾紛等事件，在送到法院審理之前，可先由調解委員會調停處理。這樣一來，可以減少法院案件的積壓。實在無法調解的案件，才會送到法院審理。❶通常調解委員會處理的都是小案件，像租賃、借貸等，絕對不可以處理大案件，以免影響重案判決。

　　每個鄉鎮都設有調解

圖14-3：1955年第一屆善化鎮調解委員會成立。前排右一為孫江淮。

委員會。委員聘任人數也看鄉鎮大小來決定，有的多一點是 9 個人，有的鄉鎮較小，人數就較少。現在好像也有由一個調解人來處理案件的例子，或者一個調解人和主任委員兩人協同調解的也有。調解委員的聘任是兩年一任，可連續聘任，沒有期限限制。一般而言，調解委員會的資格都很鬆，沒有一定的資格，只要不是罪犯即可。主任委員則由委員們中互相選出。

調解委員會的委員是無給制，完全做義務，尤其要調解到當事雙方都同意認可並不容易，如果有收費情形豈不是讓調解更加複雜？所以這是無給制。調解委員會的工作並不好做，非常容易得罪人。沒有一個人會說調解得盡如人意，都只有罵聲連連，說對誰公道（kong-tō，公平）、對誰不公道的話。所以要調解到兩方同意並不容易，常常會有翻案的情形發生，也滿辛苦的。

我在善化連續當了十幾年調解委員會委員，曾經當過一屆主任委員。調解時我都要當事人先想好，調解不是講公道，會有人佔便宜，有人被佔便宜，是雙方歡喜甘願，調解不可能是完全公道；一旦調解成立，好比是法院第三審判決，不能再翻案了。這些我都會跟當事人宣言，但也有一件有關媳婦、婆婆繼承的案件，雙方調解成立後又跑來找我，認為我幫他做的調解不大公平，她說沒地方住，要跑來住我家的亭仔腳。實在好人難做，相比之下日本時代的調停官就比較有官威。

我也曾為了 1,000 元的案子調解了兩三次，因為當事人認為這不是錢的問題，是面子問題，會被人說閒話。當調解委員時，我們都希望案子不要送到法院，被法官大小聲。一般說收到法院的傳票是犯官符、受災殃的事情，加上又是厝邊，每天都要見面，卻惡臉相向，這樣的精神損失是無法計算的，冤可解，不可結。所以案件若能調解，也是盡量幫當事人，不希望調解不成立。當時善化鎮調解委員會的成績，算起來是臺南地方法院中成績最好的。

　　通常調解在公所內進行，我們拿到案件大約在一週內就要處理。每個案件花費的時間都不一定，有的快則一天就解決，一日可以處理好幾件，或是一個禮拜才處理完一件，或是一件都沒有的情況都有。但幾乎都要經過幾次調解才會處理妥當，甚至也有沒調解成功的。調解委員會很有權力，和法院一樣有它的威信，所以各鄉鎮現在還是有調解委員會。調解成立的條件經呈送法院審核定後，具有和法院判決同樣可為強制執行的效力，同一內容不可再向法院請求覆審。

　　我當調解委員會的委員很久，但只有在第一任時當過主任委員，之後就不願意再當主任委員，只當普通委員，當了很多年，幾乎在我到日本定居前都沒有停過。既然調解委員會沒薪水、又容易得罪人，我為什麼要做委員？其實我只是想要回饋社會，人情世事中不能只是賺錢，做人總要做點回饋，這也是我一直沒停過的主要原因。有人說最傻就是做調解委員，只發給一個便當，一個便當錢才不過 4 角半，不如自己花錢吃飯。很多年輕人都不願意做，所以 8、9 人中我一直是年紀最大的。

　　做過那麼多年調解委員，除了我以外，凡是地方上有頭有臉的人比較有機會被找來擔任調解委員。委員有教會長老，也有婦女保障名額，委員中一定要有一位女性。胡龍寶太太胡許玉盞做最久，還有一個文昌里里長蘇某人的妹妹也當過，她先生是建築師。一般調解委員還是以男性居多，女性是少數。有人說現在許多調解委員是選舉樁腳，這就不必多說。

　　我擔任調解委員會委員那麼久，並沒有被威脅過，也沒有其他不愉快過，如果有，頂多只是被說不公平，尤其是被朋友說不幫他說話。我覺得做調解委員會委員真的不容易，人生，虧人也是被人虧，凡事能省事，也是事省；公婆再屬害，也有更屬害的媳婦，少花點精神計較，過得才會快活。畢竟一般人觀念中，上法院就是犯官符，就是壞事，能調解就調解，盡量不必上法院就不上法院。

司法保護委員會

司法保護委員會在戰前就有了，叫做方面委員會，曾改名叫司法保護會，後來又改為臺灣省司法輔導委員會，隸屬於法院，和民間觀護人差不多。所謂司法保護委員會是針對未滿 15 歲以下的少年，如果犯法、送少年法庭判決後，不論是送觀護所或經法院裁定後入監受刑，法院觀護人需要去協助送達、宣傳道理、教化安撫，甚至出監後要幫忙找工作等事。這種委員會也是無給職，沒薪水外，一年至少要到監獄探視觀護在刑務所的犯人兩次。

我從日本時代就擔任方面委員，所以戰後繼續做，也做了很多年的司法保護委員。戰前、戰後做的事情都一樣，都是要注意當事人有無住在指定地方，有無做壞事，一個月向我報告一次，並幫忙他們找工作。我呈報被觀護人狀況時，基本上都說沒有什麼異常，過著平常生活，一旦報告行為不良，對方又會被抓回去關。

光復後沿襲日本時代制度，每年同樣安排到監獄巡視兩次。當時都是準備模範監獄讓我們參觀，另外煮菜招待，不是吃受刑人吃的飯菜。有一次我去臺南監獄探看，獄方想要辦桌招待感謝我們，我說如果真要招待，就和犯人吃一樣的飯菜，才能真正體會他們的感受，如果要另外辦，或者吃更好，那就沒意思，不如不要吃。都讓我們看模範監獄也沒什麼意思，應該讓我們看看其他監獄才是。

當時不少人很喜歡做觀護人。一般來說民間觀護人很少歪哥（oai-ko，貪污），但有的公設觀護人就會歪哥。公設的會跟院方說這位由我代替來說諭給他聽，由我來觀護即可，就不用送新竹的少年監獄。聽說送到新竹少年監獄很悽慘，不像法院判決有刑期，少年監獄沒有期限，要悔過才行，公設觀護人會去認定是不是要送少年監獄。民間觀護人大部分都會成人之美，不想讓對方又被抓回去關，而得罪別人，故意找人

麻煩並不道德，沒有人會願意這樣做。

　　通常我負責的是到臺南監獄探望少年犯和一般成年犯人。臺南監獄就在現在臺南市新光三越百貨公司西門店。那裡以前就是監獄，也是死刑犯的刑場。

　　之前臺南縣縣長劉博文因貪污入罪，也是關在臺南監獄。❶⑥ 我當司法保護委員去臺南監獄探看時，他還申請出來會面，所以我見過他一次。劉博文是北門人，1969 年當臺南縣長，比胡龍寶早一任擔任。他當臺南縣長時，大家都叫他「撈仔博文」，⑰ 他常去臺北走後門，打通關。他之所以貪污犯罪是因為六甲地區土地重劃發包出問題、拿紅包、偽造學歷等事被查案判罪。後來他在臺南監獄自殺身亡。

我的旅館事業

　　我年輕時，在賣蘭花的日本友人建議下，買了臺北林森北路 107 巷 10 號的房舍。當時這是高等官宿舍，本來一戶 100 坪，我買了一戶半共 150 坪。一坪以 3 萬 5 千元買的，在臺南已可以買到一分地。後來我把這裡整理成旅社，因為是在美國登陸月球那天開幕，所以就叫月球賓館。開幕那天我也打了電報去美國太空總署祝福他們登陸月球成功，後來太空總署還回覆一封感謝狀給我。

　　經營旅社算是轉投資，人家說「經濟要有三分主」、「狡兔要有三窟巢」，我投資土地，但是也要分散投資，所以經營旅社。月球賓館共有 40 幾間房，完全是雇請經理（臺北人）來經營管理。所有的員工 20 餘人，有經理、會計、店員及服務人員。這間旅社經營得很成功，因為所有費用都老闆支付，如洗衣服的費用、毛巾、清潔劑等消耗品的費用，但是服務費由他們收。我還跟他們說：「每個月只要賺 30 萬元以上，就將其中的 10% 分給經營人員。」因此大家都很努力工作。

旅社只要服務好、衛生佳、乾淨清潔，客人就會喜歡住進來。那時大部分的客源是日本人，很多來臺灣打高爾夫球的日本客人都是我的長期客戶。因此，我那旅社的生意不錯，有些服務人員也賺了不少錢，有的還買好幾棟樓房。

不過，在臺北開旅社，我不敢出名，都交代不能說我是老闆。開旅社這件事在當時算是下賤行業，因為有黑、有黃，是接待業，名聲不太好。黃朝琴本來當總領事，**⑱**也當過臺北市長，曾因為在臺北開旅社，被總統敲頭。

以前我會到臺北查帳看報表，後來我到日本以後不太管理，結果經營不良，加上負責的職員貪污，所以我只好租人經營。現在高級旅館越來越多以後，一般旅社很難經營，我已經考慮要賣掉，聽說有大陸人來臺問價錢，未來也就有各種可能了。

除了旅館事業外，約在民國 44 年（1955）左右，郭雨新 **⑲** 和黃大洲 **⑳** 等人發起成立臺灣飼料公司，股東名冊有我太太的名字鄭諭。這是我用太太的名義加入登記的，郭雨新是董事長。我只是純投資，並沒有參與經營。

臺灣光復後初期，土地買賣沒有管制，我因為從事代書業，善化附近的土地買賣情形我比較瞭解，所以繼續戰前的土地投資事業。我自己買的地都是便宜卻沒人要的土地。我一直從事這方面的投資，直到我去日本定居為止。

我常年在日本和臺灣間來來去去，這兩年因為年紀大，都百多歲了，才減少兩地奔波。不過每次我搭飛機或是旅遊，都會受到禮遇，如機艙升等，會有機長、空中小姐要求簽名等事。

---

❶ 戰後依中華民國法制，有關地籍異動、不動產登記及土地測量等業務，改由地政機

關接手，不再由法院承辦這類登記業務。1946 年 10 月底，各縣市地政課升格為地政科，同時裁撤 1946 年初所設置全臺八處土地整理處，並將其所屬之分處，改組成立地政事務所，接辦土地總登記申報審核，以及辦理各項登記測量等地政業務。顏慶德、雷生春，《臺灣土地登記制度之由來與光復初期土地登記之回顧》（臺北：內政部，1992），頁 196。

❷ 臺灣省政府於 1946 年 8 月要求各縣市政府剋期完成編造土地登記簿，導致各地政事務所為追求成績，便違法將日治時期土地臺帳或不動產登記簿的內容，抄錄於編造的土地登記總簿內，且抄錄情形相當普遍，甚至雇用非專業之臨時人員填繕書狀。加上審查及登記人員素質良莠不齊，確實有將日治時期的贌耕權、貸借權等登記於土地登記總簿內。但日治後期日本民法實施於臺灣之後，土地登記權利種類中已無「贌耕權」，而原本日治時代的土地登記簿之所以還留有贌耕權紀錄，可能是因為沒有法令規定將登記簿內原有的贌耕權更動為「永小作權」所致。李志殷，〈臺灣光復初期土地權利憑證繳驗工作之研究〉（臺北：政治大學地政研究所碩士論文，1993），頁 115。

❸ 戰後在中華民國法律下，日治時期既存的會社若未重新依中華民國法登記公司者，僅能視為中華民國民法上的「合夥」，不能適用公司法，不具法人人格。王泰升，〈臺灣企業組織法之初探與省思〉，收於氏著，《臺灣法律史的建立》（臺北：自刊，1997），頁 321-322。

❹ 余登發（1904-1989），高雄人，高雄縣的政治家族「余家班」之開創者。1935 年當選高雄楠梓庄協議會員。1945 年後任里長、鄉長，1947 年 12 月當選第一屆國大代表。1960 年擔任高雄縣縣長，為第一位民選的非國民黨籍縣長。1963 年因「八卦寮地目變更案」、「萬金松丁壩工程案」被迫停職，並被判處有期徒刑兩年，於 1973 年入獄。1979 年，其與子余瑞言因為「涉嫌參與匪諜吳泰安叛亂」罪名遭逮捕，引發社會反彈，許信良、張俊宏等黨外人士並且前往橋頭進行示威抗議、聲援余登發父子，是為「橋頭事件」。最後余登發仍被判處有期徒刑 8 年，褫奪公權 5 年。1989 年 9 月 13 日余登發死於自宅臥室血泊中，死因至今爭議不決。參考彭瑞金，《臺灣野生的政治家：余登發》（臺北：時報文化出版公司，1995），頁 111。

❺ 山本悌次郎，1870 年生，新潟縣人。獨逸（德國）協會學校畢業後，赴德國留學。之後於宮內省、東京第二高等學校任職，擔任日本勸業銀行鑑定役，曾被選為眾議院議員。山本是臺灣早期糖業發展的要角與先驅者，後來在高雄橋仔頭擔任臺灣製糖株式會社社長。上村健堂編纂，《臺灣事業界と中心人物》（臺北：新高堂書店，1919），頁 202；宮川次郎編，《糖業禮讚》（臺北：臺灣糖業研究所，1928），頁 88。

❻ 陳啟川（1899-1993），高雄人，為陳中和第六子，曾就讀日本慶應義塾大學、香港大學，1923 年返臺之後，便在陳中和物產株式會社、烏樹林製鹽會社、新興製糖等株式會社擔任董事，並於 1931 年至 1935 年擔任高雄市協議會員，也曾參與《臺灣新民報》的經營。1949 年接受蔣中正之指令參選高雄市長，並連任兩屆（1960-1968）。陳啟川也捐地創建高雄醫學院，並長年擔任董事長，助展校務，其他如韓僑學校、淡江大學、道明、辭修中學等校也曾接受捐助。陳啟川出生於世家大族，除經營南和興產公司（1950）的主要事業外，還參與彰化銀行、高雄中小企銀、中國化學、臺灣水泥等事業。許雪姬總編纂，《臺灣歷史辭典》（臺北：行政院文化建設委員會、中研院近史所、遠流出版公司，2004），頁 844。

❼ 劉清井，1899 年生，新營人。1922 年臺灣總督府醫學專門學校畢業，之後赴臺南醫院內科就職，1925 年赴東京帝國大學藥理學系，1929 取得醫學博士，歸臺後在臺南市開清井內科醫院。戰後行政長官公署令派劉清井先生為第一任院長，自 1945

年起至 1963 卸任止，領導署立臺南醫院院長達十八年，奠定南醫基礎。臺灣新民報社調查部編，《臺灣人士鑑》（臺北：臺灣新民報社，1934），頁 204。

❽ 胡龍寶（1911-1997），臺南新化人，1926 年畢業於嘉義農林學校，日治時期曾任安順庄產業技士、安定庄產業技士兼勸業主任、庶務主任、安定庄助役及產業組合長等職。1945 年升任安定鄉鄉長，翌年，當選臺南縣臨時參議會參議員。1948 年當選第一屆臺南縣農會及省農會理事，對於農業造林極有研究。1951 年當選第一屆臺南縣議員，並擔任臺南縣改造委員會委員，繼任臺南縣黨部主任委員、救國團臺南縣支隊長、軍人之友社臺南縣分社總幹事等職。嗣後，當選第三、四屆臺南縣長，任內主持六甲農地重劃、興建將軍漁港、推廣水土保持工作、爭取開發白河水庫、完成新市鄉大洲堤防工程等。縣長任期屆滿後，歷任臺灣省土地資源開發委員會副主任委員、臺灣省農會總幹事、臺灣省農林公司董事長等職。許雪姬總策劃，《臺灣歷史辭典》，頁 611。

❾ 1969 年底剛擔任行政院副院長的蔣經國力薦胡龍寶擔任省農會總幹事，但照當時規定，新任省農會幹事年齡限制在 55 歲以下，當時胡龍寶已經 59 歲（上任時年 60 歲），依例不能上任。為此，蔣經國指示修改省農會總幹事的年齡限制，讓胡龍寶順利上任。廖娟秀、葉翠雰，《胡龍寶傳》（臺北：月旦出版社有限公司，1992），頁 164。

❿ 日治時期在 1945 年才廢保甲制度，但依官方統計，因對於甲內住民被處重罪者未舉發、或明知戶內有犯罪者卻未呈報而負連帶責任，致受一定罰金之處罰者，於「全臺灣」的案件數在日治後、晚期即很少或沒有了，故孫先生以其所處的年代、所處的地點，而謂「無連坐法」。參見王泰升，《臺灣日治時期法律改革》（臺北：聯經，1999），頁 296。

⓫ 臺南地方法院於戰後首先由本省人洪壽南暫代理院長，負責接收事宜，1945 年 12 月 21 日接收完畢，即日改稱臺灣臺南地方法院。首任院長由司法行政部派涂懷楷擔任（1946.3.27-1948.10.15）。涂氏生於 1912 年，江西新建人，國立中央大學法律系畢業、司法官訓練所結業，歷任推事、首席、院長。見司法院史實紀要編輯委員會編，《司法院史實紀要（第三冊）》（臺北：司法院，1985），頁 282、318。

⓬ 陳璋生為戰後臺灣臺南地方法院檢察處第三任首席檢察官（1946.2.27-1947.5.23）。1911 年生，福建省林森縣人，私立福建學院大學部法律系第一組畢業，1933 年司法官高考及格。曾任上海、吳縣、青島等地方法院推事、兼任貴州大學及私立大夏大學法律系教授、貴州高等法院遵義分院首席檢察官。見法務部史實紀要編輯委員會編，《法務部史實紀要（第二冊）》（臺北：法務部，1990），頁 299。

⓭ 巴天鐸在偵辦一件公共危險案時，曾索賄 1 萬元，1967 年被最高法院以瀆職罪判刑 1 年 2 個月確定。〈巴天鐸瀆職案 一年二月確定〉，《聯合報》，1967 年 11 月 10 日，第 3 版。

⓮ 1962 年孫江淮先生獲臺灣省司法保護會表彰其對出獄人輔導工作有優越表現。〈司法保護節 訪問出獄人 給予有效保護 以輔導其自新〉，《聯合報》，1962 年 11 月 10 日，第 3 版。

⓯ 孫先生在此所說的先尋求調解委員會處理，可能是一般民眾在通常情形下的作法，但不論日治或戰後時期的國家法律，對這些案件並沒有強制必須先送調解始得向法院提起訴訟的規定，僅戰後例外地就涉及三七五減租的爭議，法律規定必須先送鄉鎮調解委員會進行調解。參見王泰升，《臺灣法律史概論》，頁 226-228。

⓰ 劉博文，臺南人。曾任臺南縣政府社會課長、教育科長、臺南縣黨部委員、臺南縣長等職。於臺南縣長任內涉及六甲土地重劃弊案遭起訴入獄。參考「臺灣當代人物誌 1946-1990」資料庫：http://museum.lawbank.com.tw/build.asp。

⑰　雙關語，劉與撈的臺語發音接近，嘲諷他貪污之意。

⑱　黃朝琴（1897-1972），臺南鹽水人。1923 年畢業於早稻田大學政治經濟科，曾參與
《臺灣民報》鼓吹民族思想。旋赴美留學伊利諾大學，1926 年獲政治學碩士。1927
年起入中華民國外交部服務，歷任亞洲司科員、科長，駐舊金山、仰光、加爾各答
總領事。抗戰勝利後奉派為外交部駐臺灣特派員兼臺北市長。1946 年被選為臺灣省
參議會議長，歷任省議會議長達 17 年。此外，並任國民黨中央委員、中常委、臺
灣第一商業銀行及國賓飯店董事長。許雪姬總策劃，《臺灣歷史辭典》，頁 933。

⑲　郭雨新（1908-1985），宜蘭人。1934 年臺北帝國大學農林專門部畢業，1934 年至
1939 年間任職林本源興殖株式會社。1940 年赴上海經營新泰宏洋行，1946 年回
臺。1947 年至 1949 年任職臺灣省茶葉公司，1949 年至 1951 年任臺灣省參議員，
1951 年起至 1971 年任臺灣省省議員。1960 年參與中國民主黨組黨運動。1972 年棄
選省議員，1973 年參選監察委員以零票落選。1975 年競選增額立法委員，因遭作
票致落選，1977 年獲准離臺赴美。1979 年成立臺灣民主運動海外同盟，訴求臺灣
政治步向民主。著有《青果紀事》。許雪姬總策劃，《臺灣歷史辭典》，頁 817。

⑳　黃大洲（1936-），臺南人。歷任中華民國射擊協會理事長、華夏投資公司董事長、
中華奧會主席、中美合作土地改革訓練所副執行秘書、臺北市政府顧問兼研考會執
行秘書、臺灣省政府副秘書長、臺灣大學總務長、臺北市政府秘書長、臺北市長、
行政院經建會委員、行政院研考會主任委員、行政院國家永續發展委員會主任委
員、行政院政務委員、中華職棒聯盟會長、中視衛星公司董事長等職。參考「臺灣
當代人物誌 1946-1990」資料庫。

第十五章

人物憶往與養生之道

善化舊聞

　　善化最主要的遺蹟是慶安宮前面一口古時候留下來的荷蘭井。善化的往事最大宗的是黑旗將軍劉永福被追到曾文溪，在茄拔抵抗，因受傷而留在這裡一段時間，後來成立了臺灣民主國的傳聞。

　　日本軍隊攻打臺南時，伏見宮貞愛親王自鹽水來，北白川宮能久親王則在曾文溪茄拔受傷，之後生病過世。由於安置過北白川宮的遺體，慶安宮因此拆除一部分做爲御遺蹟所，慶安宮也被拆過，但沒有太多破壞。

　　能久親王過世時，置放在慶安宮西殿廟埕，是地方文史這麼記載的。當時的傳說很多，有人說能久親王死在鹽水、彰化，也有說在新化，但只有善化慶安宮有照片爲證。那時我還沒出生，沒親眼見過，不過我想應該不會在新化，因爲以當時的交通狀況來看，大馬路是通到善化，善化是交通要道，所以應該是在善化才對。有棟房子是我的，在善化街 61 號，當時是能久親王御遺跡所。因爲沒作登記，接收時成爲臺灣日軍總司令官遺跡所。

1923 年皇太子（後來的昭和天皇）行啓。皇太子來臺南時我還年輕，也沒湊熱鬧去觀看，所以沒什麼印象，只知道皇太子的糞便叫「天糞」，必須準備樟木做的盒子裝起來，丟到海裡去，還不能隨便處理掉，是很恭敬的。聽說在日本就更嚴格了，太子出巡和天皇出巡一樣，路人要跪街，全身趴地，不可以抬頭看。那次皇太子到臺灣，還特別出了一套「太子行啓紀念郵票」，我也有收藏。

人物憶往

廣瀨秀臣：關係深厚的恩師

我於大正 11 年（1922）在廣瀨秀臣門下學習、擔任筆生，和他的

圖15-1：北白川宮能久親王灣裡街御遺跡紀念碑。

關係相當深厚。我有一張照
片是廣瀨秀臣和他第四個兒
子的合照。廣瀨秀臣的鬍鬚
很長，很特別。他有個兒子
那時是在學校當教員。廣瀨
養了一隻貓，很乖，廣瀨很
喜歡牠。貓死後，他還把貓
皮剝下來做紀念，並且幫牠
埋葬、誦經、做法事。

圖15-2：廣瀨秀臣及其子。

　　廣瀨秀臣是在終戰前一
天因狹心症死亡。我還記得
當天早上我去找他談事情，
和他講過話。我去找他時，
他說他發燒，身上發燙。下
午他更不舒服，趕緊請鄰居
找洪大中醫生過來，❶我也趕去看他。他因狹心症發作很難過，我還幫
他搓揉，結果醫生到時他就斷氣了。

　　他過世後是我幫忙辦理後事的。因為日本人的習俗，喪事都是左鄰
右舍幫忙處理，不論是煮飯、出殯都是，喪家是不管事的，而且他兒子
也還小，所以後事都由我張羅。

陳瑞鐘：兒時玩伴成親家

　　陳瑞鐘和我從小就在一起，年輕時一起上學、一起玩，後來同時成
為保甲書記。我們也常互相幫忙，從商工協會時代合作，到後來合資開
設旅館，最後兩人還成為親家。他是我媳婦的父親。

　　陳瑞鐘家原本從事粉間，就住在善化。粉間是祖先傳下來的事業，

叫做德源粉間。它的商標就是一個圓圈裡面寫一個德字。德源商號是有登記的法人，也是善化最大的粉間。原本所有的澱粉都是他們工廠自己製作，這幾年因為工資逐年增加，人工實在太貴了，製造成本算起來相當不划算，所以乾脆全由南洋進口各種野生樹薯粉，再加工，掛上德源的品牌，以德源商號的名義賣出。由於德源的粉質好、本錢（資本）夠，粉價縱使比別人貴上一成，人家仍然要買他的粉、掛他的品牌，甚至合資共賣，因此到現在還繼續經營。其他粉間則大多收掉，十間存不到一兩間。

陳瑞鐘和我除了一起做事業外，我們也一起創立善化商工協會，我當會長，他是副會長，還有其他十來個朋友一起幫忙。那次幾乎所有善化的生意人都共襄盛舉了。

民國五十幾年的時候，陳瑞鐘原本在臺北林森北路七條通頭開設一間旅館，叫柏林賓館。後來和我合資，就在附近又開了家月球賓館，是用我們兩人的名字登記開設的。月球賓館比柏林賓館大了近一倍，約有150坪，經營得還不錯。這幾年才收起來，租給人家去經營。

陳瑞鐘經營的事業很多。凡是有人邀約，他都會想要參加。

陳油：戰後善化第一任鎮長

陳油，原本是做瓦窯，祖先時已經營。他在走馬瀨山上有20餘甲的地開設瓦窯工廠，不過他大多住在善化街上，也就是善化農會後方蓋的住家。陳油家裡還有些土地，所以他也耕種務農，最擅長的是犁田。

陳油喜歡幫助農民，在日本時代就為農民做了些事。最重要的是善化後六分寮（曾文胡厝寮）一砂埔地被水利會編入嘉南大圳灌溉區域所引起的糾紛。當年善化溪埔一帶多沙地，無法灌溉、耕種，有的地區也不適合開水溝。以前的水溝又沒有水泥工程，縱使開了水溝，因為是沙地，根本留不住水，所以水源取得相當困難，灌溉問題一直無法解決，

卻還要交水租。農民組合起來爭取，和水利會談判都沒結果，後來由他代表去交涉才成，也成就了以後的嘉南大圳。

　　陳油因為對這些公共事務有興趣，常常出頭爭取，也很受到日本高等警察注意。他雖沒被抓去關，但隨時派了個高等警察跟在他後面監視。

　　二二八事件時，陳油是戰後善化第一任鎮長，為了阻擋混亂發生，也很認真，雖然沒擋住一群人去糖廠會社鬧事，還好並沒鬧出什麼事來。二二八之後他也沒事。

　　陳油後來擔任臺南縣農會理事長、蔗糖總代表。陳油在糖業上對糖農有一些貢獻。例如當年臺糖決定分糖法後，糖農覺得這種分法對他們不公平，陳油即代表糖農和總公司商議、理論及調解。原來的分糖法是蔗農種植甘蔗，會社製糖，蔗農和會社分到利益的比例不均，誰得幾成，甚至剩餘物資的糖菁應如何分配，都對蔗農不利。蔗農做了大部分的工作，會社卻輕鬆獲利，這樣太不公平。陳油遂幫蔗農爭取糖單、棧單的比例，副產物也不再任由糖廠予取予求。這是陳油在糖業分糖法上對蔗農做的大貢獻。

　　陳油的哥哥叫陳貝，是善化八保聯合會會長，也曾兼做人民團體的委員。陳油有個弟弟叫陳安，是開粉間做生意的。現在他的家族成員大多搬離善化，到佳里、玉井、屏東或出國去發展事業。

胡龍寶：法令為他變更

　　胡龍寶，安定胡厝寮人，後來搬到善化，就住在我家隔壁，和我很熟。他家房子要蓋時，因為公家地政事務所測量技術疏忽，少了三分之一的建地，還是我撥了地給他，才得以蓋成房子。

　　胡龍寶本是農會職員、農會產業技手，後經陳油提拔，擔任農會理事長、臺灣省農會總幹事。當時蔣經國曾經下過一個規定：55歲以下

的人才可以擔任總幹事一職。但這時的胡龍寶已經將近 60 歲了，爲了這樣，法令還爲他變更，因人制法，說來不是很有道理。他也擔任海埔新生地開發公司副主委，開發北門 3,000 多甲土地，包括將內海的砂土吸上陸地成爲新生地，再分配給近鄰的農、漁民。

胡龍寶因爲對政治有興趣，在胡厝寮合併到善化後，他到國民黨善化民眾服務站擔任主任一職，後來也當了國民黨臺南縣黨部主任委員。之後他出來競選臺南縣長，跳過提攜他的陳油，順利當選臺南縣長，總共當了兩任。又由國民黨派任臺灣農林公司董事長，任滿兩任。農林公司名義上有土地 5,000 多甲。

施震炎：認真古意，愛做老大

施震炎是醫生，開永安診所，做過街長、防衛團團長、農會理事長以及善化初中第一任創校校長。

臺灣光復後，約在 1946 年左右，政府提議要在臺南縣設立一所初中。當時區公所設在新化，不是在善化，所以初中本來要設在新化，但是善化各界人士認爲不設學校，地方無法發達，乃聯合出面爭取，最後通過設在善化。

由於政府沒有太多經費，要地方自行負擔，因此善化地區人士就設立了善化初中創校基金會，共有十人出面發起。這些人有王滄海、❷胡麒麟、胡清淵、陳油、陳瑞鐘、孫江淮和施震炎等人，都是善化較有活動力的人。每個人出 5,000 圓到 10,000 圓。這在那時是很大一筆錢，因爲 500 圓就可以買一甲土地，5,000 圓就是 10 甲土地。我們的創校基金仍然不夠，只好轉賣戰爭末期善化糖廠大爆炸後流出的糖菁，所得的費用就捐出來作創校基金，最後才湊齊經費，得以蓋房子建學校。至1968 年，善化初中改爲善化國中。

善化初中的校地在原來日本尋常小學原址。日本尋常小學在日本時

代是只有日本人可以就讀的學校。後來因為都是糖廠的子弟就讀，加上當時的日本警察還年輕，沒有小孩，招生不足，所以他們都到善糖國校去上課。尋常小學的校舍因此空出來，沒什麼利用。事實上日本尋常小學的校址也搬過三次，最早在東關里辦公室，後來搬到第一市場旁邊，最後才在現在善化國中校址。不過那時只是很簡單的校舍，也沒什麼設備，沒繼續使用後就更荒廢。

善化初中選在這裡成立後，善化才有第一所小學以上的中等學校。當時隔壁鄉鎮的麻豆已經很發達了，不過兩地往來不便。交通是最主要的障礙，因為中間隔了曾文溪，卻沒有橋梁直通，往來只靠竹筏過河，相當不方便。多天有隨便搭設的竹做便橋，夏天水大要搭竹筏才能過河。搭竹筏要繳錢，也不便宜，大家盡量能不用就不用。竹筏的渡口在大橋的西北邊，也要請牌照才可以經營，但管轄權在麻豆，不在善化，所以也不是很瞭解，只是這樣就造成兩地很少互通往來。一直到民國60年（1971）麻善大橋完工，兩地才比較有往來。不過麻善大橋並未

圖15-3：1959年善化鎮各界歡送施震炎回臺南。

爲兩地帶來經濟利益，只是解決交通問題而已，「放雞屎有，生雞蛋沒」，沒多大影響。

施震炎從做校長以來，做事就很認眞，他爲人很古意（老實），只是比較愛做老大。他本來就是臺南的有錢人出身，在善化住了 33 年後，年紀老大了，決定搬回臺南定居，就住在臺南遠東百貨公司附近的燦興玻璃店。這也是他父親開的店，他家族一直在經營。

特出的善化女性

日本時代除了法律上沒有禁止娶細姨外，社會上也很少離婚案件。我曾聽過休妻，理由大多是「無後爲大」、「侮辱長輩」這種罪名。其實一般還是很少出妻、離婚。那時候的婦女也都很自愛，謹守婦道，如果不自愛，全庄人都會向她吐口水，她連要過日子都難。

在那個時代，當然也有一些很能幹的女人，像我知道善化就有 3 位很能幹的女丈夫。第一個是蘇血的太太、蘇聰曉的母親。她人長得很漂亮，先生家裡在善化第一市場西邊開白米販賣店。她因爲擅於言辭，很會做生意，幫先生掌管米店，在善化很有名。她把孩子教得很好，蘇聰曉就是善化有名的詩人，戰爭時被徵召去南洋做軍伕。

第二個女丈夫是陳九批的太太。陳九批在廟前開金子店（銀樓）做生意。陳九批的太太能力很強，最厲害的是數字能力，強過丈夫，連公婆都佩服她。她也把小孩教得很好，兒子陳安然從小，大約 6、7 歲開始，善化人就以神童稱呼他了。第三個女丈夫，忘了叫什麼名字。

總之，在那個男女授受不親的年代，難得有個女性比較能幹，還是會被注意。記得我讀公學校時，女生到學校讀書的很少，我們班才兩個，有些比較頑皮搞怪的男生會欺侮女同學。一般而言，女生表現都還不錯，像我同學蘇金鑾，她就是蘇血的女兒，畢業後去讀護士學校，後來做產婆，表現不錯。蘇金鑾也曾擔任虎尾鎭鎭民代表、婦女會會長。

之後我還曾看過她坐著輪椅，現在是不是還活著，我不確定。❸善化的產婆最有名的第一人是胡鑾，她是胡厝寮人，是大正末至昭和初的產婆，她應該是和基督教馬醫生（馬偕）學的。

　　有一個叫林只的女生，是林灰槌的女兒，她也很特殊，讀到臺南高女，還去日本讀書。林灰槌是個剃頭師傅，偶爾兼吹喇叭，這兩種行業在當時算是很好營生。❹林灰槌能力很強，靠自己努力賺錢栽培小孩。他生有三子一女，都盡量讓他們受最好的教育，連女兒林只都送到日本讀書。女兒畢業後嫁給一個澎湖人，是個齒科醫生，後來回臺南西門町圓環附近開了家萬歲齒科。大兒子林茂池讀師範學校畢業，戰時曾調到南洋當軍伕，後來回到大社國校當校長。二子林茂溪去日本讀醫科，娶了個日本女人，是當時臺南州衛生局長的姪女，大概因家裡貧窮、父親職業下賤，不敢讓太太知道，後來在玉井開業，也不敢回善化。有時父親去玉井看他，他還不敢相認。只有第三子林茂松沒受什麼教育，因為在戰爭末期就學不易，連國民學校都沒畢業，之後就繼承父親職業，「剃頭吹喇叭」，是善化最有名的剃頭師傅。

麻豆林家：麻豆第一有錢人家

　　麻豆從古早時候就比善化有錢，有錢人也比較多。他們因為地利、物產等都較善化優勢，所以在政治上也佔優勢，出的名人比善化多很多。

　　我印象最深刻的麻豆人是胡丙申，胡丙申是寮仔廍人，在師範學校正科班畢業後，就擔任教員，在麻豆教書、當訓導，直到60歲後退休。後經由國民黨提名出來競選省議員。

　　麻豆最有錢的人家當然是麻豆林家。我幫忙處理過林家祭祀公會（祭祀公業）的產業，知道他們真的很有錢，土地很多。

　　麻豆林家在臺灣南部可以說是大有錢人，林家共有7房，我認識的

主要是第三房林嘯瀛。❺ 我原本不認識林嘯瀛，是善化街長曾丁順經其他人介紹而牽成的。❻ 我主要是幫林嘯瀛辦理祭祀公業產業登記等事，所以才漸漸和他熟識。

日本時代臺灣實行民法以後，祭祀公業依民間舊慣仍然存在，也以準法人的形式存在。其管理人被視為商法上法人的理事，也同樣將公業土地出租事宜視為保存行為，由各管理人管理，並擁有獨立權限。林嘯瀛剛好是麻豆林家祭祀公業的管理人，是登記在案的管理人 7 人中之一。他找我幫忙依臺灣舊慣判例處理土地。管理人如有 7 人，原先要 7 位皆同意才可以出租公業的土地，後來因為判例以出租 5 年以下祀廟保存行為無須人人同意，僅其中一人也可單獨出租。林嘯瀛就一人單獨出租土地給曾丁順，我則幫他辦理出租登記。

為了辦理這些瑣瑣碎碎的事，需要常常到林家，我去了林嘯瀛家幾十遍，也漸有往來。林嘯瀛年紀比我大一點，但對我很禮遇。林家非常豪華，占地甚大，是有名望的家族。在日本統治下，日本人對有名望的家族還是相當客氣，有些名人領有紳章，也讓他們享有特權，林嘯瀛就是其中一個。就我所知，臺南人中領有紳章的名望人沒有幾個，❼ 可見

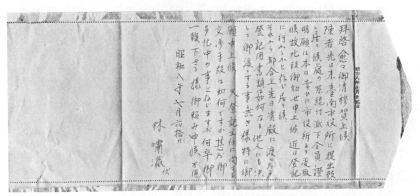

圖15-4：1933年林嘯瀛給孫江淮有關祭祀公業土地登記的書信。

林嘯瀛在日本人眼中的地位很高。

因為進出他家多次，所以我知道林嘯瀛沒有領鴉片牌照仍偷吃鴉片，警察也不敢管。他說有一次出去旅遊，在旅館公然吸鴉片，遇到不相識的警察現場臨檢時，僅出示紳章而已，警察就不敢再追問有無鴉片吸食許可證書，而逃過無事。他在戰爭配給時期，也仍可以喝好酒，因有門路使然。林嘯瀛吃鴉片、抽煙、喝酒，他雖然很愛喝酒，可是卻很長壽。

林嘯瀛負責管理的林家祭祀公業產業廣大，為人熟知的有林裕發（山上鄉北勢洲）、順興館（茄拔）及育才公業等。茄拔一帶的土地共有上千甲，每房各分 100 甲後，餘為公業，都還有幾百甲，所以管理起來相當不容易。我光是幫忙處理土地登記就忙不完。

祭祀公業的土地一般由值年管理，很多都有其內規或慣例，大部分是拿來做慈善事業。聽說麻豆林家在高雄岡山也有 48 甲土地，屬魚塭地。這裡的管理人比較特殊，因為是以育才為目的兼祭祀，所以管理人必須是派下中秀才等具有國家考試身分的人才可以擔任。在派下尚未出現秀才之前，值年同樣有辦祭祀的權利，其權利至派下有國家考試及格人出現時，才移交過去，但仍和祭祀公業同樣登記為管理人。三七五減租之後，這種習慣就沒有了。因為法律上規定：「特別法優先於普通法」，三七五減租是特別法，實施後，土地優先處理。要瞭解日本時代祭祀公業相關法令的話，可以去查大正 11 年（1922）勅令第 407 號第 15 條、16 條法令，裡面都規定得很清楚。至於麻豆林家的其他事業，我並不太清楚。

林嘯瀛也是臺灣製藥株式會社的社長。臺灣製藥株式會社在臺南市錦町（今民生路）有會社大樓，是一棟高五層樓的建築物，在日本時代就很壯觀。雖然林嘯瀛是戰後臺南縣長高文瑞的女婿，不過他前後共娶 7 位妻妾，而且大小老婆都住在製藥會社的樓上。聽說飯是吃同一鍋，

荣則各自煮、隨人吃，婢嬸很多，各自管理。這樣都能相安無事，一直
被傳爲佳話。

林嘯瀛有十幾個小孩，幾乎都送到日本讀書，每個都很成功。第三
兒子叫林貴三郎，曾被派到善化當警察。他的弟弟叫林欽，曾任專賣局
賣捌人，當過麻豆街長。林欽的兒子林書記（後來改名爲林耕陽），讀
完大學後回來當過麻豆街長和三任的麻豆鎮長。還有一個弟弟叫林志
圖，有段與林森有關的故事。

話說當年林森從日本讀完書後，以外國人的身分被日本政府任官，
來到臺南法院嘉義支部擔任書記官，屬於日本時代第一批來臺的大陸人
士。之後因故沒有頭路（工作），林志圖邀去他家住，在林家當了好幾
年的食客。林志圖做生意失敗、宣告破產後，叫他兒子林士賢去大陸找
林森。當時林森已經回大陸發展得不錯，擔任國民政府主席之職。林士
賢到了大陸因爲沒錢沒地方住，只好住在販仔間。林森知道後，親自坐
車來接去他家，很認眞地栽培林士賢。❽ 林士賢回臺之後，擔任第一任
警察學校校長。林士賢很感念這份恩情，所以常常提起這件事，很多人
都知道。

林家產業這麼龐大，當然多少也都會有些土地糾紛，或是佃農和地
主間的糾葛，我是幫不上忙的。譬如說，7 房之間的糾紛；又如曾經在
茄拔鄉發生過新舊耕作人土地承租糾紛，甚至還大打出手。這件事的起
因是，曾丁順與王條水都是茄拔頭人，同時向林家贌地。土地登記者是
管理人 7 人中之一的林嘯瀛，但他贌給曾丁順，王條水則是向值年承贌
土地，並將土地再贌給現耕人，兩人各當二手頭家。管理人贌租一贌是
5 年，派下則是每一年一次，等於同一塊地給兩方分去，但這中間的利
益對曾丁順有利，王條水則吃虧。因爲曾丁順的土地承租權是林嘯瀛贌
給他的，都由我做登記了。有登記在法律上有效力，當然是贏方。所以
曾、王兩人不合，就廝殺起來，各不相讓。後來擔任值年的林欽出來協

調，雙方和解才解決糾紛。此後，才由管理人統一負責土地出瞨。

麻豆林家家大業大，善化很少有家族像他那樣，可以比的大概只有陳子鏞一家。聽說陳家人「自北仔店到臺南，不用經過別人家的土地」。不過認眞比起來，麻豆林家土地更多，但很少聽說他們有什麼霸道的事情。麻豆林家不只在麻豆有名，整個溪北（曾文溪以北）都很有名，有句俗話說：「如果有錢，要和林仔神（指林家先代祖先）相告。」指林家財大勢大，除非有錢，否則誰敢得罪？他們家有錢，富裕又地位高，相對的優越感也很重。

黃百祿和黃業

黃百祿是臺南律師公會理事長，❾娶臺南客運董事長林全興的妹妹。❿臺南林家也是有錢人，有兄弟7、8個，林全福、林全興都很有名，家中事業不只有臺南客運，也開大涼汽水公司。大涼汽水和黑松汽水自古就是南北齊名，所謂「北黑松，南大涼」。不過大涼汽水很早就沒經營了，不像黑松汽水，現在還賣得嘎嘎叫。他們在臺東也有8家公司。

黃百祿因專業關係，曾被推薦出來選市長，和娶日本女人的葉廷珪競爭。⓫第一回是黃百祿贏，當選臺南市長。其後都是葉廷珪贏，黃百祿初次沒過半數，二次要選時說如果再落選，以後絕不再參與政治，還說：「如果要報三代冤仇的話，就慫恿那人去選市長或選公職，絕對可以報到仇。」可見他對政治的態度。他選後因負債太多，相當痛苦，加上兩邊的樁腳不合，在安順區50人集體械鬥，傷患被送到醫院。剛好我兒子那時當臺南病院法醫外科醫生，所以知道這件事。黃百祿後來繼續當他的律師，不再參與政治。

黃百祿也當過幾任臺灣中小企業銀行（前身為臺灣合會）董事長，之後才由胡麒麟接任。這大概是國民黨為安慰他，幫他安排的職務。不

過，他本人也相當有實力，曾當律師公會理事長等職。反正人生起起落落，政治尤其要頭腦好的人去擔當，做過也就很不容易了。

黃業，臺南市鹽埕（今臺南市安南區）人，曾與葉廷珪競選第五屆臺南市市長落選。**⓬** 黃業娶的是安定鄉王寶珠的女兒。戰後為安定鄉長時，來往的公文書都命令部屬職員唸給他聽，同時令其各自負責，鄉長批決後，才用公印蓋章。

養生之道

我今年 107 歲（實歲 100 歲）。這種年齡的人在臺灣比較稀有，所以被稱為人瑞。其實我的養生哲學很簡單，就是平常心，凡事行中庸之道、不偏食、不強迫、不強求，「甘蔗無雙頭甜」，以精神為中心原則。這種精神調養，就是很簡單的養生之道。

在飲食方面，我不大吃肉類、炸物、漬物，偶爾吃魚，但多以蔬菜水果為主，不偏食，又不過量。每餐吃七分飽，任何食物以天然為主。一切隨緣，這樣最能保持中庸之道。

這幾年我都叫人家少吃粉、少吃糖，因為製粉要加稀釋硫酸化掉黏性，硫酸則對人體有害。以前的人還會依照規定要求將硫酸稀釋到不傷人體的比率，現在製造商大多不管，稀釋的比率都不照標準來。

製糖也一樣，因為我從事過製飴，很瞭解製糖的過程。製糖要將糖膏、麥芽膏以分離機過洗，漂白成白糖，或更進一步再洗製成冰糖，這些過洗過程都加食用漂白劑。雖然一般規定食用漂白劑的劑量要在安全範圍內，如稀釋 30 萬分之一，但現在的商人不一定照這樣做，有的根本不稀釋，有些黑心商人連黑糖都做假，加糖漿一起賣，這些對身體都不好。我常要晚輩注意觀察，很多糖果、餅乾連螞蟻都不吃，所以人還是少吃為妙。

要少吃的東西很多，還有放了防腐劑的糕點、加豬油的月餅、加化學藥物的皮蛋等。豬油可以做肥皂。皮蛋以前必須放在馬尿中 200 天，現在為了速成，都加化學藥物，縮短工時。總之還是多吃天然食品比較安心。

人家說做生意賺錢，但是也要休息。像我年輕時，正常是晚上 12 點過後才睡，早上 5 點就起床，白天跑官廳辦公、晚上忙於應酬喝酒。這麼忙，也沒午睡，對身體很不好。所以我曾經養蘭花，最高紀錄栽培多達 300 多盆，平常也都有 200 多盆，就種在我代書事務所樓上。每天辛苦工作之後，我一定會上樓去澆水整理，至少花半個小時在種蘭花。這是在繁忙工作之餘的休閒嗜好，又能怡情養性，讓頭腦休息。

我常勸人，做生意賺錢後，還要捨得花錢，因為賺錢就是為了花用。錢存多了沒意思，要有進有出，才有再賺錢的動力。但賺了錢後，有一件事很重要，就是不要娶細姨。很多人賺了錢以後就想娶細姨，我的朋友裡幾乎有三分之二都娶了細姨，其實很不好。

我在 70 歲左右開始吃川七粉。我覺得吃川七粉還不錯，讓人耳聰目明、身體勇健。聽說雲南白藥裡也有 80% 川七粉的成分，主要有通血效用。一般軍隊行軍常需雲南白藥。片仔癀也有川七粉成分，❸可治肝癌，以前價值很昂貴，10 幾粒就 1 萬多元。川七粉有藥王之稱，但二次大戰後，大陸開放出口，現在（2007 年）六年生約一公斤 30 粒，價值降至新臺幣 1,000 元以下。

不過吃藥不如養生，要長壽還是要心靜，心情平靜，加上運動，才會真正健康長壽。我年輕時的運動其實很簡單，就是走路。會以走路為運動是和廣瀨秀臣學的。廣瀨以前常常穿著木屐走路，從善化走到新化、玉井及走馬瀨，再走回來，所以身體很健康，一直到 70 歲才過世。

我的運動是每天早上一大早起床，專挑沒有車子的小路走，從我家

走嘉南大圳岸頂小路到火車站，再返回走，來回大約要走一個多小時，這樣走了幾十年。後來遠一點也走到胡厝寮南邊、安定一帶。在第一公路（縱貫公路）開通後，我也跟著改道，走東邊，到北仔店一圈，還是挑人煙稀少的小路走。這樣走在路上不需要和人打招呼，比較能控制調勻氣息和時間，況且我走的時候都是穿厚重長管的雨靴，主要是藉由靴子的重量耗費體力，才能達到運動的效果。運動回到家後，我一定梳洗一番才休息。

除了走路以外，我常以擦地板當作運動。在日本時代大多用兩塊布包豆腐粕來擦地板，可以使得地板更加乾淨。另外，我最常「坐禪」。坐禪是因為我年輕時身體不好，經常吃藥，廣瀨秀臣覺得這樣不好，就叫我學盤腿坐禪。剛開始我都是自己自學，也沒教過別人，長年下來養成習慣，至今仍然繼續坐禪。有時一坐可以坐上兩小時不動，也不會腳麻。

我最近幾年開始也聽點音樂，因為音樂可以讓人心靜下來。心情安定後，不會欣羨、不生嫉妒，也不會生氣，心情大好。心平氣和，真的很重要。

這幾年因為常會有人叫我簽名的關係，我也開始學寫書法。年輕時我曾經辦過全臺書畫展覽會，那時雖然也有書法項目，但我是外行，現在學寫書法，還是外行。

---

❶ 洪大中，1901 年生，東京醫學專門學校畢業，1934 年於善化坐駕里開業，稱「育英醫院」。吳銅編，《臺灣醫師名鑑》（下）（臺中：臺灣醫藥新聞社，1954），頁247。

❷ 王滄海（1891-?），曾任善化信用購買販賣利用組合長、灣裡公學校雇、嘉義銀行見習、書記、善化庄助役、灣裡信用組合理事、灣裡信用組合長、庄助役、善化庄長、嘉南大圳組合議員、善化庄協議會員、臺南州農會議員等職。「臺灣人物誌資料庫」。

❸ 1997 年蘇金鑾過世，享壽 89 歲。《自由時報》，2006 年 11 月 6 日。

❹「剃頭吹鼓吹（喇叭）」，是當時的俗諺，云第一衰剃頭吹鼓吹，是下九流的職業，被人輕視。

❺ 林嘯瀛，祖父林朝邦武科出身，恩加都間府；父林廷恩詰封奉政大夫，賞戴藍翎，以名族著世。其於乙未之役後離臺，前往中國，後復歸臺灣。回臺後歷任壯丁團長、保正、鹽水港廳巡查補、麻豆區長等職。「臺灣人物誌資料庫」。

❻ 曾丁順，曾任善化庄協議會員、善化信用購買組合理事、新化郡守、茄拔第一保保正等職。「臺灣人物誌資料庫」。

❼ 根據鷹取田一郎，《臺灣列紳傳》（臺北：臺灣總督府，1916），臺南地區獲紳章者至少有 99 人。

❽ 林森無親生兒子，認林士賢為義子，關係很深。

❾ 黃百祿（1903-1985），臺南市人。1925 年臺灣總督府商業專門學校畢業後，進入臺灣銀行服務。1928 年進入日本東京中央大學法學部就讀，1933 年畢業，並通過高等文官行政科考試。翌年，又通過司法科考試。返臺後，即於臺南市錦町開業擔任辯護士，1939 年遷移至大宮町。在臺南地區頗具聲望，曾任臺南第三信用合社作理事長、臺南區中小企銀董事長。公職方面則曾任臺南市參議會議長、臺南市長、臺南民眾服務社顧問等職。許雪姬總策畫，《臺灣歷史辭典》（臺北：行政院文化建設委員會、中研院近史所、遠流出版公司，2004），頁 924。

❿ 林全興，臺南市人。曾任第一屆國民大會代表、臺南市議員、臺南市議會副議長、議長、臺南高工校長、興南客運董事長等職。參考「臺灣當代人物誌」資料庫。

⓫ 葉廷珪（1905-1977），臺南市人。嘗赴日就讀日本明治大學法學部，畢業後，繼續於研究部研究憲法學。日治時期，曾任臺南市會民選議員、東亞信託株式會社社長、興南工業株式會社社長等職。戰後，當選臺南市參議會議員、廣泰行總經理。1950 年 12 月出馬角逐臺南市第一屆民選市長，高票當選。旋加入中國國民黨。1957 年，捲土重來，再度當選第三屆臺南市長。1960 年卸任後，受聘為臺灣省政府顧問。1964 年三度當選臺南市市長。三任市長任內，葉氏清廉自守，盡心公務，頗受稱道。許雪姬總策畫，《臺灣歷史辭典》，頁 990。

⓬ 黃業，1908 年出生，臺北醫專畢業，歷任道安醫院院長、臺南市議員、臺灣省議會議員、臺南紙業股份有限公司董事長、嘉南紡織股份有限公司董事長兼總經理、合作社理事主席、農會理事長、漁會監事、醫師公會理事、臺灣工礦股份有限公司董事、臺灣區造紙業公會常務理事。《臺灣當代人物誌資料庫》。

⓭ 中藥之一種，主要生產地為中國福建漳州。功能主治有：清熱解毒，涼血化瘀，消腫止痛。用於癰疽疔瘡，無名腫毒，跌打損傷，另有一說能治療肝炎。被人譽為「安家之寶」。

附錄

一、臺南善化孫江淮孫江淮先生年譜

明治40年（1907）8月	1歲	出生
大正3年（1914）1月	8歲	入灣裡街蘇試書房
大正4年（1915）4月	9歲	入灣裡街公學校
大正10年（1921）3月	15歲	灣裡街公學校畢業
大正10年（1921）4月	15歲	入臺南市立商業補習學校
大正11年（1922）3月	16歲	臺南市立商業補習學校結業
大正11年（1922）4月	16歲	擔任新化郡東勢寮聯合保甲事務所書記
大正12年（1923）7月	17歲	保甲書記解職
大正12年（1923）7月	17歲	任司法代書人廣瀨秀臣通譯兼筆生
大正12年（1923）7月	17歲	經營玉記商行
大正12年（1923）	17歲	經營東亞醬油商會
大正14年（1925）	19歲	結束東亞醬油商會經營
大正15年（1926）	20歲	與鄭諭結婚
大正15年（1926）	20歲	遊關仔嶺
昭和2年（1927）	21歲	遊阿里山
昭和3年（1928）	22歲	遊玉井
昭和3年（1928）4月	22歲	成立善化商工協會
昭和3年（1928）5月	22歲	舉辦善化書畫展覽會
昭和3年（1928）	22歲	善化商工協會因蔗渣污染向善化糖廠抗議
昭和6年（1931）	25歲	擔任煙草小賣人組合組合長

昭和 7 年（1932）1 月	26 歲	取得司法代書人資格
昭和 7 年（1932）1 月	26 歲	設立司法代書人事務所於善化
昭和 7 年（1932）	26 歲	家中牽設電話，番號 30 號
昭和 9 年（1934）	28 歲	父親孫湖過世
昭和 12 年（1937）7 月	31 歲	東亞食品工業所
昭和 13 年（1938）10 月	32 歲	成立合資會社孫獎卿
昭和 15 年（1940）	34 歲	設立中山果園
昭和 16 年（1941）	35 歲	成立新興製飴株式會社
昭和 16 年（1941）3 月	35 歲	以新興製飴株式會社常務董事名義赴日
昭和 16 年（1941）	35 歲	成立新亞食品株式會社
昭和 16 年（1941）	35 歲	成立新化郡油肥株式會社
昭和 16 年（1941）	35 歲	成立西製紙傘株式會社
昭和 16 年（1941）	35 歲	成立新化郡製菓株式會社
昭和 20 年（1945）	39（44）歲	日本宣布投降，二次大戰結束。結束各種統制會社事業。
民國 35 年（1946）	40（45）歲	擔任第一屆善化鎮民代表會主席
民國 35 年（1946）	40 歲	擔任第一屆善化鎮調解委員會主任委員
民國 35 年（1946）	40 歲	第一屆善化鎮司法保護委員會委員
民國 38 年（1949）以後	43（48）歲	子孫及梯於善化開設孫外科診所
民國 43 年（1954）3 月	48（53）歲	遊碧潭、烏來、草山（陽明山）、新竹
民國 43 年（1954）8 月	48 歲	登獅頭山、遊圓山動物園
民國 44 年（1955）	49（54）歲	臺灣飼料公司成立，成為股東之一
民國 44 年（1955）11 月	49 歲	遊日月潭
民國 52 年（1963）3 月	57（62）歲	遊阿里山
民國 58 年（1969）7 月	63（68）歲	成立月球賓館
民國 59 年（1970）5 月	64（69）歲	赴韓國觀光
民國 59 年（1970）6 月	64 歲	赴日本觀光
民國 67 年（1978）6 月	72（77）歲	赴歐洲觀光
民國 93 年（2004）4 月	98（103）歲	將古董醫療器材捐給奇美博物館
民國 94 年（2005）11 月	99（104）歲	受臺南縣文化局之邀，參加濱野彌四郎銅像揭幕式
民國 94 年（2005）12 月	99 歲	參觀西港蚵殼港祖廟及文物陳列館
民國 95 年（2006）1 月	100（105）歲	將收藏多年的金錢劍捐贈給慶安宮
民國 96 年（2007）6 月	101（106）歲	擔任《珍藏灣裡街百年影像—20 世紀善化影像》增訂版代言人

民國 96 年（2007）8 月	101 歲	受中研院臺史所之邀，參加「口述歷史會議」，分享日治時期法律實務經驗
民國 96 年（2007）10 月	101 歲	重陽節前夕臺南縣長蘇煥智前往探望
民國 96 年（2007）11 月	101 歲	受邀參加鹽分地帶文學館開幕儀式
民國 96 年（2007）12 月	101 歲	受邀參善糖文物館揭牌儀式
民國 97 年（2008）1 月	102（107）歲	受邀參加兒童繪本《牛墟》新書發表會
民國 97 年（2008）4 月	102 歲	於臺南縣文化中心與謝永田舉辦書法聯展。
民國 97 年（2008）5 月	102 歲	受邀參加《烏山頭水庫》新書發表會

說明：1945 年中華民國統治臺灣，實施身分證重新登記時，將孫先生的出生年換算錯誤，多加 5 歲，變成民前 10 年出生。因此，1945 年之後，並列民國紀年的歲數和實際歲數。

二、2007 年 8 月 28 日口述歷史會議紀要：
與日治時期法律實務家孫江淮先生的對談

王泰升

（一）孫江淮先生介紹

孫江淮先生，1907 年 8 月出生於臺南大林（今臺南機場附近），後來隨擔任巡查補的父親孫湖搬到善化定居至今。目前高齡虛歲 102 歲，實歲 101 歲，耳聰目明，記憶力驚人。1914 年孫先生入私塾學習漢文，1915 年進入灣裡（善化）公學校就讀。1921 年公學校畢業之後，考上臺北工業學校，因父親眼疾，為照顧父親而放棄入學機會。1922 年 4 月起，孫先生擔任新化郡東勢寮五保聯合保甲事務所的保甲書記達一年半。1923 年 7 月辭職後，擔任司法代書人廣瀨秀臣的翻譯兼筆生，學習代書業所需知識。同時經營商業，由醬油、豆醬的大批發商做到日用雜貨零售商以及煙草「小賣人」（零售商）。1928 年 4 月，孫先生創立「善化商工協會」，擔任會長，為地方奔走，例如曾向製糖會社抗議甘

蔗渣灰污染當地澱粉業，或未經地主許可私設五分車鐵道等。

1923 年日本民法施行於臺灣（親屬、繼承兩篇除外），同年亦以勅令第 41 號施行「司法代書人法」（1935 年更名爲「司法書士法」）。1932 年孫先生通過臺南地方法院舉辦司法代書人考試後，獨自開業。至日本統治結束前，至少累積 10 年以上的法律實務經驗，堪稱臺灣現存日治時期「法律實務家」。除了經營代書業務外，孫先生自己陸續開了幾家會社，或是參與戰時統制會社的經營，同時參與壯丁團、善化防衛團以及皇民奉公會事務。

戰後孫先生繼續從事「司法書記」與「土地代書人」，並受聘爲善化鎮調解委員會委員，以及臺灣省司法保護會善化輔導區保護輔導員，爲人排解糾紛，觀護假釋出獄人，在地方頗孚聲望。另外，也先後開張旅社、水果園，可以說一生經歷非常豐富。

孫先生自 2007 年 2 月起接受筆者及中研院臺灣史研究所副研究員林玉茹口述訪談達 20 餘次，預訂未來出版口述訪問專書。孫先生並將個人業務及所藏資料無償贈與臺史所古文書室典藏，嘉惠臺灣研究甚大。

（二）對談大綱

1. 從業動機：

(1) 請問孫先生在什麼機緣下從事代書業？

(2)「筆生」在日本人代書事務所的角色爲何？是否是累積經驗的管道？

2. 司法代書人：

(1) 1923 年以後的「司法代書人」和「代書人」有什麼不同？

(2) 如何取得司法代書人的資格？

(3) 如何準備司法代書人考試？執業時所需要的知識，主要參考哪些資料？

3. 代書在日本時代主要業務內容爲何？收費高低？接觸機會？

(1) 法院方面

(2) 土地登記方面

(3) 行政書類

(4) 法律問題請教

4. 代書業務進行情況

(1) 當時有無日本人代書？身分背景爲何？和臺灣人代書比較，生意如何？

(2) 業務案件來源？收入爲何？會不會與辯護士有競爭問題？

(3) 一般社會對代書的印象？

(4) 司法代書人有無組織公會？公會角色如何？

(5) 本業以外是否有兼業？如投資土地？

5. 日本時代法律生活回憶

(1) 日本時代所謂的「舊慣」內容是指？

(2) 一般人接觸辯護士的機會、管道爲何？辯護士事務員（牽猴仔）的角色？

(3) 對日本時代法院（判官：洪壽南、檢察官：中村八十一）和登記所的印象？

6. 戰後的轉變

(1) 國民黨政府面對日本時代「代書」制度，如何處理？考試、管理上和日本時代相比，有何不同？

(2) 戰後業務進行時，改用北京話以及適用中華民國法律方面有無困難？戰後與地政及法院往來經驗與印象爲何？

(3) 人們對調解委員的調解是否信服？「司法保護」的工作內容？

(4) 回顧「代書」工作，對自己人生有什麼樣的意義？

三、孫江淮先生捐贈文書簡介

劉淑慎

2007 年，孫江淮先生捐贈與提供中央研究院臺灣史研究所之資料，時間橫跨日治及戰後中華民國時期，經初步分類後，共計 35 箱，309 卷。分類狀況如下：

（一）照片：數量為 1,715 張，內容為孫江淮家族成員各式生活照。

（二）文書：本類資料數量龐大，且全數捐贈本所。初分為：

1. 孫江淮個人及家族相關文件：與孫江淮家族成員相關之各類文書，如信件、明信片、訴訟文書、家族土地相關案件、社團資料、單據、族譜、戶籍資料等，共計約 10 箱（99 卷）。

2. 經辦他人案件：為經手他人之各式案件，如土地繼承、申請、所有權分割、職業申請許可、及建築案件等，共計 18 箱（118 卷）。

3. 地圖類：本類主要為各式地圖、地籍圖及都市計畫圖等，共 5 箱（63 卷）。

4. 公文書、土地所有者名簿：本類為政府機構之公文及土地所有者名簿，共 1 箱（18 卷）。

5. 其他：本類為無法歸入上述 4 類之文件，共 1 箱（11 件）。

透過孫江淮先生橫跨百年的人生經歷及照片、文字資料，至少提供下列研究方向：

1. 個人生活史及家族史的呈現：在孫江淮先生豐富的個人及家族的照片、明信片、信件等各類資料多元呈現下，可研究孫氏家族的家族史及生活史。

2. 善化地區的社會史和鄉土史的呈現：孫江淮先生活躍於地方，曾經任職保甲書記，並積極參與各種地方事務，活躍於社會團體，創立善

化商工協會，在地方上頗孚聲望。因此，透過本批文書，可使研究者更
真實的貼近當代社會。

3. 跨時代、跨政權的法律史呈現：日本殖民政權所展現的西方法
律，對於當代臺灣人民而言是陌生的；而孫先生自擔任基層的法律實務
者「筆生」起，至成為司法代書人，並執業至戰後，經由其數十年的代
書生涯，可探究：

日治至戰後臺灣代書制度的變遷。

日治時期人民適應西方法律的過程。

不同政權之下，法律觀的呈現及變遷。

法律實務的執行情形。

4. 地方商業發展之呈現：孫江淮先生及其家族對於商業活動的參
與，亦是相當積極，陸續開設及參與數家會社（公司）、旅館以及果園
經營，可呈現出善化地區近百年的商業發展風貌。

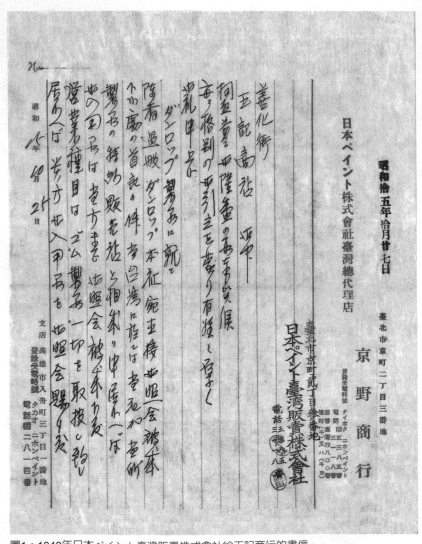

圖1：1940年日本ペイント臺灣販賣株式會社給玉記商行的書信。

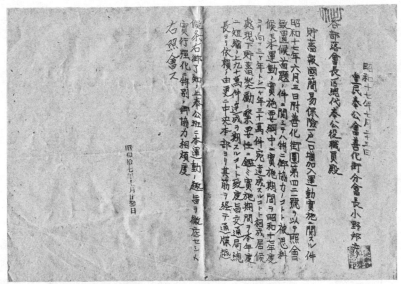

圖2：1942年皇民奉公會善化街分會所發通知。

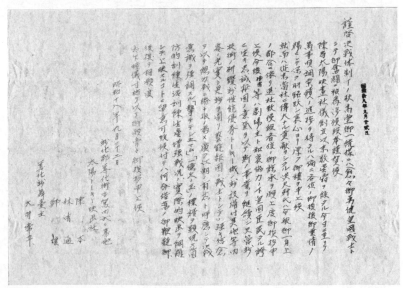

圖3：1943年太陽トーキー映畫社書函。

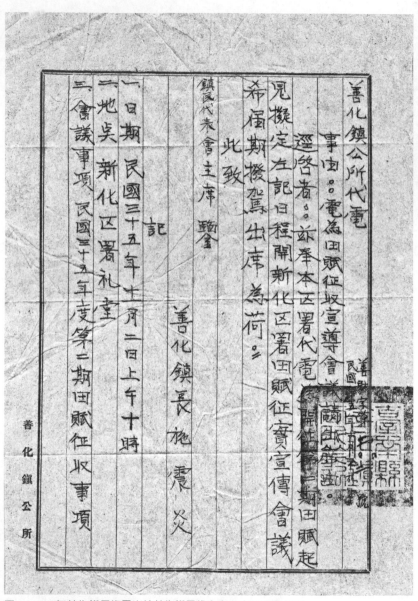

圖4：1946年善化鎮長施震炎給善化鎮民代表會主席孫江淮公文。

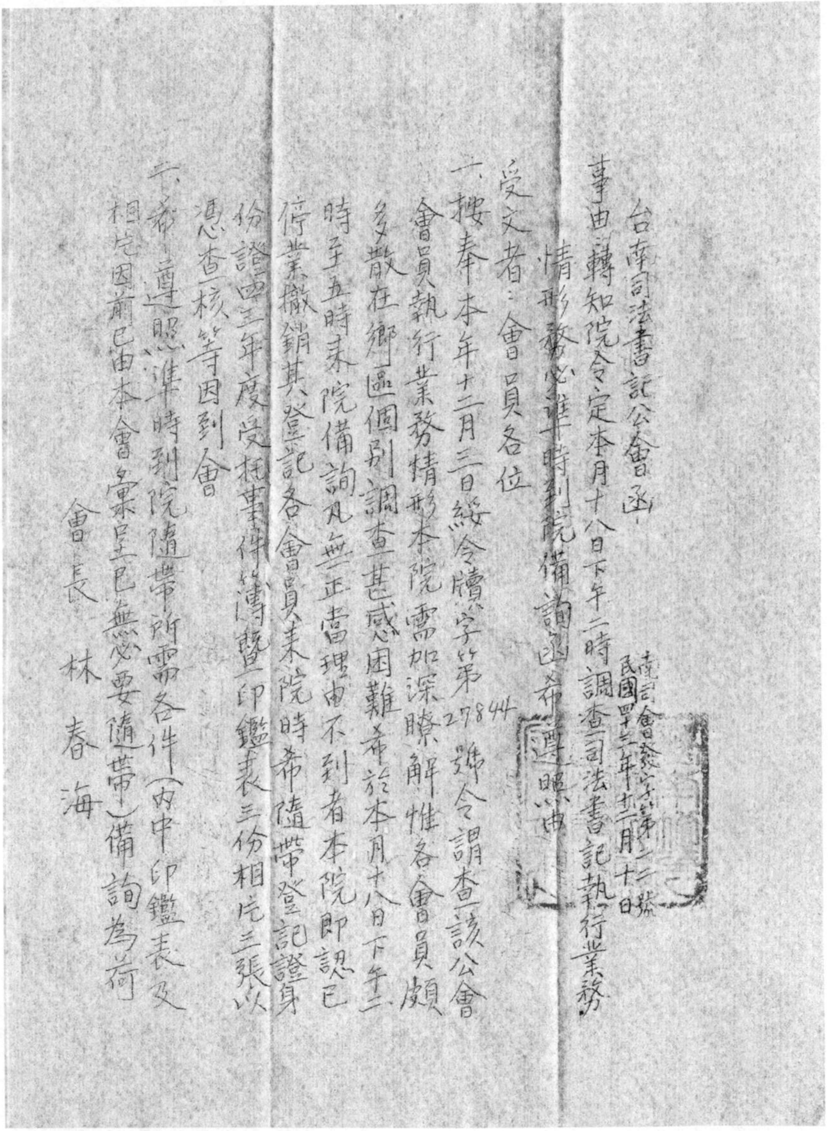

台南司法書記公會函

南司會發字第二二號
民國四三年十二月十七日

事由：轉知院令定本月十八日下午二時調查司法書記執行業務情形務必準時到院備詢函希遵照由

受文者：會員各位

一、接奉本年十二月三日綏令牘字第27844號令調查該公會會員執行業務情形本院需加深瞭解惟各會員頗多散在鄉區個別調查甚感困難希於本月十八日下午二時至五時來院備詢凡無正當理由不到者本院即認已停業撤銷其登記各會員來院時希隨帶登記證身份證四三年度受託事件簿暨印鑑表三份相片三張以憑查核等因到會

二、希遵照準時到院隨帶所需各件（內中印鑑表及相片因前已由本會彙呈已無必要隨帶）備詢為荷

會長　林春海

圖5：1954年臺灣司法書記公會函。

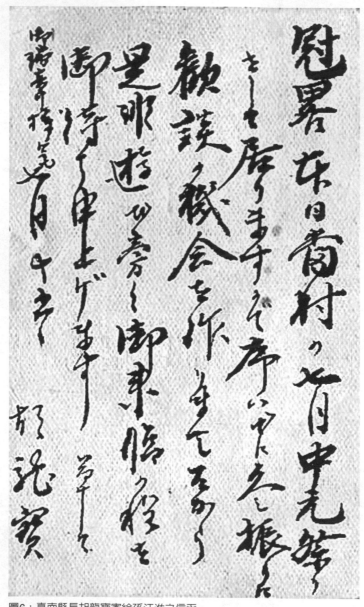

圖6：臺南縣長胡龍寶寄給孫江淮之信函。

殖民地臺灣的近代學校 V4902
許佩賢◎著　定價 380 元

　　我們現在習以為常的學校，是日本統治臺灣以後，隨著殖民地統治被引進來的西方式近代學校。日本殖民政府透過學校教育塑造兵士型及產業型的新人種，其特徵是順從、勤勞、規律、且能有效生產。另一方面，對當時的臺灣人來說，近代學校是一個充滿魅力、新鮮的媒體樂園。這個樂園的入口雖然吸引人，裡面卻有二重、三重的迷宮。向學心旺盛的臺灣人，被吸引進入後，卻在迷宮中嘗到挫折，甚至引起認同危機。本書透過殖民地時代的教育，思考「教育」與「國家」、「社會」之間的關係，也思考殖民地教育下臺灣人的心性。

臺灣的山海經驗 V4903
陳國棟◎著　定價 450 元

　　臺灣四面被海包圍，幾乎所有居民的先人都曾渡海而來；臺灣平地面積不大，半數以上的土地都是丘陵與山地。然而亙古以來，直到百餘年前，居民對山與海的親近卻不算多。雖然不多，臺灣的歷史卻又與臺灣人的山海經驗有糾纏不清的關係。探索這種關係，有助於深層理解臺灣的歷史。

　　作者陳國棟的主要研究領域為經濟史與海洋史，但因機緣所致，也時而觸及臺灣的歷史研究，而這些研究所處理的問題也湊巧和山及海密切相關。本書收錄其以往二十餘多年間，針對臺灣歷史所發表的十八篇作品。

　　《臺灣的山海經驗》分為「總論」、「臺灣交通」、「淡水」、「十七世紀」與「清代臺灣」五大區塊。內容涉及對臺灣史的深入分析與通論性的看法。作者自認為臺灣史研究非其專精，但亦因非其專精，故能別出心裁。書中所收文章，分別在議題、論點以及資料的發掘與應用上，有其創新的看法，期能為臺灣史研究注入另類的思惟。

東亞海域一千年 V4904
陳國棟◎著　定價 480 元

　　亞洲海域的周邊孕育著幾個世界上最古老的文明。藉諸大海的聯繫，千百年來，沿海的居民斷斷續續地進行著種種形式的交往。

　　作者陳國棟的研究，在議題上側重於經濟與貿易；在時間軸上先以清代前期的十七、八世紀為重心，再往上、下延伸，嘗試在較寬廣的時空架構下，尋找中國人參與海事活動的軌跡。

　　本書共收錄論文十五篇，依內容的時間先後排序。有考證，有分析；在經濟、貿易之外，更涉及人員的互訪與文化的交流。有些議題，如鄭和下西洋，讀者可能早已耳熟能詳；另一些議題，如清代海洋貿易政策的形成與貿易所衍生的問題，則稍微需要費點精神才能掌握。翻開目錄、打開書頁，將可窺知過去一千年間發生在東亞海域的大小故事。

福爾摩沙如何發現臺灣府？ V4905
歐陽泰（Tonio Andrade）◎著 定價◎ 480 元

　　十七世紀伊始，臺灣是個海盜出沒，獵首者橫行的島嶼。約百年之後，此地成為大清帝國所管轄的一個府，數以萬計的漢人移民以此地為家。是什麼因素造成了這樣的變化？

　　《福爾摩沙如何發現臺灣府？》這本書，帶領我們追尋一六二三年起到一六六二年止，這段臺灣歷史上的關鍵時代──西班牙、荷蘭人治理時期的史事。我們瞭解了海盜如何對荷蘭殖民體系見縫插針、胡攪蠻纏的故事；日本武士又如何帶領原住民赴日，企圖說服幕府將軍發兵攻擊荷蘭人；原住民殺退漢人獵戶的經過；哭嚷著「殺！殺！殺！殺死紅毛狗」的草地農民；還有關於國姓爺，也是海商鄭成功率軍掃除荷蘭人，建立漢人王國等等事蹟。

　　荷據時期的臺灣人事物，就在這裡，讓我們回溯彼時的福爾摩沙歷史。

殖民地的邊區 V4906
林玉茹◎著 定價 400 元

　　臺灣東部在自然環境、族群，以及歷史經驗上，與西部有相當大的差異，邊陲性格顯著。這種特質也使得國家的政策與治理型態，對東臺灣的政治和經濟發展具有強大的支配性。

　　本書即透過國家對東臺灣行政空間的規劃、賦稅制度的施行、漁業移民的移入，以及近代化企業的改造等實例進行研究，論證不同型態的國家治理對於東臺灣政治、經濟發展上的影響。特別著力於日本殖民統治時期，殖民帝國如何面對殖民地的邊區，亦即如何制訂位於政治、經濟版圖邊緣的東臺灣的發展策略及其演變。

台灣人的抵抗與認同：一九二〇～一九五〇 V490
陳翠蓮◎著 定價 400 元

　　台灣這塊土地上的人們，何時出現全台灣為規模的集體意識？何時開始以「台灣人」自我命名？又如何思考群體的處境與未來？以近代國家的概念來看，即是國族主義與國族認同問題，這在任何國家的政治史上都是最核心的議題之一。

　　一九二〇年代日治中期以來，知識份子以「台灣是台灣人的台灣」為號召，對抗日本殖民帝國統治；二次大戰結束，迎來了祖國政府，卻在短短時間內爆發全面性抵抗，台灣人國族認同受到劇烈衝擊。從一九二〇年代至一九五〇年代，是台灣政治史上國族主義初始形成的重要階段，本書從政治與文化、情感與理性兩大主軸分析此期間台灣人的國族主義與認同傾向，並探討菁英與群眾的、平時與戰時的、正式與非正式的反殖民抵抗行動。

口述歷史專刊 4
本土與世界 OB004

代書筆、商人風──百歲人瑞孫江淮先生訪問紀錄

策　　　劃	／	中央研究院臺灣史研究所
訪　　　談	／	林玉茹、王泰升、曾品滄
記　　　錄	／	吳美慧、吳俊瑩
圖 片 提 供	／	孫江淮
執 行 編 輯	／	陳錦輝
編　　　輯	／	翁淑靜
校　　　對	／	林玉茹、王泰升、曾品滄、吳美慧、陳錦輝
主　　　編	／	周惠玲
封 面 設 計	／	唐壽南
內 文 排 版	／	中原造像股份有限公司
贊 助 出 版	／	曹永和文教基金會
		臺北市 106 大安區羅斯福路 3 段 283 巷 19 弄 6 號 1 樓
發 行 人	／	王榮文
出 版 發 行	／	遠流出版事業股份有限公司
地　　　址	／	臺北市 100 南昌路 2 段 81 號 6 樓
電　　　話	／	(02)2392-6899
傳　　　真	／	(02)2392-6658
劃 撥 帳 號	／	0189456-1
著 作 權 顧 問	／	蕭雄淋律師
法 律 顧 問	／	王秀哲律師、董安丹律師

一版一刷　／ 2008 年 10 月 10 日
行政院新聞局局版臺業字第 1295 號

訂價：新臺幣 390 元

YLib 遠流博識網
http：//www.ylib.com　　E-mail：ylib@ ylib.com

國家圖書館出版品預行編目資料

代書筆、商人風——百歲人瑞孫江淮先生訪問紀錄 / 林
玉如, 王泰升, 曾品滄訪談；吳美慈, 吳俊瑩 – 一版 . –
台北市 ： 遠流 , 2008.10
　　面； 公分 . --（口述歷史專刊：4）（本土與世界；
OB004）

　　ISBN 978-957-32-6381-4（精裝）
1. 孫江淮 2. 訪談 3. 口述歷史 4. 臺灣傳記 5. 日據時代

875.57　　　　　　　　　　　　　　　　　97012764